· 浙江省普通高校"十三五"特色专业建设项目成果
· 2019年度杭州市社科联社团学术活动资助项目成果

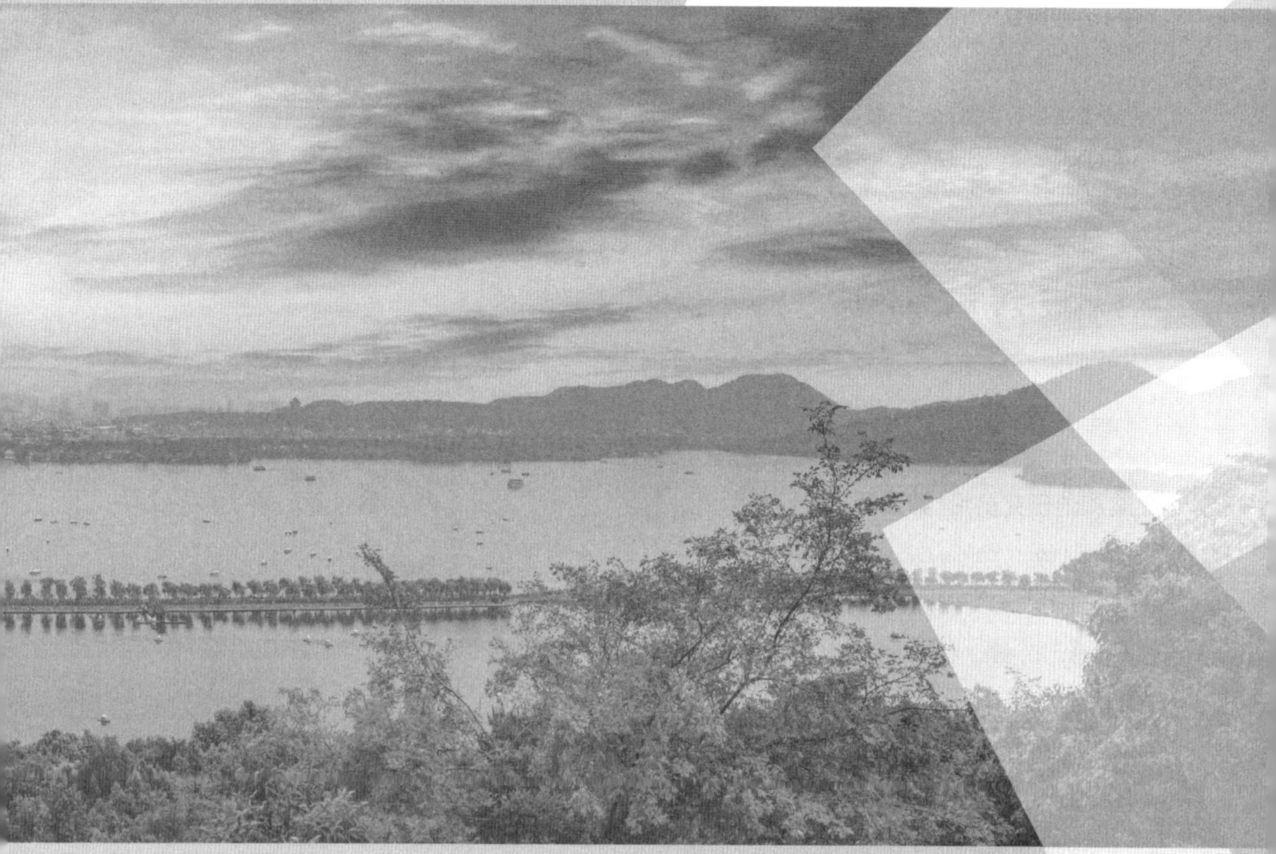

会奖旅游研究前沿（第二辑）

HUIJIANG LVYOU YANJIU QIANYAN

苏永华　黎　菲　谭梦娜◎主编

中国·武汉

图书在版编目(CIP)数据

会奖旅游研究前沿.第二辑/苏永华,黎菲,谭梦娜主编. —武汉:华中科技大学出版社,2020.5
ISBN 978-7-5680-6106-3

Ⅰ.①会… Ⅱ.①苏… ②黎… ③谭… Ⅲ.①旅游教育-杭州-学术会议-文集 ②旅游业发展-杭州-学术会议-文集 Ⅳ.①F590-53 ②F592.755-53

中国版本图书馆 CIP 数据核字(2020)第 062178 号

会奖旅游研究前沿(第二辑) 苏永华 黎 菲 谭梦娜 主编

Huijiang Lüyou Yanjiu Qianyan(Dierji)

策划编辑:王 乾
责任编辑:倪 梦
封面设计:原色设计
责任校对:阮 敏
责任监印:周治超

出版发行:华中科技大学出版社(中国·武汉) 电话:(027)81321913
武汉市东湖新技术开发区华工科技园 邮编:430223

录 排:华中科技大学惠友文印中心
印 刷:武汉科源印刷设计有限公司
开 本:787mm×1092mm 1/16
印 张:13.5
字 数:258 千字
版 次:2020 年 5 月第 1 版第 1 次印刷
定 价:59.80 元

本书若有印装质量问题,请向出版社营销中心调换
全国免费服务热线:400-6679-118 竭诚为您服务

内容提要 CONTENT DESCRIPTION

本书是 2019 中国(杭州)会奖旅游教育与产业发展学术研讨会应征论文集刊,共收录了 22 篇具有代表性的研究成果,主要涉及新经济与国际会议目的地打造、新时代会奖旅游人才培养创新、杭州会奖业发展实践与探索等诸多方面。本书可供国内会奖旅游研究学者、政府管理部门领导、行业协会专家、企业从业人士以及旅游、会展、酒店等专业学生参考使用。

作者介绍 AUTHOR INTRODUCTION

苏永华，男，浙江工业大学管理学院博士研究生，杭州科技职业技术学院副教授、会奖经济研究所所长。

黎菲，女，杭州科技职业技术学院副教授、会展策划与管理专业带头人。

谭梦娜，女，杭州科技职业技术学院讲师，会展策划与管理专业骨干教师。

前言 FOREWORD

第三届中国(杭州)会奖旅游教育与产业发展学术研讨会于2019年12月20日在浙江杭州召开。会议由浙江省会展学会、杭州市会议与奖励旅游业协会、杭州科技职业技术学院、杭州国际博览中心共同主办,杭州科技职业技术学院社科联、杭州科技职业技术学院旅游学院、杭州国际博览学院、杭州科技职业技术学院会奖经济研究所联合承办,会议吸引了来自北京、上海、天津、西藏、广东、山西、海南、江苏、江西、浙江等省市区的会奖旅游政产学研各界逾200名参会嘉宾,打造了一场学术前沿、内容丰富、精英汇聚的年度思想盛宴。

据ICCA统计,2018年全球共举办12937场国际协会会议,其中中国举办了449场国际协会会议,排名继续保持在全球第8名。在城市排名上,15座中国城市(不含港澳台)进入全球排行榜,多数城市2018年举办的国际协会会议取得了明显的增长,北京、上海、杭州、西安四城排名进入全球前100名,表现不俗。以杭州为例,政府正着力将其打造成为数字经济第一城,用科技创新赋能杭州全产业集群化发展,以数字经济为代表的新经济产业呈现出飞速发展之势。新经济会议也顺势发展壮大成为杭州会议市场增长的新引擎和新蓝海,“杭州新经济会议目的地”也应时而生,以杭州为代表的地方会奖业正呈现出创新变革的积极发展态势。

作为第一届及第二届会奖学术研讨会的延续,2019中国(杭州)会奖旅游教育与产业发展学术研讨会继续聚焦中国会奖旅游业发展,会议以“新经济与会奖旅游目的地建设”为主题,围绕新经济与国际会议目的地打造和国际会议目的地视域下的会奖旅游人才培养创新两大议题展开讨论,进一步回答了“城市应如何发挥自身在基础设施、专业服务及营销推广上的优势,会展院校又应如何更好地提供智力支持和人才保障,以推动地方会奖旅游业健康、可持续发展”这一研讨会设立时所提出的初衷与宗旨问题。

延续之前学术研讨会的惯例,本次研讨会继续开展了学术论文征集活动。本次会议共收到应征论文 22 篇,内容涉及新经济与国际会议目的地打造、新时代会奖旅游人才培养创新、杭州会奖业发展实践与探索等诸多方面,反映了会奖旅游行业发展和理论研究的最新动态,专家学者们的精心撰文进一步提升了本次论文集刊的质量和水平。2019 年 12 月 17 日,研讨会组委会在浙江省会展学会的指导下,对应征论文进行了评审,共评出一等奖获奖论文 1 篇,二等奖获奖论文 3 篇,三等奖获奖论文 7 篇,相关获奖信息将在本次集刊页面中给予展示。

2019 中国(杭州)会奖旅游教育与产业发展学术研讨会再次得到了杭州市社科联社团学术活动项目资助和浙江省高校“十三五”特色专业建设项目资助。本届研讨会既是一场开阔视野、广纳真知、激励创新的思想盛宴和学术大餐,也是杭州会奖业实践与理论协同发展的有力支撑,更是杭州科技职业技术学院会展专业服务产业发展和专业特色办学的充分彰显。

感谢杭州市文化广电旅游局、杭州市旅游形象推广中心、浙江省会展学会、杭州市会议与奖励旅游业协会、杭州国际博览中心对本次研讨会的大力支持,感谢中国会展经济研究会副会长、《会议》杂志总编辑王青道先生、浙江省会展学会副理事长兼秘书长丁萍萍教授、杭州市旅游形象推广中心副主任杨保福先生为本次学术交流活动贡献的精彩主旨演讲,感谢为研讨会顺利举办作出重要贡献的专题讨论嘉宾和主持人,同时也要对各位论文应征作者和与会嘉宾的不吝支持表示感谢。

杭州科技职业技术学院
会奖经济研究所所长 **苏永华**

2020 年 03 月 21 日

目录 CONTENTS

会展业发展中的政务环境优化研究

——以天津市为例[①]

·赵伯艳　胡亚楠[②]·

【摘要】伴随着深化“放管服”改革、优化营商环境的稳步推进，地方政府围绕优化会展业营商环境进行了一系列有益的改革和探索。基于前期调研成果，发现当前天津市营商环境虽取得了阶段性成效，但在政务环境建设方面与北京、上海、广州相比还有一定的差距和不足，在一定程度上限制了本市会展业的进一步发展。本文以行政生态学理论为指导，从经济系统、政治系统、社会网络、沟通系统、符号系统五个维度思考天津市会展业发展中政务环境的优化与提升，探索出能有效改善政务环境的创新路径，以期充分发挥会展业的综合带动效应，促进天津市会展业和城市经济的可持续发展。

【关键词】会展业政务环境；行政生态学；优化路径

一、研究缘起

会展业是展览业和会议业的合称。2015 年 3 月，国务院在颁发的《关于进一步促进展览业改革发展的若干意见》中，不仅肯定了展览业在构建现代市场体系和开放型经济体系中的地位，并且全方位、多角度地明确了会展业发展的目标和路径。会展业具有高效率、高增长的特点，能够拉动城市经济增长、促进产业结构升级、优化资源配置，被誉为城市经济发展的

---

① 本文获 2019 中国(杭州)会奖旅游教育与产业发展学术研讨会学术征文二等奖。

② 赵伯艳，天津商业大学，公共管理学院副教授，管理学博士，硕士生导师，天津，300134；胡亚楠，天津商业大学，公共管理学院研究生，天津，300134。

“助推器”和“晴雨表”。近些年,随着改革开放的深入和“一带一路”建设的开展,会展业的带动效应日渐增强,经济效益日益显著,其发展越来越受到国家和各地区的重视。

长久以来,政府主导都是我国社会主义市场经济体制下具有鲜明特色的会展业发展模式,会展业要谋求高质量、可持续发展自然离不开政府的扶持。自党的十八大以来,党中央、国务院就高度重视营商环境问题,2018 年以来,两次国务院常务会议都聚焦营商环境议题,并提出要深化“放管服”改革,进一步优化营商环境。在这样的背景下,国家会议中心总经理刘海莹提出良好的营商环境也是会展业发展的必备条件。而营商环境的优劣则与政府的服务质量和服务效率有着密切的关系。因此,有了良好的政务环境,才可能有优质的营商环境。政府在我国会展业中的特殊地位,决定了其必须承担起为会展业发展提供良好的政务环境的责任。鉴于此,2019 年 4 月,商务部联合海关总署发布公告,推进境内举办涉外经济技术展会行政审批改革,以深入贯彻落实《国务院关于取消和下放一批行政许可事项的决定》(国发〔2019〕6 号)的精神,通过简政放权、优化服务、加强监管全面推进会展业“放管服”改革,为会展业健康、可持续发展提供良好的市场环境。政务环境作为营商环境的重要指标之一,不仅是衡量区域执政水平乃至社会进步程度的重要标尺,也是会展业发展进程中重要的软环境。因此,优化会展业发展中的政务环境应该得到重点关注。

天津作为直辖市和京津冀大城市群的第二大城市,毗邻首都北京,承接着北京的非首都功能,受益于京津冀协调发展和“一带一路”的相关政策红利,同时内连东北、西北及华北,在发展会展业方面有着独一无二的区位优势。在将会展业列为全市重点发展产业之一的大背景下,天津市会展的数量和质量都有了稳步提高。近年来,为优化会展业发展的营商环境,天津市相继出台了《天津市促进会展业发展办法》(2011)、《天津市支持会展经济加快发展项目申报指南》(2016)、《天津市国民经济和社会发展第十三个五年规划纲要》(2016)、《天津市商贸流通业发展“十三五”规划》(2017)、《天津市人民政府办公厅关于进一步促进会展业改革发展的意见》(2017)等一系列扶持和促进会展业发展的政策。但是,这些政策是否真正落地,为优化天津市会展业发展中的政务环境助力还有待进一步考察。因此,虽然天津市营商环境已有很大改善,但会展业发展中的政务环境建设还有一定的提升空间。如何在“放管服”改革背景下优化会展业发展中的政务环境,进一步提升政务服务水平,促进天津市会展业的可持续发展是一个亟待思考的问题。

通过梳理国内外文献发现,学者们对会展业发展与政府关系的研究大多围绕政府主导型展会、会展业发展中的政府职能及其角色定位等相关问题,以政务环境优化作为推动我国会展业发展的一个重要突破口和平台加以研究的很少,结合行政外部环境作用对其进行分析的更是鲜有。因此,基于天津市区域位置的重要性和特殊性,本文拟以行政生态理论为指导,探索优化天津市会展业政务环境的有效路径,为天津市会展业的进一步发展提供有益的启示,同时为其他城市政务环境优化给予一定的借鉴和参考。

二、定义政务环境

政务环境作为营商环境的重要内容,涵盖的范围广、要素多,因此,目前学界对其概念还没有较为权威的界定。通过整理相关文献,我国学者对于政务环境的定义可以归纳为表 1-1 所示的两个层面。

表 1-1　政务环境的定义

层面	学者及其观点
动态	褚法政、刘丽(2004)认为政务环境中的动态因素指政府公务员的行为即政务行为,它包含政务行为的效率、透明度、公平、公正、廉政程度等各个子因素 郭小敏等(2015)提出政务环境的核心内容是政务软环境,即政府在为企业、公民个人等提供行政及公共服务时的服务态度、程序规范程度、办事效率等,主要包括简政放权、阳光政务、优化服务、考评监督、廉洁从政等内容
静态	许小念等(2006)认为政务环境就是政府为实施社会公共管理、促进社会经济发展和提高人民生活水平,通过政策、法规和改善基础设施等手段优化资源配置的一系列长期的、不断改良的过程 郭亚莉(2019)认为政务环境是指影响行政事务的各种因素的总和,是行政审批质量提升的有效载体,高质量的行政服务是良好政务环境的基础

从以上学者对政务环境的定义,可以看出政务环境既包括政府通过行使各项职能进行法律法规制定、公共政策颁布、基础设施建设等静态层面,也包括政务人员在提供政务服务时的服务态度、服务意识、办事效率等动态层面。因此,我们认为政务环境就是政务人员在履行相关职能、提供政务服务过程中的各种要素的总和。结合会展业发展的实际需求,本文侧重于从政府的经济职能行使、公共服务供给、政务人员素养等方面对会展业政务环境进行研究和剖析。

三、会展业发展与政务环境优化的耦合分析

会展业作为一项复杂的系统工程,需要政府以合适的角色出现,并行使相应的职能来促进其健康、稳定发展。政务环境的优化正是政府完善其职能、规范政务主体行为的过程。二者的耦合性(见图 1-1)主要体现在以下两个方面。

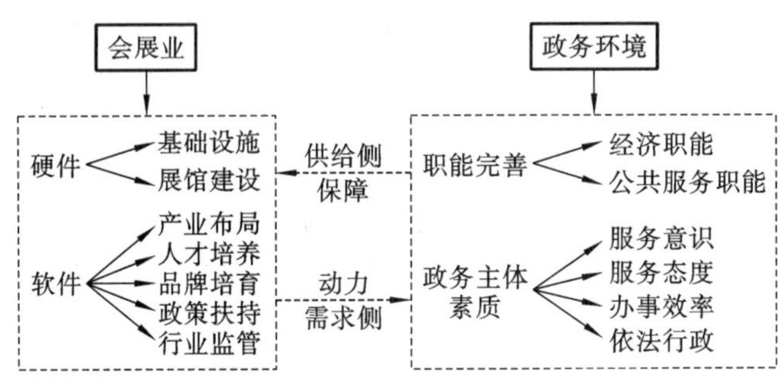

图 1-1 会展业发展与政务环境优化的耦合关系

(一)政务环境优化是提升会展业质量的保障

当下,行政审批严格、政府高度参与是我国具有鲜明特色的会展业发展模式,鉴于我国实情,这一模式在未来很长一段时间还将持续下去。因此,政府在会展业发展中仍占据着举足轻重的地位。政府凭借其较高的公信力和号召力,能够为会展业发展吸引投资、构筑平台、提供配套设施,并通过设立行业管理机构,制定政策法规、规范市场秩序。上海浦东新区政府正是通过大力推进招商引资、提升公共服务质量及完善基础设施,为浦东会展业发展提供了良好的政务环境,推动新国际博览中心成为世界最繁忙的展览中心之一,带动浦东展览业从零走向世界前沿。可见,建设政务服务高效、部门职责明确、行政审批优化的政务环境不仅是"放管服"改革的根本要求,也是会展业高质量发展的重要保障。

(二)会展业发展是助推政务服务创新的动力

会展业的发展是一个动态的过程,在此过程中对政府公共服务和政策引导的需求随着产业的逐步发展也在不断变化。因此,政府在会展业发展中的作用和角色也要适时做出相应调整。近年来,国内会展业市场细分的趋势越来越明显,这必将影响整个行业的发展方向。政府主导、直接干预的微观调控已很难适应新经济常态下会展业发展的需要。实际上,自会展业纳入我国"十一五"发展规划以来,各地就相继出台了一系列促进会展业发展的政

策文件。这些政策的颁发与实施实质上对各地政府的政务工作提出了更高的要求，如何更好地发挥自身职能，通过改善政务服务、加强政策资金引导、落实财税政策，理顺会展业发展的领导体制、扶持制度、管理制度等，满足会展业发展需要，成为政府迫切需要思考的问题。

四、行政生态理论指导下会展业发展中的政务环境优化路径分析逻辑

（一）行政生态理论

行政生态理论产生于20世纪60年代，指使用生态学研究生命与其环境的相互作用的研究方法，来研究政府的行政行为与其周围的自然环境和人文环境之间的相互影响和相互作用，从而论述怎样使政府的行政行为与其周围的环境相互协调、相互促进。行政生态理论先驱是美国哈佛大学教授高斯(John M. Gaus)，他最早将行政学与生态学联系起来，并在1947年发表了《政府生态学》一书，正式把“生态学”引入行政学研究领域。1961年，美国行政学家里格斯(Fred W. Riggs)在高斯的基础上进一步发展了行政生态理论，并撰写了《公共行政生态学》一书，使行政生态学成为一门系统的学科。里格斯认为，要了解一个国家的公共行政，不应该仅仅局限于行政系统本身，而应该跳出行政系统，从社会这个大系统来考察行政，亦即考察一国的行政与该国的社会环境的关系。基于此观点，里格斯对各国行政生态背景进行分析研究，认为影响一个国家行政的生态要素是多种多样的，其中最主要的生态要素有五种，即经济要素、社会要素、沟通网络、符号系统及政治架构。本文则利用行政生态学理论，分析这五大生态要素如何作用于会展产业发展中的政务环境，指明天津市会展产业发展中政务环境建设面临的困境，并提出相应的改进措施。

（二）行政生态理论指导会展业政务环境优化的可行性阐释

当前，我国正处于社会转型的关键期和改革的攻坚期，经济体制的变革、社会结构的变动、利益格局的调整倒逼政府创新行政管理方式、提高工作效能、优化公共服务。因此，在经济“新常态”背景下，政府引导和组织经济活动，不仅要厘清政府内部管理体制的问题，而且要关注其与经济、政治、文化等多者之间的生态关系问题。结合我国现实和政府运行机制，运用行政生态学理论指导会展业政务环境优化的可行性主要体现在以下两个方面。

(1) 行政生态学是以生态学方法研究行政现象、行政行为与行政环境之间互动关系的学科，而生态学理论的出发点和落脚点在于研究生命有机体与环境间的动态平衡关系。因此，行政生态学理论主要研究的是“均衡”问题。十八大以来，党中央、国务院多次提及营商环境问题，并在十九大报告和中央经济工作会议中，明确指出优化营商环境对经济社会发展

至关重要。当前,我国正面临经济、社会的发展瓶颈,优化营商环境的战略部署正是针对此发展瓶颈的精准发力。从这种意义上说,优化会展业政务环境有助于实现政府政务体制与经济社会发展之间的动态平衡。

(2) 行政生态理论重点表述了对过渡型社会行政生态问题的研究。发展中国家处于过渡型社会,即从传统社会向现代化迈进的过程。我国作为世界上最大的发展中国家,自1978年开始实行改革开放,至今已有40余年。党的十八届三中全会通过的《中共中央关于全面深化改革若干重大问题的决定》已明确指出:“我国改革进入了攻坚期和深水区。”当前,我国正处于典型的过渡型社会时期,里格斯的行政生态学有助于我们全面分析和客观评价会展业发展中政务环境建设面临的困境与问题,为会展经济与政务环境的互动关系提供了一个新颖的研究模式。

五、对比国内外天津市会展业发展中政务环境建设存在的不足

在分析天津市会展业发展中政务环境建设存在的问题时,通过对比国内外其他国家和城市的做法能够帮助我们更深入、更全面地研判天津市在此方面的差距和不足。根据2019年世界营商环境排名、2019年中国营商环境排名、城市会展业综合实力,选择新加坡、上海作为比较对象。(见表1-2)

表1-2 会展业政务环境建设比较分析

	新加坡	上海
营商环境排名	2(世界营商环境)	1(中国营商环境)
主要做法	1) 设立专门管理会展业的机构 2) 制定统一的会展业发展规划和措施,鼓励和吸引知名会展集团到新加坡办展和参展 3) 政府与行业协会共同制定会展行业相关行业规范和行业道德标准,充分发挥行业协会的作用 4) 创新政府管理方式,不直接参与会展的运营和管理 5) 营造统一办公平台,搭建协同化办公网络,简化项目审批手续	1) 政府组织有实力的会展企业去国内外其他城市办展和参展,推动会展业对外发展 2) 政府与行业协会组织人员和专家进行会展业发展的研讨 3) 通过传统高校教育和证书认证两种模式,推动会展业人才的培养 4) 政府与会展管理机构推进会展业保险机制的建立和完善

通过对比新加坡和上海政府优化会展业发展中政务环境的做法，结合天津市会展业发展实情，可以看出天津市政府在此方面还存在一定差距，具体从行政权力事项和公共服务事项对其进行深入分析。

（一）行政权力事项

1. 主动的政务服务意识有待加强

政务人员作为行使行政权力的主体，其政务服务意识和服务水平直接影响行政效率和政府形象，也影响行政相对人的办事效率。目前，天津市各行政单位及办事窗口“畏难怕错”现象、懒政怠政行为已有了很大改观。但是，部分政府服务人员仍存在对会展企业及展会项目举办重管理、轻服务的现象，为前来办事的会展企业主动服务的意识不够，造成办事延缓、增加时间成本、影响展会项目及时和顺利推进等不良后果。虽然这是部分政务服务人员所存在的问题，但却影响了展会主办方、参展商、观众等各个主体对天津市政务环境的总体印象，造成了有碍会展业可持续发展的不良后果，亟需加以改进。

2. 针对会展的行政审批改革需深入

从 2001 年我国实行行政审批制度改革到 2016 年转变政府职能、深化“放管服”改革战略部署的提出，天津市先后进行了负面清单试点、审管分离、集中审批等改革工作，但改革所带来的效率提升与企业、公众的体验感知却并未达到一致。因部分会展审批资料受法律法规规定，难以轻易删减，导致展会项目申请者要花费大量时间收集整理相关材料，才能准确、完整地提供给会展审批管理部门。此外，由于展会行政审批涉及工商、公共安全、消防等多个层级、部门，而不同层级、部门之间权力分布不均，使得审批流程难以精简，出现审批效能难以提高的现象。由此可见，审批项目繁冗、审批周期长、审批效率低的问题仍然存在，这种多层次、多渠道的审批不仅耗费展会项目申请者大量的人力、物力，还可能影响展会项目进度，延误会展活动的最佳举办时间。

（二）公共服务事项

1. 会展扶持政策需落到实处

当前，我国会展业组织化、国际化水平还不高，在可持续发展进程中需要政府科学、系统的发展规划和完备的产业政策体系对其进行引导，只有这样才能更好地优化公共资源配置，充分发挥会展业对其他产业的带动作用。天津市会展业发展缓慢，产业联动效应低，在很大程度上与公共政策的落实深度有关。天津市相继出台了《天津市促进会展业发展办法》(2011)、《天津市支持会展经济加快发展项目申报指南》(2016)、《天津市国民经济和社会发展第十三个五年规划纲要》(2016)、《天津市商贸流通业发展“十三五”规划》(2017)、《天津市人民政府办公厅关于进一步促进会展业改革发展的意见》(2017)等一系列扶持和促进会展业发展的政策,但是部分政策缺乏针对性和可操作性,而且落实环节复杂,导致政策落实不到位,会展企业难以及时获取相关政策信息,进而影响会展扶持政策的落实。

2. 会展政务信息公开不够全面

自党的十八大四中全会提出全面推行政务公开以来,天津市政府积极开展政务信息公开工作,总体来看取得了初步成果。但从会展产业发展角度来看,仍然存在一些问题。一是公开内容不全面,并且细节公开较少。浏览天津市政务网发现,关于会展业方面的信息公开相对还比较少,而且大部分公开的政务信息涉及的都是会展业整体行业的规划,针对性不强。二是公开形式不全面,一些关于会展业的政务信息仅仅是在门户网站上公开,没有充分发挥新媒体在政务信息传递层面的作用,缺乏创新,导致会展业相关主体难以及时获取相关信息,适时采取措施应对政策变化。三是信息反馈机制不健全。政务信息公开基本停留在告知层面,信息公开主体与会展业相关主体之间缺乏互动,会展业主体的利益诉求得不到有效回应。

3. 会展配套基础设施建设不够完善

会展业的发展需要完善的基础设施的支持。纵观国内外会展名城,大都具备便捷的公共交通、一流的会展场馆、高规格的酒店等配套设施。目前天津市在用的四个会展场馆(梅江会展中心、滨海国际会展中心、天津国际展览中心、天津体育展览中心),除了滨海国际会展中心和梅江会展中心开通了地铁运营服务外,其他两个场馆附近都没有较大的公共交通枢纽,这给展会参与者的出行带来极大的不便。此外,由于四个场馆距离市中心较远,场馆附近的酒店、餐饮业不仅数量少,质量也不高。展会举办期间,高星级酒店供不应求,甚至部分酒店出现“坐地涨价”的不良现象。并且前期在梅江会展中心进行参展商满意度调查时,就有很多参展商和专业观众反映场馆温度较低、附近餐饮较少、停车不方便等问题。可见天津市会展业的基础设施配套服务尚未能满足会展业发展的现实需要,这一问题亟待解决。

4. 市场监管机制不健全

与北京、上海、广州等会展中心城市相比,天津市会展市场仍需加强规范化建设。从会展业发展的国际经验来看,行业协会应承担起会展行业规范的主要职责,政府各个市场监管部门也应对会展行业履行市场监管职责。一方面,天津市虽然建立了专门的会展行业组织,但是这些组织刚处于起步阶段,其行业指导、行业规范功能仍在探索中;另一方面,相关职能部门注重事前行政审批监管,而对事中、事后监管的关注较少,在举办展会过程中出现“展虫”蹭展现象，不仅降低了参展商和专业观众的参展体验，也严重扰乱了会展业市场秩序，损害了天津市会展业的品牌形象。

5. 推动创新发展需深入

根据《中国城市综合发展指标 2017》报告显示：天津规模以上的工业总产值排名全国第三，而工业科技类的办展总面积仅 10.7 万平方米，不及综合类展会展览总面积的 1/3。“义博会”的成功，很重要的一点在于当地政府根据城市产业特点，选择小商品作为展会品牌建设的突破口，并使用大量的传统媒体和新兴媒体对展会进行宣传推广。天津品牌展会数量少、知名度不高的原因很大一部分在于会展行业没有很好地利用本地产业优势，将其与会展有机结合，发挥“产业促会展，会展促产业”的经济效应，同时对展会的包装与宣传投入也存在很大的不足。此外，会展产业链尚未健全，以会展业为依托的高效联动的会展业配套服务体系还未形成。

六、行政生态学视域下天津市会展业发展中的政务环境分析

在行政生态学理论中，里格斯将社会形态按照工业化程度分为三类：传统农业社会、现代化工业社会、过渡型社会，与这三种社会形态所对应的行政模式分别是融合型行政模式、衍射型行政模式、棱柱型行政模式。我国目前正处于第三种社会形态，在这一过渡阶段社会结构、价值体系、政治文化等都发生了巨大的变化。由行政审批制度改革、“放管服”改革推动新旧行政管理体制更迭的过程中，必然出现大量权力“真空”和职能错位、缺位、越位的现象。通过上述对天津市会展业发展中政务环境存在的问题进行剖析，可以看出这些问题呈现出了“棱柱型行政模式”的三种特质，即异质性、重叠性、形式主义。

（一）政务生态环境的高度异质性

所谓异质性，指的是在发展中国家的同一个社会中同时存在着不同的行政制度、行政行为和行政风范，既有农业社会的，也有工业社会的，进而出现的极不调和的现象。十一届三中全会后，我国由计划经济体制转型走向社会主义市场经济体制，但是计划经济体制的影响并没有完全消失。同时，传统行政管理体制的惯性在一定程度上阻碍了新的行政管理体制的形成，一些政务人员的价值评判标准仍旧受到“官本位”的思想观念的影响。这种多元经济形式、多元价值观念的存在使政务人员的利益追求失范和价值偏好离散，进而导致整体政务生态环境呈现出高度的异质性。

(二) 政务机构的重叠性

重叠性指一个机构不能具备其应有的功能,正如行政行为不以行政准则来决定,反而会受“非行政准则”的影响。改革开放以后,我国进行了多次行政体制改革,但行政机构仍没有逃出“膨胀”—“精简”—“再膨胀”—“再精简”的怪圈,难以避免地出现行政机构冗叠、部门沟通协调不畅的问题,导致权责不清、审批效率低、行政效能不高,严重影响了政务服务水平的提升和会展业的稳定发展。

(三) 政务服务的形式主义

行政生态学理论认为,形式主义主要体现为政府所制定的政策法令不能付诸实施,形同虚设,造成严重的行政权威合法性危机。形式主义可视为一种假性发展,对真正的行政发展极具阻碍力。从以上天津市会展业发展中政务环境建设存在的问题可以看出,部分政务人员的职业素养与优化服务的实际需求还存在一定差距,其服务态度、服务能力和服务水准有待提高。政府制定的关于会展业发展的相关政策在这种形式主义弊病的影响下很难落到实处。

七、天津市会展业发展中政务环境优化的路径选择

根据上述天津市会展业发展中政务环境建设存在的问题,结合里格斯的行政生态学理论,着力从经济系统、政治系统、社会系统、沟通系统、符号系统五个方面优化天津市政务环境,促进天津市会展业的可持续发展。

(一) 优化经济系统:营造稳定有序的会展业市场环境

经济基础决定上层建筑,优化政务环境的第一步就是要优化经济系统。当前我国会展业市场化的趋势越来越明显,这样的发展特征要求政府行使有限职能,减少在会展业的“曝光率”,将机会更多地留给市场。为此,天津市政府应逐步从主导地位向引导地位转变,做好会展业发展过程中“服务者”的角色,减少兼主办、承办于一身的政府主导型展会的举办,积极培育、规范多元化的会展市场主体,通过宏观调控的手段介入会展业的发展。如完善基础设施配套的建设,除为现有场馆合理配置停车场、开设机场直达展馆的公交专线外,还要合理布局酒店、餐饮、娱乐等相关服务设施。鉴于天津市会展业发展尚未完全成熟,还需要进一步健全政府的行业监管职能,加强对会展业的市场监管,包括展前审批监管、展中活动监管、展后备案监管,尽快建立和完善会展业相关政策法规体系,保护会展知识产权,规范会展业的发展,打造公平、公正、有序的市场环境。

（二）改革政治系统：建设以会展业主体需求为导向的服务型政府

针对我国目前行政组织重叠、多头管理、权责分离的弊端，在优化政务环境的同时，必须对政治系统进行改革与重塑。为此，我们需要从改革会展审批管理体制入手，破除天津市会展业加速发展进程中的阻碍。首先，要改革会展业审批管理体制。天津市政府应健全与工商、税务、公安、消防等部门之间的联动审批机制，以会展业主体和会展业市场需求为行政审批服务的导向，从"政府管制，百姓服从"转变成"社会需要，政务服务"，以行政审批改革为抓手，积极推动政府职能转型，建设服务型政府，深入推进政企分开。但是将所有审批部门物理集中于一个办公大厅并不能在实质上整合政府的业务形式，天津市政府还要充分利用互联网技术，加快"互联网＋政务服务"改革，完善网上联合审批平台，将线上审批与线下审批有机结合，在最大限度范围内实现申报材料的整合、审批流程的简化，提高审批效率。此外，会展产业主体作为政务环境的"消费者"和"评价者"，也需要参与到优化政务环境的过程中。因此，天津市政府要全面深化政务信息公开，同时建立健全政务环境建设的评价与监督机制，加强与会展业主体之间的对话沟通，了解其服务需求，使会展企业的知情权、参与权、监督权更具实效性。

（三）完善社会系统：推进会展行业协会的职能建设

生态环境下的社会系统主要是各类社会组织。党的十六届三中全会明确提出要积极发展独立公正、规范运作的专业化市场中介服务机构，按市场化原则规范和发展各类行业协会、商会等自律组织。目前，我国会展行业公共服务和政策引导的职能还主要由政府部门提供，行业协会的作用还没有得到充分体现。会展行业协会作为社会组织，是会展产业市场发展和政府政务服务的有益补充，客观上起着承上启下、沟通协调的作用。现阶段，天津市会议展览协会的发展与国内外会展中心城市的行业协会相比还有很大的差距，对会展业市场的规范、管理还不成熟。基于会展行业协会的重要性，天津市政府要积极培育会展行业协会并指导完善其职能建设，提高会议展览协会在行业内的权威性和影响力。通过释放一定权力让天津市会议与展览协会参与制定会展产业发展规划及扶持政策，使其能够更好地向会展企业传达政府的相关政策并协助执行，增强政策的可操作性和落实度。

（四）畅通沟通系统：构建有效的政商沟通网络

在行政生态学理论中，沟通网络指整个社会中相互沟通的情况，既包含政府组织与社会、市场的信息交换情况，也包含政府组织内部信息共享的情况。天津市会展业发展中政务环境存在的问题，说明政务信息未能充分实现共享，导致政府与行业协会及市场主体之间的沟通不畅。2016 年，国务院办公厅印发的《关于全面推进政务公开工作的意见》，要求把实体政务服务中心与网上办事大厅结合起来,推动政务服务向网上办理延伸,到 2020 年实现运行全流程和政务服务全过程的公开化、制度化、标准化、信息化水平显著提升。因此,天津市政府应深入贯彻落实国家政策方针,加快融入互联网、大数据、云计算等技术的应用,推广政务 App 的使用,构建便捷高效、便民惠民的信息服务平台。通过信息平台的建设,一方面,实现政府各职能部门之间的信息互通与共享,打破"信息孤岛"和"数字鸿沟"的障碍,简化行政运作的环节和程序,提高展会项目的行政审批效率和审批流程的透明度,真正实现一站式"政务服务";另一方面,实现政府与会展业市场、会展行业协会之间的信息互通与共享,为会展业市场及行业协会提供获取政策信息、表达诉求、监督反馈的平台,增强政府与公众之间的信息双向互动。

(五)改造符号系统:创建良好的政务文化氛围

政务环境的优化要以"推崇以人为本的政务服务理念、追求便捷高效的政务服务体验"为基本的价值目标,增强政务服务人员的服务意识和责任意识,塑造良好的政府形象。为此,天津市政府要深入开展政务文化建设,强化政务人员的责任意识、公共服务意识、依法行政意识,严格规范政务人员的行政行为,实现政务服务由粗放服务向质量服务、重点服务向公平服务的转变,对政府主导型展会和市场主导型展会的需求一视同仁,杜绝展会项目审批过程中的寻租行为。同时,要加强法治政府建设,将依法行政纳入政务绩效考核,提高政务人员依法行政能力,对侵犯会展知识产权、重复办展、蹭展的恶性竞争现象依法予以处罚。在此基础上,打造良好的政务文化氛围,促进政务环境的优化和提升。

参考文献

[1] 刘海莹.良好的营商环境会展业发展的必备条件[J].中国会展(中国会议),2018(20).

[2] 褚法政,刘丽.政务环境在吸引外商投资中的重要性[J].商业研究,2004(20).

[3] 郭晓敏,夏明珠,汪晓梦.合肥政务环境建设的实践探索[J].中共合肥市委党校学报,2015(3).

[4] 许小念,奕静.政务环境:提升核心竞争力的加速器[N].四川日报,2006-07-10.

[5] 郭亚莉.西北地区政务环境的现实困境及优化路径[J].财经理论研究,2019(2).

[6] 王沪宁.行政生态分析[M].上海:复旦大学出版社,1989.

[7] 丁煌.西方行政学说史[M].武汉:武汉大学出版社,2005.

[8] 姚进.2018 年国务院首次常务会议部署进一步优化营商环境——让提升营商环境"有章可循"[N].经济日报,2018-01-07.

[9]　庚为.会展业管理模式的国际经验与启示[J].商业时代,2009(6).

[10]　武玉英.变革社会中的公共行政——前瞻性行政研究[M].北京:北京大学出版社,2005.

[11]　文华.行政生态学视角下的地方政府大部制改革困境及其破解之道[J].理论导刊,2015(12).

[12]　彭文贤.行政生态学[M].台北:三民书局,1988.

[13]　文茂群.不断提升政务公开的质量和实效[J].人民论坛,2018(30).

注重多感官体验的杭州“亚洲美食节”价值探析[①]

·周晓音[②]·

【摘要】“知味杭州”亚洲美食节创设了“1+X”的活动,美食与文化交融,国际化与娱乐性同在,使观众获得集味蕾、视听、趣味、互动于一体的多感官体验,品尝美食的同时,获得审美的享受和精神的愉悦,不仅创造了可观的经济价值,而且为城市创造了文化推广价值,为观众创造了品味美好生活的价值。

【关键词】杭州;亚洲美食节;体验价值

人的认知过程是由身体的物理属性所决定的,人们通过眼、耳、鼻、舌、身“五觉”(即视觉、听觉、嗅觉、味觉、触觉)感知周围的事物,引起情绪和思想的反应,因此它是物质的,也是精神的。“知味杭州”亚洲美食节已于 2019 年 5 月 22 日落下帷幕,作为亚洲文明对话大会的配套活动,杭州和北京、广州、成都共同承办了亚洲美食节,杭州在 8 天时间里,共举办了六大板块 20 多项精彩活动,是杭州迄今规模最大、品类最多、参与范围最广的美食节活动。这场饕餮盛宴,不仅给杭州市民带来舌尖上的美味,而且美食节创造的美食活动和美食环境,为参与者提供了一场集味蕾、视听、趣味、互动于一体的多感官体验,受到市民广泛而热情的追捧,极具经济价值与社会价值。作为一个传统与时尚相结合的成功展会,值得我们去探究。

一、因体验创造展会经济价值

“知味杭州”亚洲美食节主办方进行了一次全新的探索,线下线上互动,美食与文化交

---

① 本文获 2019 中国(杭州)会奖旅游教育与产业发展学术研讨会学术征文三等奖。

② 周晓音,杭州科技职业技术学院旅游学院,教授。

融，不仅用多样独特的亚洲美食调动人们的味觉与嗅觉，还利用各种手段，有效地刺激人们的视觉、听觉与触觉，在短短几天内刮起了一股“美食风”。活动的经济价值，可以用一串亮眼的数据来体现：“据不完全统计，线上线下共有近1400万人次参与了美食节各类活动，其中，境外嘉宾和游客达1.7万人次，主会场美食文化公园(展)吸引了55.8万人次，现场交易额8040万元。”①从这里我们可以知道美食节出现了大量客流和强劲消费。

活动主会场亚洲美食文化公园展示体验面积占地120000平方米，56个国家和地区参展，吸引400余家国内外美食参展商。除亚洲美食外，欧洲、大洋洲、美洲等世界各地的美食也都“组团”而来，因此展区的设置很有特点，“知味·亚洲街区”“风味·国际街区”“品味·钱江街区”十分亮眼，集合了本土的、亚洲的，乃至世界的美食，对广大市民来说自然是十分有吸引力的。在亚洲街区和国际街区，展位的楣板上用中英文书写日本、缅甸、越南、新加坡、印度、韩国、泰国、斯里兰卡和法国等名称，各种颜色的艺术搭配很有视觉冲击力，让人感觉走进了世界美食长廊。各个展位精心布置，介绍各国的美食和文化，如美国的展位，是纽约城、三明治的卡通画设计，从可视的“美国味”，到现场的汉堡、热狗、啤酒、鲜榨果汁和三明治等可食的“美国味”；阿联酋的迪拜风味音乐餐厅，现场展示阿联酋及中东美食，让人可以听着音乐品着美食去认知异国风情。有些展位的参展商，穿着具有特色的服装，如日本展商的和服、越南展商的沙滩服等。这些风格迥异的展位，无疑吸睛吸耳又刺激人们的味蕾，吸引人们不断走进美食街。

人流“旺”，参展商“忙”，成为亚洲美食节现象。美食节的消费不分层次，不同年龄的观众，都可以找到喜欢的美食。很多年轻的父母带着孩子，甚至举家出动，推着婴儿车，因为这样美好的美食节，就像逛国际公园。有人戏称，好像全杭州的人都来美食节了。5月19日是主会场美食文化公园(展)开放的最后一天，这一天也是星期天，大家都趁着周末赶紧跑去体验，警察不得不采取限流措施。杭州的“吃货”们单向行动，这一举动让我们看到人们对这个展会的热情，使美食文化广场成为杭州人流最旺盛的地方。人们对于展会的热情，直接给参展商带来经济效益。参展商来自亚洲乃至世界不同的国家，他们给杭州的食客们带来富有地方特色的美食，特别的食材、制作工艺和色香味形独特的产品，挑逗食客们的视觉、味觉、嗅觉甚至听觉(制作时发出的声音)。我们看到，几乎所有的展位前都是人头攒动，如越南展团选派越南的厨师，穿起民族服饰，现场制作越南甩手饼；现场舂肉干；新鲜的椰子20元一个，展商忙着打洞售卖。缅甸馆22元一份的美食，卖得也很火。杭州本土的张生记带来了

---

①　张梦月.“知味杭州”亚洲美食节落幕盛宴虽散余味绵长[N].浙江日报，2019-05-23.

他们的招牌菜,有名的老鸭煲188元一个,一度卖得脱销,忙着补货。观众在美食节品尝美食直接为参展商带来经济价值。

这次主办方还别具匠心,在美食广场的中央,设计了表演的舞台,展示不同国家、不同民族的文化,用歌舞进行呈现。由于加入了时尚的元素和娱乐的元素,美食节不仅吸引老年群体,还吸引年轻人。我们在展会上随处可见新一代"吃货",这些"90后""00后"的消费者,他们尤其对亚洲街区、国际街区的美食感兴趣,日本寿司、法国甜点、新西兰的巨无霸冰淇淋等,对他们有着特别的吸引力。他们一边享受美食,一边享受歌舞,舌与眼、耳共同参与感受。我们看到,未来的消费群体已经培养起来,新生代带来了新消费,也带来了新动能。

二、因体验带来市民生活价值

美食餐饮,是幸福产业之一,是食品,是健康,是文化,能够满足人民对美好生活的需求。杭州第一次举办亚洲美食节,市民不出国门,一天可以体验到56个国家和地区带来的美食,在美食广场亚洲街区有日本寿司、韩国烤肉、朝鲜打糕、缅甸糕点、印度黄油鸡、泰国秘制冬荫功虾汤;国际街区有法国的甜点、西班牙的火腿、意大利的披萨、德国的图林根烤肠、美国的汉堡、新西兰的巨无霸冰淇淋、荷兰的欧包……除此之外,令广大"吃货"怦然心动的还有瑞典、挪威、冰岛、丹麦、英国等13个欧洲国家带来的小龙虾、大龙虾、生蚝;还有钱江街区的吴山烤禽店的吴山烤鸡,新开元的古法熏鱼、秘制凤爪、杭卤套肠、开元豆沙包,皇饭儿的臭豆腐,文促堂的定胜糕,天伦的蟹粉小笼包,城隍阁的吴山酥油饼,湖畔居的茶叶蛋,富阳新桐的酒酿馒头,昌化的麻糍,桐庐的米馃,建德严州府的江南水米糕,淳安千岛湖安上粉皮……这些具有鲜明江南特色的浙江美食可谓琳琅满目,真有一种看不够、尝不尽的感觉,"幸福感"在这里得到最接地气的呈现。现在不是吃饱饭的时代,而是怎么吃出品位、吃出快乐的时代,能够吃到56个国家和地区的美食,无疑是一种享受,大家聚集到展会上消费的举动,表达了人们对美好生活的向往。

体验美食就是体验一种生活的"滋味"。民以食为天,我们从杭州市民创造的"乐胃"一词,就可以体会到杭州人对美食的重视。杭州人重视美食是有历史的,5000年前的良渚文化,呈现了杭州先民过着饭稻羹鱼的生活;后来的南宋文化,又把杭州人重视饮食推到了极致,周密的《武林旧事·卷九》记录了清河郡王张俊进奉美食的情形,可见食之精美、繁多;今天,我们常常会看到杭州大街小巷的大酒店、特色餐饮店都非常有人气,可以说注重"吃"是杭州人品味生活的一部分。这次"知味杭州"亚洲美食节把亚洲乃至世界的美食搬到杭州来，杭州的市民可以从中体验异域的美食和美食中的文化。即便是美食街上的“知味杭州馆”“新丰小吃”“张生记”“楼外楼”等杭州本土的展馆，杭州市民也是对它们报以特别的热情。因为换了一个展示销售的“场”，与平时的生活是不一样的，大家一起看现场制作、现场买、现场吃、现场分享的感觉，又会发生“化学”反应，而且看着灯光秀，看着“世界印象”文艺表演，边看边吃，不仅仅是舌尖上的味觉，完全是“具身”的体验，品尝美食成为一种好玩的生活方式。

“知味杭州”亚洲美食节为市民提供了体验异域美食文化的机会，从舌尖的享受引起心理的快感，使生活多了一份情调。可以说，享受美食不仅是身体的感觉，还是心灵的感受，生活本真，简单、快乐就好。

三、因体验展示城市形象价值

“知味杭州”亚洲美食节的主展活动选择什么样的空间和这个空间呈现怎样的状态，影响着展商、观众的感官体验和心理体验。

（一）展示独特韵味的杭州城市空间形象

“知味杭州”亚洲美食节的主会场“亚洲美食文化公园”的地点在钱江新城波浪式广场、城市阳台及钱塘江周边江堤上，属于钱江新城的核心区。根据城市的物质空间由“道路、边界、区域、节点、标志物”五大元素组成的理论，这里有着“高度可意象的城市”的物质空间构成，“看起来适宜、独特而不寻常”。钱江新城核心区的道路宽阔，边界景观重视美化，钱塘江就是一道美丽的边界风景线，广场设计得错落有致，城市阳台宽阔，“其中非常有代表性的空间、植物和活动，构成了可能是城市意象中最鲜明的节点”。杭州市行政服务中心、杭州大剧院、杭州图书馆、杭州国际会议中心(大金球)等建筑颜值很高，成为这一区域重要的标志物，核心区已经成为杭州行政办公、商业、旅游观光、市民休闲的场所，完美体现了杭州作为国际化大都市的风貌。杭州的“全球旗袍日”“第三届中国—中东欧国家文化合作部长论坛”活动、“2018‘迎亚运’杭州青春毅行大会”等，都曾经在这里举办过，杭州钱江新城灯光秀更是美轮美奂。为了让参展商有好的展示效果，让观众有好的美食体验，第一次把美食节放到这里举办，综合地向来自亚洲乃至世界的参展商和本土观众展示城市的形象之美。尤其是美食节与其他展会一般在白天举办活动不同，充分考虑了观众的休闲时间，把开展定在每天的15:30—21:00，这也给了主办方做“夜文章”的可能。钱江新城灯光秀是杭州城市的光影地标，是广大市民和外地游客夜游杭州的“打卡”点，钱塘江沿岸的“巨幕”上不仅展现自然山水、人文、建筑及杭州 Logo 等元素,还滚动播放专门设计的 5 分钟“亚洲美食节主题灯光秀”,配上美妙的音乐,以“源”“联”“融”三个篇章展示亚洲美食的渊源、联系和以美食为“桥”的文化与情感的相互融合,以高科技秀出新“亮度”。人们在这个最具“个性、结构和意蕴”的空间中展卖美食、品尝美食,与单一享受美食或单一观看灯光秀的感觉是不同的,多感官的体验更丰富,也更时尚。

(二)展示高科技赋能的智慧餐饮新形象

“知味杭州”亚洲美食节高科技赋能,给了市民观众新鲜的体验。“餐饮黑科技”使这场美食节有别于完全传统的美食节,无人机送餐、扫脸支付、机器人手臂制作奶茶等,让观众觉得新奇、便捷。“我这杯奶茶,是机器人做的,喝起来一点都不比人工做的差!”有观众说。在美食文化公园的口碑智慧门店,食客只需要拿出手机,就可以在 App 上自助选择奶茶口味、温度和甜度。与看单点菜不同,这里的奶茶可以完全自我搭配,让人体验一把新零售时代个性化十足的“定制”服务,纯茶、奶盖、果茶……排列组合下来 200 多个品类,选好后由机械手臂制作,用料标准化的同时,制作时常也缩短了一半。① 观众自己动脑动手,制作可视、可触、可感的有温度的奶茶,体验了一把黑科技带来的快乐。另外,在湖滨商圈、庆春商圈、西溪印象城等,2000 多家餐饮商家都在线上参与“亚洲美食节”的美食大联展活动,优惠让利,让食客们方便地品尝美食,身心愉快。美食节的这些活动充分展示了杭州传统商贸优势与数字经济发展优势相互融合发展的强大经济动力。杭州在打造“数字经济第一城”和建设“智慧城市”上,已经用高科技赋能传统的美食产业,改变了人们舌尖上的体验活动。

(三)展示最干净美食节的市民文明形象

美食节的环境如何,可以用视觉来判断,也可以用知觉来维护。这场盛大的美食节,考验了市民的文明素养,与以往曾经举办过的美食节垃圾遍地的现场不同,市民观众与管理者、环卫工人共同创造了“最干净的美食节”环境。

为了展示城市的美丽形象,也为了让参展商和市民观众体验良好的美食环境,市城管部门出动 300 人以上的环卫队伍,分区域工作,保障现场的食品卫生、公厕卫生、场地卫生。特别亮眼的是在倡导并实践垃圾分类的新时尚中,美食节现场 100 个点位上各设置了 1 个绿色、2 个黄色、1 个蓝色垃圾桶,请市民朋友们对应不同的垃圾种类,自觉做好垃圾分类工作,并有志愿者积极引导,在管理上非常用心、到位。市民的卫生意识和文明素养也已经大大提

---

① 申思婕.“浙最惠”打造线上的亚洲美食节 浙江这样扶持新零售[EB/OL]. https://baijiahao.baidu.com/s?id=1633589791337564756&wfr=spider&for=pc,2019-05-15.

高，在这个由管理者用心营造的环境中，他们感知了卫生与文明行为的重要，自觉拒绝脏乱差，有些人自带垃圾袋，有些人认真地把垃圾扔进垃圾箱，有食客没带垃圾袋，就索性对着垃圾桶吃小龙虾，直接把壳剥在里面；家长也会教孩子把竹签扔进正确的垃圾分类桶里。地上几乎看不到纸袋、餐盒、竹签，市民观众在"亚洲美食文化公园"，能够惬意地品尝色、香、味、形各异的美食，看着灯光秀和舞台表演，舒心地走在清洁干净的美食街上。可以说，市民观众身为东道主，不仅热情地参与活动，而且自律自觉，为自己奉献了"最干净的美食节"，自身体验了参与活动的舒适度；也是自觉秀出了杭州美丽形象，让国际参展商目睹有一种举止叫"国际范儿"，增加他们对参展目的地的满意度。"一个进步的杭州，不仅需要热闹的盛会，更需要文明的内核。"杭州市民的思想、行为方式已经发生了转变，他们的形象与这个城市的物质空间形象共同进步，展示出美丽美好的价值。

四、因体验呈现美食文化价值

"知味杭州"亚洲美食节将美食与文化作了一次完美的交融，让人吃的是美食，品味的是文化。

（一）亚洲文化的交流

美食节悬挂着各国的国旗，市民一踏上美食文化公园，就能看到这一道非常亮眼的景观，通过旗帜感知美食文化盛宴。组办方还努力创造一种多元的环境，美食节不仅有美食，还在杭州大剧院露天剧场安排"世界印象"文艺表演，有中国武术、川剧变脸、越剧、采茶舞传统艺术表演，也有非洲鼓、水鼓、俄罗斯舞蹈、乌克兰舞蹈、南非舞蹈、斯里兰卡风情秀等，观众在品尝各国各地区美食的同时，能通过文艺表演感受各国的文化，相辅相成，得到很不一般的体验。美食节的 Logo，以一个绿色的碗，一副红色的筷凸显美食主题，很有视觉冲击力，有举办地的中国风、杭州味（红色印章"知味杭州"主题），又以水之"融合""桥"（筷子意象）之互通互联，体现了亚洲文明的交融。美食节通过美食、论坛、器皿展示等搭建了亚洲餐饮产业交流合作的新平台，厨师们欢快地制作美食，18 岁就开始学做寿司，一生专注于做日本传统寿司。堪称"寿司料理研究家"的日本皇家御厨榊明生，用快刀和细腻的指法向人们展示有温度的寿司，让观众赚足眼福口福，而楼外楼的厨师现场烹制东坡肉，酱红、油亮、酥香，让食客们大快朵颐。

（二）中国文化的展示

在美食节上，琳琅满目的中国小吃让观众兴趣盎然。"徽州毛豆腐"独具特色，卖货郎一头挑着干柴,一头挑着油煎的毛豆腐走在美食街上,令人看着金黄,闻着喷香,顿时生出品尝的欲望;长着寸许白色绒毛的豆腐还让人心生好奇,据说它是明朝开国皇帝朱元璋当年穷困时用它缓解饥饿的霉制品,后来朱元璋回忆起来仍是无比美味。由于毛豆腐里藏着故事,让它有了特殊的品位和身价。在亚洲美食节上,杭州本土的观众和国外的观众都被毛豆腐吸引了,咬一口从嘴里快乐到心里,体验美食和美食中的文化内涵。在“亚洲美食文化公园”的旁边,杭州洲际酒店里举办着“中华美食器皿展”,石雕仿真食物宴、杭帮菜与江南民俗、国家礼仪中的食具、紫砂与茶文化、江南雅生活五个展览,艺术地展示独具中国江南风味的饮食文化,给观众以高雅唯美的视觉享受。观众通过视觉感知这些精美而富有生活气息的器皿,通过调动嗅觉、触觉、听觉等感官,全身心地感受美食世界。

(三)杭州文化的传播

在知味·亚洲街区里,“知味杭州馆”展馆特别醒目,红色的墙体,白色的镂空墙装饰着三潭印月、荷叶这些“最杭州”的元素,让人联想有“十里荷花”的诗意西湖,感受已经从视觉进入知觉,由物质进入精神。进入馆内,是知味观、天香楼、奎元馆、中国杭帮菜博物馆等公司为大家带来的美食,芭蕉、折扇等装饰的展台很江南,凸显了杭州的韵味,展台上艺术地陈列着枇杷酥、绿豆糕、定胜糕、寿桃等杭州特色点心,这些东西可以吃也可以审美;用巧克力制作而成的“麻将”与“文房之宝”透露出休闲和优雅的气息,令人悦目悦心;非物质文化传承人为食客制作面点,可视化的操作令观众很感兴趣;还有展墙提供着美食文化故事,视频传播美食艺术,观众置身于这样的物质文化空间,观赏、拍照、品尝,眼、耳、鼻、舌、身全方位感受,使生理的体验“激活”了心里的感觉,每个人都十分愉悦。

杭帮菜研究院编的《漫画杭帮菜》和《别说你会做杭帮菜:杭州家常菜谱 5888 例》是专为“知味杭州”亚洲美食节而出的 2 本书,《漫画杭帮菜》由漫画家蔡志忠先生编绘,作者以地道的杭州人、首屈一指的美食专家、《随园食单》的作者、明代性灵派代表诗人袁枚为这本书的代言人,介绍了 108 道杭帮菜美食,绝对是令人在阅读的时候口舌生香、情趣横生的好书。《别说你会做杭帮菜:杭州家常菜谱 5888 例》得到了吴晓波、南派三叔、流潋紫、吴国平、俞柏鸿的联袂推荐,除了介绍杭帮菜的制作方法,还配有精美的图片、唐宋诗词、杭味故事等,如杭帮菜“钱王四喜鼎”就配了“公元 907 年,钱镠为吴越王。天宝元年,钱镠巡游衣锦军,乡邻以王侯鼎食之礼相迎。宰老鸭烹煮,辅以出壳雏鸭置于四角,取老幼四堂,四方同喜之意,乃有钱王四喜鼎之谓”的故事,将美食与历史文化做了最好的搭配,让我们知道美食是有文化性格的。观众尝美食、品文化,通过学习、思想、经验、理解的认知过程,可能会从初级的味觉感官上升为审美的活动记忆。如何创造展会的价值?不仅要创造商业价值,还要为城市创造文化推广价值，为观众创造品味美好生活的价值。亚洲美食节与老百姓的生活最为密切，主办方没有简单地提供美食，而是营造出一种体验环境，成功运用“1+X”模式，在美食活动中，增加了休闲娱乐的元素和文化品鉴的元素，使多个领域交融交互，并努力做到极致，提升了展会的文化品位，传播了举办地杭州的形象，使活动的参与者从多感官体验中获得审美的心理感受和丰富的精神享受，创造了一届具有多彩特征、多元价值的美食节，值得记忆和借鉴。

参考文献

凯文·林奇. 城市意象[M]. 方益萍，何晓军，译. 北京：华夏出版社，2017.

推进“会展+”产业协同创新发展的路径
——以政府角色为视角[①]

·胡亚楠　赵伯艳[②]·

【摘要】会展业作为新兴的经济产业,凭借其极强的综合性、产业联动性、集聚性等特点,被很多地方政府定位为促进城市经济发展的支柱性产业,给予了高度重视和支持。在当前推进国家治理体系和治理能力现代化及区域经济一体化的社会发展背景下,厘清政府在推动会展业与其他产业协同发展过程中的职能和角色具有重要意义。如果政府能将会展业与其他产业的协同关系加以提升改善,不仅有利于会展业的可持续发展,也必将助推城市经济的高质量、高水平增长。鉴于政府在会展业发展中的重要性和特殊性,本文拟从政府的角度探讨推进“会展+”产业协同创新发展的路径,从而实现区域产业结构的整体优化和升级,促进地方经济的可持续发展,以及会展业的健康、稳定发展。

【关键词】会展业;产业协同;创新发展;政府职能

一、问题的提出

在现代会展中,会议、展览、经贸、旅游、娱乐和节庆表演等多种活动形式相辅相成,形成了相互交融的发展态势,促进了人流、物流、信息流、资金流的高速运转,拉动了餐饮业、旅游业、金融业等相关产业的发展。随着经济全球化和区域经济一体化的快速发展,会展业超强

① 本文获 2019 中国(杭州)会奖旅游教育与产业发展学术研讨会学术征文二等奖。

② 胡亚楠,天津商业大学,公共管理学院研究生;赵伯艳,天津商业大学,公共管理学院副教授,管理学博士,硕士生导师。

的产业联动效应使其与其他产业之间的联系呈现出越来越紧密的趋势。十九大报告明确指出，我国需要建立高质量、高效益的现代经济体系。会展业作为连接第二、第三产业的重要平台，在当前经济新常态的背景下，与其他产业的协同创新发展必将成为其未来发展的主流趋势，也将成为推动城市经济转型升级的重要途径。目前，国内已有部分城市进行了“会展＋”产业协同发展的实践探索，如重庆市“渝洽会”“高交会”为代表的会展活动，将会展与相关产业有机结合，促进了当地传统制造业改造升级，形成了“6＋1”支柱产业集群；广州“广交会”的优质平台，不仅促进了工贸相互融合的良好发展格局，也带动了交通、广告、通信、装饰等行业的协同发展。可见，政府主导或支持背景下的“会展＋”产业协同发展是我国产业协同发展的一大特色。“会展＋”产业协同发展中的政府行为空间亟待发掘、地方经验亟待总结，以便促进更多地方政府通过推动“会展＋”产业协同创新带动地方产业升级和经济发展。

当前，党中央、国务院为提高经济发展质量和效率，作出了一系列关于深化“放管服”优化营商环境的重大部署。商务部服务贸易和商贸服务业司司长表示，展览业对于促进供给侧结构性改革有着非常大的引领作用，要继续推进展览业的“放管服”改革。为此，各地政府也积极响应国家号召，深入开展会展业“放管服”改革，并取得了一定进展。但是在推动“会展＋”产业协同创新发展方面仍有较大的推进空间。因此，政府如何合理运用自身职能，通过宏观规划、科学定位、引导扶持等手段，促进城市会展业和其他产业的协同创新发展，充分发挥会展业的拉动效应和扩散效应，提升城市的竞争力和知名度，是一个亟待思考的问题。

二、产业协同发展的相关研究

近年来，社会分工的深化和经济的迅速发展，加速了生产要素转移和优化的步伐，加强产业关联与协同受到了学界的广泛关注。事实上，国内外对于产业协同发展的研究主要基于协同理论。协同论也被称为“协同学”，最早是由德国物理学家哈肯(1971)提出，他认为协同是系统内诸子系统间通过相互作用、协调共生并形成协调现象，这种协同使整个系统表现为时空、结构、功能的协调有序状态。随后，哈佛商学院教授迈克尔·波特(1983)将这一理论引入到经济学中，用于研究企业产业发展战略，并通过分析得出，产业发展过程中也存在协同效应、融合效应。国内学者将协同理论与实践进行了有机结合，研究了产业协同效应、产业协同测量、影响产业协同发展的因素等问题。

通过整理相关文献发现，当前学者对会展领域产业协同发展的研究主要集中于以下几方面：首先是对会展业和关联产业的协同发展研究，如叶娅丽(2016)、黄金慧(2017)、倪珊珊

(2018)等分析了会展业与旅游业产业融合存在的问题,并提出推动两者融合发展的机理与路径;陈佳丽(2017)从经济、文化、社会等角度分析了会展业与文化创意产业之间的关系,并对两者的互动模式进行了深入探讨;王宇佳(2019)基于沈阳市智能制造行业发展的现实,分析了当地智能制造行业与会展行业协同发展的可行性。其次是关于地区会展业协同发展机制的研究。如王春才(2015)基于比较优势理论探讨了京津冀会展业协同发展的可能路径;季一扬(2017)提出要坚持合作理念,与义乌、宁波等省内城市强化交流互动,加快打造多方协同发展新格局,提升杭州市会展业发展水平;陆相林(2017)则利用共生理论分析了京津冀城市会展协同发展的共生基础,并从制定协同发展规划、构建协同发展共生体制、打造协同发展共生平台等方面提出实现京津冀区域内城市会展协同发展的对策,最后是对会展经济与区域经济协同发展的研究。吴彩莲(2018)通过对厦门市的实证研究探讨了会展经济与区域经济二者之间的协同发展机理。

关于政府参与产业协同发展的问题,He Y.(2016)认为,在产业转移背景下,地方政府应为区域经济的协调发展提供强有力的支持。吴明东等(2019)在借鉴发达国家产业协同发展经验的基础上,提出要充分发挥政府在产业协同发展中的引导功能和支持作用。王雪梅等(2019)提出要创新政府管理方式,简化工作流程,提高政府工作效率,营造良好的营商环境。张亚彬等(2019)通过分析京津冀高技术产业协同发展现状,提出从简化行政审批程序、集中设置办事部门、加大对基础设施投资等方面优化高技术产业发展环境和空间格局,促进产业转型升级与协同发展。

从上述学者的研究可以看出,多数研究的重点落在会展业与其关联产业的协同发展,同时也意识到了政府在产业协同发展过程中的地位和作用,但是对政府在推动会展业与其他产业协同发展方面的具体做法关注度不够。特别是随着科学技术的不断发展,会展业与其他产业的协同创新发展必将成为其未来重要的发展走向。因此,在当前深化供给侧改革、推动产业结构升级的大背景下,对城市“会展+”产业协同创新发展的研究既是适应当前经济新常态发展趋势的需要,也是转变政府职能的需要。

三、政府推动“会展+”产业协同创新发展的必要性

产业协同指产业系统内外及组成产业的各子系统之间、系统要素之间的相互适应、协调、合作,形成的有机整合、和谐发展的有序状态或过程。当前我国经济处于新旧动能转换之际,传统的产业发展模式已难以适应经济新常态下的发展需求,为此,党的十八届五中全

会审议通过的《中共中央关于制定国民经济和社会发展第十三个五年规划的建议》明确指出要坚持协调发展的理念，强化产业合作对接，构建产业新体系。在这样的背景下，促进产业转型升级，实现会展业的可持续发展，需要会展业自身实现优化升级并与相关产业联动发展，只有这样才能使会展业顺应当前的经济发展趋势，不被市场淘汰。因此，会展业作为联动性较强的产业，推动其与其他产业协同发展尤为必要。

（一）完善政府职能的具体体现

平衡我国会展业发展中政府和市场的关系是影响我国会展业总体发展水平和未来方向的大问题。当前，我国会展业发展中依然面临依靠政府支持而又害怕政府干预过度和干预不当的两难困境，科学界定会展业发展中的政府职能依然任重道远。市场失灵是政府干预的现实基础。市场失灵主要是由于整体外部条件和市场机制内部问题所致，例如国家政策导向和政治氛围会形成市场运行的限制，进而无法发挥出市场机制的单纯运作环境，或者无法呈现出会展资源的优化配置。在市场失灵的情况下，政府就要对市场进行适度干预，促进市场回到正常运行轨道。政府积极推动城市会展业与其他产业的协同发展，需要政府明确自身在其中的角色定位，发挥宏观调控职能，为构建城市“会展＋”产业协同发展体系制定发展战略、完善扶持体系，同时提高政策的持续性和可操作性，为推进会展业与其他产业的协同发展指引方向。这些举措都是政府不断完善自身职能的具体体现。

（二）优化城市产业结构的重要举措

党的十九大报告明确指出，我国经济已由高速增长阶段转向高质量发展阶段，正处于转变发展方式、优化经济结构、转换增长动力的攻关期。《“十三五”现代服务业科技创新专项规划》提出：“促使第一、二产业与现代服务业更加深度融合”。会展业作为现代服务业的重要内容，它的发展可以作为区域第三产业日趋成熟化和完善化的标志，同时作为一个综合性和关联性极强的产业，会展业能够充分依托或运用新技术、新业态、新理念和新的服务方式，创造更高的经济价值，促进展览举办地产业结构的升级和优化。加快和培育会展业与城市特色产业、新兴产业的协同发展能够提升城市产业层次、推动传统产业优化升级，促进当地产业结构调整。

（三）建设创新型城市的有效途径

随着创新型城市建设试点和创新驱动发展战略的实施，各地区纷纷投入创新型城市建设的浪潮，创新能力和创新水平成为城市之间竞争的核心。实践证明，城市创新水平的提升离不开城市产业的发展，完善的产业发展体系能够有力推动城市创新水平的提升。产业所具有的行业关联性、分工迥异性、利益共同性等特点，能够加快人流、物流、资金流的流动，进而带动区域经济的快速发展。探索并利用会展业与其他产业之间的协同关系,能为城市空间结构的构建、资源的统筹优化提供重要的作用,有助于协调产业间的分工协作,加速相关配套业态的聚集,实现以产促城、以城兴产的“双赢”局面,提升城市综合竞争力,推动创新型城市的建设。

四、“会展+”产业协同发展的可行模式

(一)会展+文化产业

近年来,文化产业在国民经济发展中的地位和作用日渐提升,对地区经济发展和社会稳定也产生了一定的积极作用,有些文化产业甚至成为促进城市经济增长的支柱产业。党的十八届五中全会提出创新、协调、绿色、开放、共享的发展理念,基于会展业和文化产业的本质特征和属性,二者的协同发展正是绿色发展理念的重要体现。同时,会展可以起到宣传和传承文化的作用,而文化则可以帮助会展实现从以销售功能为主向多元功能转变,进而带动会展经济的发展。“十三五”规划中已经对文化产业的发展作出了明确规划,这给以文化为载体的展览带来了很大的发展空间。基于目前各地举办的展览主要还是集中于有型产品展览的现状,“会展+文化产业”协同创新发展模式不失为一种好的选择。

(二)会展+新兴产业

2010 年 10 月国务院发布的《关于加快培育和发展战略性新兴产业的决定》中明确了我国的战略性新兴产业为节能环保、新兴信息产业、生物产业、新能源、新能源汽车、高端装备制造业和新材料七大产业,并表示新兴产业具有知识技术密集型、消耗物质资源少、成长潜力大、综合效益好的特征,能够带领经济和社会长远的发展。但是大部分地区的新兴产业并未在行业内形成应有的影响力,而会展正是提升行业知名度、带动行业发展的有效宣传推广方式。此外,顺应生态化发展趋势,绿色会展业以其独特的魅力受到了越来越多的关注。在国家新颁布的《绿色博览建筑评价标准》中就增加了绿色布展管理机制,制定了绿色布展管理规定,而新兴产业融合新技术,能够为生态会展的发展需求提供强大的支持。

(三)会展+优势产业

地方优势产业往往享有政府政策、资金、技术等方面的支持,将优势产业与会展相结合既有助于城市会展品牌的培育,又能够推动优势产业集群的发展,形成规模经济效应。义乌国际小商品博览会(简称“义博会”)就是“会展+优势产业”协同发展的典型案例。义乌市会展业正是以当地成熟的小商品产业和市场作为支撑,展示了个性鲜明的展会特色,形成了以

“义博会”为龙头，以五金博览会、玩具博览会等专业性展会相配套的会展业发展格局。此外，杭州会展业以信息产业和技术优势实现了“智慧会展”，并通过举办电子商务、云计算、电子信息、物联网等专业展会，推动发展信息经济核心产业，建设万亿信息产业集群。这些极具优势的产业为当地会展业的可持续发展提供了良好的基础，反过来，这些专业展会的举办也极大推动了产业集群的发展，扩散了产业集群效应。

五、政府推动“会展＋”产业协同创新发展的路径选择

政府作为推动“会展＋”产业协同发展的重要力量，可以从地方文化产业、新兴产业、优势产业等相关产业着手，明确可行的“会展＋”产业协同发展方向，同时充分发挥在整体规划、产业管理、要素供给等方面的作用，为促进“会展＋”产业协同发展创造良好的条件和环境。具体可以从以下几个方面着手。

（一）强化宏观指导，营造良好的“会展＋”产业协同环境

在推动城市“会展＋”产业协同发展的过程中，需要政府职能部门深入推进简政放权，创新管理方式，从宏观上引导会展业与相关产业间的协同发展，实现在优质发展环境下的会展业与其他产业协同高效发展。

首先，制定“会展＋”产业协同发展规划。自 2015 年国务院发布《关于进一步促进展览业改革发展的若干意见》以来，各地跟进出台了一系列扶持、创新、规范会展业发展的政策文件，但是政策内容对于推动会展业与其他产业的协同发展还缺乏系统的规划和部署。因此，各地政府应结合本地会展业和产业发展水平，制定出一条切实可行的“会展＋”产业协同发展路线，为推动会展业与其他产业的协同创新发展提供指导性纲领。对于在一些特定产业上有比较优势的地区，将其与会展有机结合起来，使其优势能够得到充分发挥。如义乌“义博会”、重庆“高交会”、广州“广交会”。

其次，加强行政审批改革，充分利用“互联网＋”、大数据等信息手段，简化展会审批流程，健全各部门间的联动机制，提高项目行政审批效率，打造审批全程公开的政务服务机制。以此鼓励行业专业展会的举办，通过连续举办行业专业展会带动行业的发展，实现会展促行业、行业促会展的良好态势。同时，放宽市场准入条件，降低制度性交易成本，鼓励更多民营资本进入会展市场，增强会展业实力，为推进与其他产业的协同创新发展夯实基础，从而加快“会展＋”产业协同发展速度。

最后，完善相关配套扶持政策，如财政补贴、税收支持、招商引资等优惠政策，增强政策

的针对性、协调性、可操作性,保证政策的落实度。以政策为导向,为推动“会展+”产业协同发展提供有力的支撑。

(二)加强中观管理,规范“会展+”产业协同发展秩序

当前,我国会展业的法制化管理还较为滞后,多数地区还未形成系统的会展管理法律法规体系,职能部门只审批不监管现象大量存在,严重扰乱了市场秩序。在弥补市场失灵、维护市场秩序、保障公平竞争、实现可持续发展方面,政府可以发挥“看得见的手”的作用,这种作用需要通过加强监管来实现。为此,建立健全市场监管体系和法制体系是保障会展业与文化产业、新兴产业、优势产业等稳定有序协同发展的必要措施。各地政府必须立足于当地会展业及其他产业发展实际,制定出符合本地发展的法律法规和制度措施,为协同发展过程中的利益协调、矛盾解决提供法制支撑,提升职能部门监管执法水平。此外,要创新监管机制,加强对展会的事中事后监管,强化会展业知识产权保护,同时构建会展业与协同产业间的诚信体系,建立信用档案和违法违规信息披露制度,推动建设以信用约束为核心、协同监管为重点的新型监管机制,提高监管的有效性。通过优质高效的“管”营造公平、公正的产业协同发展环境,规范会展业与其他产业协同发展的市场秩序。

(三)完善微观供给,加大“会展+”产业协同发展要素投入

产业间协同发展的重点是要素投入情况,因此,政府推动“会展+”产业协同发展必须加大对人才、资金、技术等相关要素的投入力度。首先,政府要准确把握产业协同发展的趋势,重视复合型、创新型人才的培养,引导人才培养机制创新,出台相应的专业人才引进政策,加强“政产学研用”基地的建设,为促进城市会展与其他产业的协同创新发展提供“软件”支持。其次,通过“互联网+政务服务”建设,优化政务服务方式,促进业务协同和信息共享,做到行政审批流程进一步优化、公共服务能力进一步提升、政务资源进一步集约化,以建立“亲”而“清”的政商关系吸引更多资本流入,进而拓宽“会展+”产业协同发展的投融资渠道。在技术层面,利用多元化的投融资金,支持产业技术创新、技术研发等相关项目,加快不同行业、不同规模的产业转型升级,促进“会展+”产业协同的发展。最后,要加快构建产业协同发展公共服务平台,完善政务数据、行业数据等综合性数据库资源,实现资源整合和共享,真正发挥“最后一公里”数据资源的效用,为优化会展业布局和建立“会展+”产业协同发展体系提供量化分析工具。

参考文献

[1] 赫尔曼·哈肯. 协同学——大自然构成的奥秘[M]. 凌复华,译. 上海:上海译文出版

社,2005.

[2] 叶娅丽,陈学春,余宜娴.成都会展业与旅游业的融合研究[J].旅游纵览(下半月),2016(2).

[3] 黄金慧.产业融合视角下的辽宁省会展旅游发展对策研究[J].商场现代化,2017(6).

[4] 倪珊珊,彭琳.广州会展业与旅游业产业融合的评价与探究[J].山西经济管理干部学院学报,2018(2).

[5] 陈佳丽.会展业与文化创意产业互动发展模式研究[J].商场现代化,2017(23).

[6] 王宇佳.智能制造行业与会展行业协同发展可行性分析——以沈阳为例[J].商讯,2019(22).

[7] 王春才.基于比较优势理论的京津冀会展业协同发展研究[J].商业经济研究,2015(15).

[8] 季一扬,张超.瞄准国际高端,大力推进会展业协同创新发展[J].杭州(周刊),2017(15).

[9] 陆相林.京津冀区域城市会展协同发展对策研究[J].产业与科技论坛,2017(4).

[10] 吴彩莲.会展经济与区域经济协同发展探究[J].湖南科技学院学报,2018(7).

[11] He Y. Industrial Transfer under Synergy Development Analysis between Key Industries and Logistics Capability[J]. Open Journal of Social Sciences,2016(1).

[12] 吴明东,祝滨滨.东北地区传统优势产业与新兴产业协同发展研究[J].2019(8).

[13] 王雪梅,陈卉,冯果.四川自贸区文化产业协同发展路径研究[J].广西质量监督导报,2019(10).

[14] 张亚彬,陈一琳.京津冀高技术产业协同发展与区域经济的关系研究[J].前沿,2019(4).

[15] 陈婷,郑宝华.产业协同研究综述[J].商业经济,2017(3).

[16] 祝小宁,黄安.论社会主义市场经济条件下中国政府行为与职能[J].电子科技大学学报(社会科学版),2000(2).

[17] 杨思莹,李政,孙广召.产业发展、城市扩张与创新型城市建设——基于产城融合的视角[J].江西财经大学学报,2019(1).

[18] 李彦娅."放管服"改革的理性与价值——基于政府改革进程的梳理[J].理论与改革,2019(6).

展会知识产权保护的困境与出路

——以杭州展会实践与案例为基础[①]

· 谌远知[②] ·

【摘要】良好的展会知识产权制度是一个展会成功举办的关键。展会知识产权保护水平的高低与恰当程度,将影响会展产业的快速健康发展。时间短、聚合性与公开性为特征的展会,对知识产权制度的建立提出了特别要求。目前学者们对展会知识产权侵权呈现方式、侵权行为、保护和责任承担问题进行了分析。学者们对展会知识产权侵权行为产生的原因及实践经验的提炼涉及较少。本文尝试从展会实践中分析提炼出展会知识产权存在的问题,对其产生的原因进行分析,特别是对杭州展会实践中行之有效的应对措施和对策经验进行归纳,以期为未来的展会知识产权制度建设提供借鉴思路。

【关键词】展会知识产权;综述;对策经验

一个城市要实现高规格的会展产业真正实施落地,需要在硬件上对标国际著名的展会城市,更需要构建良好的会展产业发展环境,来支撑会展产业跨越发展。展会上的参展产品、计算机软件、展台展位设计、参展展品宣传册等都具备知识产权客体的本质属性,需要良好的知识产权制度加以保护和保障。

---

① 本文获 2019 中国(杭州)会奖旅游教育与产业发展学术研讨会学术征文三等奖。
基金项目:2018 年度浙江省软科学重点项目"杭州跨境电子商务综合试验区中的知识产权处理定位与侵权解决机制经验提炼"(2018C 25028);2019 年浙江省社科规划年度基金项目"跨境电子商务中文艺作品知识产权侵权解决机制与经验提炼"(20NDJC355YBM);2018 年度浙江省软科学项目"'休闲体验—地方依附'二维视角下乡村旅游者环境负责任行为影响机制及路径研究"(2018C 35089)的阶段性成果。

② 谌远知,杭州科技职业技术学院教师,浙江大学企业成长研究中心研究员。主要研究方向:知识产权、商事制度与会展经济。

展会办展时间短,取证复杂,保护方式综合,保护手段具有较强的技术性等特征。会展举办过程中产生和涉及的参展展品、使用的软件、展台设计、广告手册、广告创意、宣传标语等呈现要素,都构成知识产权保护的对象,许多国家和地区采取增加知识产权权利内容和扩大保护客体的方法来应对会展业发展中出现的新问题。在国际上,发达国家将贸易政策与知识产权保护连为一体,将知识产权保护作为重要手段来促进贸易市场。

一、理论综述

一般而言,市场竞争主体为了快速高效推出新品,占领竞争制高点,选择参加展会是一种有效的方式,展会中很多创新产品都是首次亮相。在展会上,知识产权权利主体主要涉及展会主办方、参展方和参与到展会中的各方权利人。目前学者们研究领域主要集中于分析展会知识产权侵权方式,分析展会知识产权侵权问题、责任承担、保护问题,研究展会知识产权实践中有特色的个案等方面。

(一)展会知识产权侵权问题

许传宏(2006)分析了各类展会中知识产权侵权、假冒和滥用现象及出现的原因。展会知识产权乱象扰乱了会展行业正常市场秩序,对权利所有者和广大消费者造成损害,规范各方行为,维护会展正常市场秩序,成为促进会展业健康发展的关键。武晓芳(2006)认为应该区分展会知识产权侵犯与非知识产权侵犯,把重复办展笼统归入对展会的知识产权侵权行为很不合理。李华伟(2007)对展会知识产权现状及存在的问题进行了分析,提出了完善展会知识产权保护体系构想。梁泠曦(2010)认为为了杜绝展会上知识产权侵权行为,应尽快健全法律和法规,发挥行业协会作用,提升参展企业知识产权意识,把展会建成贸易活动和自我推广营销平台。段玉敏(2012)分析我国会展业知识产权所面临的实际问题,从时间、空间层面及社会结构层面对会展业知识产权提出解决方案。何赟(2014)认为基于展会持续时间比较短的客观原因,展会知识产权纠纷的难点是怎么样才能做到高效解决纠纷。

曹义胜(2006)从境外参展的角度来探索展会知识产权侵权和应对处理。刘毕贝、赵莉(2015)认为展会知识产权应重视私力救济和保护。李广燊(2015)从展会参与主体出发,分析作为参与主体的展会举办方、展会参展方、展会管理方,在展会知识产权保护工作中存在的问题,给出相应对策。

朱文韵(2016)认为在企业境外参展中,展会知识产权保护应从备展阶段开始,参展主体可从专利申请谋篇布局、专利被侵权防范措施、展品侵权风险规避方法及目标展会法律环境调查等四个方面准备,参展主体应预先制定境外参展保护方案和应急预案。

(二) 展会知识产权保护问题及个案研究

厉宁、刘凯、周笑足(2009)对展会知识产权保护的行政保护对象目标、现实现状及存在问题进行研究。张楠(2015)认为展会知识产权保护存在的问题是立法不完善。陈博(2010)认为会展知识产权保护理论研究是会展法律问题的重点,澄清和明确会展精神成果的知识产权属性特征是难点,这是实施保护的前提条件,从特定的会展环境中来确定展品侵权行为的独特性,从独特性上来寻求解决纠纷的新举措和新方法是可行做法。郑志涛(2013)认为展会知识产权保护从展会内容和展会本身两个方面展开,展会名称具有无形财产权的价值属性和知识产权属性,展会标志也具有知识产权属性,展会的网页及展会的域名具有知识产权属性。黄韵(2019)认为目前我国展会知识产权行政保护存在问题,展会知识产权行政保护机构分散,政出多门,推进展会知识产权保护机构一体化进程成为紧迫任务。

王莲峰、叶赟葆(2010)从上海世博会的"世博效应"角度出发,对展会知识产权保护问题进行总结,对"后世博"上海展会知识产权保护问题进行前瞻性思考,对上海展会知识产权保护立法现状、特点和存在的问题进行分析,提出"后世博"上海展会知识产权保护立法构想。田欣(2011)研究浙江省会展业中展会知识产权侵权和展品知识产权侵权问题,希望通过强化政策保护,增强参展展会各方的法律意识,充分发挥行业协会的协调功能,为浙江展会知识产权创造一个良好的发展环境。王树章(2012)从深圳市展会的情况出发,以展会知识产权审判实践为出发点,分享审判展会知识产权经验,提出完善我国展会知识产权保护体系主张。

综上研究来看,目前学者们对展会知识产权存在的问题进行分析,希望找到应对展会知识产权侵权问题的解决途径。这些研究对展会实践中知识产权存在的问题和产生的原因缺乏分析,对展会实践中应对知识产权问题的有效措施和对策经验没有系统总结。本文尝试从展会实践中分析展会知识产权存在的问题,特别是对杭州展会实践中行之有效的应对措施和对策经验进行总结,以期为未来展会知识产权制度建设提供思路。

二、展会实践中知识产权存在的问题

从我国展会实践和涉及展会知识产权案例来分析,展会实践中知识产权存在的问题有展会参展各方主体、展会主办方和组织者对展会知识产权保护意识不足,展会主办方和组织者对自身知识产权保护意识不强;展会主办方和组织者疏于对参展商知识产权审查;展会主办方和组织者对侵权认定及责任承担不明;参展商和展会参与者权利意识不强。

（一）展会主办方和组织者对展会自身知识产权保护意识不强

展会服务提供的是一种“知识型”综合服务。展会服务与知识产权保护紧密相连,展会中的很多展品已经取得了专利权、商标权和著作权保护,展会主办方和组织者就应该在展会期间提供恰当保护。为展会中参展品提供最基础的知识产权保障是展会主办方和组织者应该做到的。

但从我国展会实践的案例中,展会主办方和组织者对自身的知识产权保护意识不够。展会主办方和组织者对自己的知识产权的保护意识薄弱,方法与策略都有待改进,还有很大提升空间。展会主办方和组织者对自己本身的知识产权包括展会名称、展会标志(Logo)、展会域名、展会网页、展会总体搭建设计和创意保护意识偏弱。展会主办方和组织者甚至完全没有意识到上述这些客体对象也应该纳入知识产权保护范围。

在实践中经常出现展会名称高度相似、展会创意规划和展会内容基本雷同的现象,这正是知识产权保护意识淡漠的表现。展会主办方和组织者对知识产权保护意识薄弱将影响对展会中参展品知识产权保护措施的制定。

（二）展会主办方和组织者疏于对参展商知识产权的审查

展会主办方和组织者迫于市场竞争激烈的外部环境,将自己的工作重点放在招展招商上,对参展商知识产权的审查不够重视。在我国实践中,那些中小型展会主办方和组织者,为了节省成本,在招展的工作中就没有对参展商的知识产权审核这一环节,没有在会展知识产权监督和管理方面进行人力和物力投入。这样就使得展会主办方和组织者对参展方的知识产权状况基本处于信息空白,缺乏基本了解。展会主办方和组织者对参展方的知识产权情况审查和监督缺位,就无法采取及时有效的措施来应对展会现场的知识产权侵权。

在同一个展会中出现与自己相同的或类似的产品,通常情况下,合法展会知识产权的权利人会向展会主办方和组织者提供有效证据,主张自己的合法权利,申请发出知识产权侵权警告。但在实践中,特别是那些中小型展,展会主办方和组织者缺乏经费和专业人才,缺少对参展方的知识产权情况的了解,对于权利人知识产权侵权警告,无法采取恰当的合理措施来制止侵权。这样极易造成对合法权利人正当权益损害,影响展会主办方和组织者声誉。

（三）展会主办方和组织者侵权认定及责任承担不明确

我国现行的由商务部、国家工商总局、国家版权局、国家知识产权局2006年颁行《展会知识产权保护办法》(以下简称《办法》),没有明确展会主办方和组织者对展会期间参展商知识产权侵权行为是否需要承担连带责任。

该《办法》仅要求展会主办方和组织者在招商招展时，要求参展方对有关知识产权保护进行审查，对参展项目、参展方的展品、参展方的展板及相关宣传资料等呈现方式的知识产权情况，进行事先审查，但没有详细规定相应的处罚措施。

从我国展会实践案例看，展会主办方和组织者缺乏有力的法律制度支持，处理展会知识产权侵权畏首畏尾，不敢大胆作为。在实践中，对知识产权保护主办方和组织者往往采用“不作为”的消极态度，能拖则拖，采取补救措施很不恰当，影响展会合法知识产权权利人的权益。

该《办法》作为目前我国最完备、级别最高的政府部门规章，对展会知识产权侵权认定及责任承担规定语焉不详。该规章十几年前颁行，没有及时修订和补正，与现实情况脱节，严重背离客观现实，无法解决现实展会中纷繁复杂的会展知识产权纠纷，成为展会主办方和组织者推脱展会知识产权保护责任的一个借口。

（四）参展商和展会参与方知识产权权利人权利意识不强

参展商和展会参与方要维护知识产权的权益需要有充分有效的证据才能实现。由于展会举办时间短，在展会中获取相应有效证据具有快速性和时效性特征。展会期间，参展商和展会参与方一般可以通过公证取证、申请证据保全等手段，来获得充分有效证据。

在我国的展会实践中，涉及参展商和展会参与方的知识产权权利人取证意识普遍不强。参展商和展会参与方取证手段仅是采用拍照片、录视频的方式，权利人不知道如何通过公证取证、证据保全等方式来及时固定侵权证据。权利人这种通过拍照片和录视频的方式取得的证据相比公证取证、证据保全方式取得证据可信度和公信力要低很多。

在我国展会实践中，参展商知识产权保护意识淡漠，参展之前未对自己的创新产品进行版权登记、专利登记。有时参展商的创新成果因在展会中展出而公开，而不是在展会前就已经进行权利登记。在展会中的展出被看作是现有技术，丧失了专利新颖性抗辩理由，从而造成不必要的损失。

三、展会实践中知识产权的应对措施与对策经验

浙江杭州以政府主管部门牵头，联合行业协会、高等院校等社会组织积极参加，组建会展业标准化技术委员会。在杭州国际博览中心、杭州和平国际会展中心、浙江世贸国际展览中心、云栖小镇国际会展中心等展馆中，广泛实地调研，收集大量案例，并从中精简典型案例剖析，讨论制定会展产业行业标准，从实际案例中总结一些在实践中行之有效的方法和行业

标准来应对展会知识产权的诸多新问题。

这些实用性方法措施、操作制度、对策经验和行业标准，具有普遍性和广适性，完全可以推广到全国，很有借鉴意义。这些具体的有效的应对措施和对策经验包括：展会通过合同明确展会主办方和组织者的知识产权义务及相关责任，探索展会知识产权保护模式，探索建立展会知识产权快速维权机制，采用有效方法提升展会参与各方知识产权保护意识等。

（一）明确展会主办方和组织者责任

展会主办方和组织者是整个展会的全程参与者，对维护展会知识产权起关键作用。杭州积极鼓励和引导各类会展项目申请注册商标和进行资质认证，逐步建立会展业资质、品牌认证体系，提高展会自我声誉。

在杭州展会实践中，政府、行业协会、展会主办方和组织者通过制定参展商须知等制度来明确参展商相关知识产权义务及相关责任，明确相关主办展会机构的免责条款，处理展会知识产权投诉程序、展会知识产权侵权处罚等细节。从展会主办方的角度来界定知识产权问题，展会主办方在组展过程中应对展会的相关知识产权保护承担义务，展会主办方对参展商的知识产权侵权行为承担共同侵权责任。

在杭州展会实践中，对参展商知识产权基本状况备案审核，明确展会主办方和组织者对展会期间参展商品的知识产权保护负有展前、展中和展后全流程的审核和注意义务。对展会期间现场发现或者发生侵害知识产权行为，在接到知识产权权利人发出的侵权通知后，展会主办方和组织者应采取必要的、合理的、恰当的、有效的措施来维护权利人利益。

如果展会主办方和组织者未对展会参展商的知识产权情况尽到审核义务，造成知识产权权利人损害，应承担相应的责任。如果展会主办方和组织者知道或应当知道参展方展示的商品或者提供的服务存在侵害知识产权情况，未采取必要措施的，展会主办方和组织者同参展方一起共同承担责任，需承担间接侵权的责任。

（二）建立展会知识产权快速维权机制

展会时间短，影响大，现场判定知识产权侵权行为困难。展会周期短促和时间紧迫是这种交易方式的基本特征。为了应对现实困难，杭州在展会实践中，展会主办方和组织者经常邀请相关负责知识产权的政府职能机构、法院、行业协会和人民调解委员会入驻展会现场，成立专门展会知识产权领导协调小组，配备物力，组织人员巡查监管，建立展会专利备案和诚信档案制度，督促参展商通过自我审查方式，检视自己的参展产品或服务是否侵犯他人知识产权。

杭州在展会实践中，展会协调小组、驻会工作人员对于展会知识产权侵权行为来访、展会知识产权侵权行为投诉,协调小组、驻会工作人员要做到问清案情,厘清基本事实,拟出解决展会知识产权争议的多种路径供投诉人自己选择。展会协调小组、展会驻会工作人员接受投诉后,马上对现场被投诉方进行充分了解,详细比对涉嫌侵权技术方案。如果初步判断侵权基本属实,展会协调小组、展会驻会工作人员对涉嫌侵权的展品提出整改意见和方案,在整改达标后继续展出。如果整改不达标,向被投诉人充分说明情况,要求配合撤展。

杭州在展会实践中,对于涉外知识产权权利人的投诉案件,若证据审查初步可信,展会协调小组、展会驻会工作人员应尽量做到优先受理立案,尽快办理,避免了对涉外知识产权权利人的不利影响。对于投诉涉及面比较广的知识产权案件,证据审查初步可信充足,经投诉人同意后,展会协调小组、展会驻会工作人员应采取快速处理模式解决纠纷。

对于那些侵权行为十分明显或重复侵权、多次侵权的参展商,展会协调小组、展会驻会工作人员可裁定先行停止侵权行为,以免侵权损失扩大,造成恶劣影响。对于重大和疑难案件的涉嫌知识产权的侵权产品或服务,展会协调小组、展会驻会工作人员会积极主动配合司法、行政等相关部门到展会现场取证,用快速拍照、录像等科技手段来固定证据,再进行公证取证、证据保全,采用证据留存的"双保险"模式。

(三)提升展会各方的知识产权保护意识

杭州在展会实践中,展会主办方和组织者在招展招商时就通过书面形式告知参展商关于知识产权保护的基本要求,并将有关知识产权保护的相关条款详细写入展会合同中。在展会开始前,权利双方通过详尽的参展合同条款来明确各方的知识产权权利和义务,通过恰当运用诉前禁令的方式来解决知识产权纠纷。

杭州在展会实践中,展会主办方和组织者对参展方有关展品、展板及相关宣传资料的知识产权载体进行详细审查。展会主办方和组织者鼓励参展商提供相关产品的专利权、商标权和著作权的证明文件和有效材料,并将这些材料进行备案,通过展会现场公示制度,向参展各方宣告知识产权权利,对侵权行为起到警示和告诫作用。

杭州在展会实践中,展会主办方和组织者鼓励参展方重视知识产权检索工作,通过知识产权检索等方式来确认自己展品或服务是否拥有合法的知识产权,是否侵害他人在先的商标权、专利权等。参展方如果发现自己知识产权被他人侵害,鼓励先通过拍照、录像、索取产品宣传册或购买现场样品等方式先行固定侵权线索,然后迅速通过公证手段来保全证据,采用诉前保全证据等方式及时固定侵权证据。

时间短、聚合性与公开性是展会的基本特点。展会后很难追查侵权产品及侵权人。即使追查到,也要花费高额成本。杭州在展会实践中,积极提倡展会知识产权权利人应采取诉前保全的方式来主张自己的合法权利，在展会中推广诉前禁令制度，弥补民事诉讼滞后性。

四、总结

对展会知识产权的研究既具有理论意义又具有现实意义，应该引起重视。目前，政界、学界对展会知识产权的重视程度不够，影响了会展产业的健康快速发展。政府相关部门虽然制定和出台了一些相关政策意见和规定来支撑和发展会展产业，但这些政策和规定很少涉及如何处理展会中知识产权问题，细化的操作很少。政府制定的政策、规定和指导意见不能满足和适应展会的现实特殊需求，缺乏知识产权保护的有效管理手段，不具有可操作性方案和步骤，无法来解决会展知识产权投诉纠纷。

一个城市呈现出良好的展会知识产权保护环境往往是一个展会成功举办的关键支撑因素。如果不对展会中发生侵犯他人知识产权的行为，采取有效措施及时制止和补救，将大大影响对一个城市良好投资环境的评价。如果参展各方能及时制止会展中侵犯他人知识产权的行为，将有利于公平竞争的市场秩序的建立。在某种意义上讲，良好的知识产权制度是一个城市重视发展会展业，塑造良好产业发展外部环境的重要标志，知识产权保护水平的高低和保护强度，将直接影响展会行业的健康发展。

健康发展的展会产业，离不开良好的知识产权立法、执法环境作为支撑。良好的知识产权环境将对展会产业发展助力。目前对展会知识产权的研究刚刚开始，还未形成体系，还需要对实践中出现的现实问题进行系统整理。构建良好的展会知识产权，应该从提高展会知识产权保护立法位阶，扩大展会知识产权保护范围，改革展会知识产权保护行政审批制度，发挥会展行业协会作用，引入和创建展会知识产权的仲裁制度等方面努力，这还有很长的路要走。

参考文献

[1] 刘华俊，顾益民. 国际视野下的展会知识产权保护[J]. 中国外资，2011(24).

[2] 许传宏. 展会知识产权问题探析[J]. 国际商务(对外经济贸易大学学报)，2006(5).

[3] 武晓芳. 重复办展与展会知识产权侵犯[J]. 中国广告，2006(5).

[4] 李华伟. 我国展会知识产权保护的瓶颈及对策研究问题[J]. 厦门广播电视大学学报，2007(2).

[5] 梁泠曦. 保护展会知识产权，积极应对侵权纠纷[J]. 中国安防，2010(11).

[6] 段玉敏.从会展业角度探析展会的知识产权保护[J].陕西农业科学,2012(2).

[7] 何赟.我国展会知识产权纠纷解决途径研究[J].现代经济信息,2014(8).

[8] 曹义胜.企业境外参展如何翻跃那座“山”[J].进出口经理人,2006(11).

[9] 刘毕贝,赵莉.珠海市展会知识产权保护策略研究[J].法制与经济,2015(12).

[10] 李广粲.展会知识产权保护中的主体、问题与对策[J].法制与经济,2015(12).

[11] 朱文韵.企业备展阶段知识产权保护措施分析[J].竞争情报,2016(5).

[12] 厉宁,刘凯,周笑足.展会知识产权行政保护初探[J].知识产权,2009(4).

[13] 张楠.展会知识产权的相关立法分析及司法保护完善对策[J].淮海工学院学报(人文社会科学版),2015(3).

[14] 陈博.会展知识产权保护问题[J].生产力研究,2010(11).

[15] 郑志涛.展会的知识产权保护探析[J]知识产权,2013(5).

[16] 黄韵.展会知识产权行政保护探究——以机构的一体化为视角[J].晋中学院学报,2019(1).

[17] 王莲峰、叶赟葆.世博效应与上海展会知识产权保护研究[J].法治研究,2010(11).

[18] 田欣.浙江省展会知识产权保护探析[J].商场现代化,2011(12).

[19] 王树章.深圳展会知识产权保护机制的不足与对策——以审判实践为切入点[J].特区经济,2012(12).

云南热点旅游城市打造会议目的地对策研究[①]

·刘　云　熊志航[②]·

【摘要】近年来会议目的地对城市旅游、城市形象及其知名度的带动作用已形成共识，“以市引会，以会兴市”的发展模式受到了越来越多城市的追捧。本文借助云南加快建成面向南亚、东南亚辐射中心的国家战略和云南推进旅游强省建设两大机遇，以云南热点旅游城市为例，分析其打造会议目的地的优势，并以会议目的地选择的影响因素为参照体系，结合目前会议目的地创建存在的问题，从五个方面提出云南热点旅游城市打造会议目的地可操作性建议。

【关键词】热点旅游城市；会议目的地；云南

近年会展业的蓬勃发展，给中国带来强大的消费拉动力。会议目的地能从会议举办中获得直接收益，以及住宿、餐饮、特色服务等产生连带效应带来的间接收益，例如，延伸出了大规模的大交通消费以及为城市引智聚能，这也为旅游城市发展提供了一条新路径。国内一些旅游城市也因举办会议成为国内外的焦点，如杭州（2016 年 G20 峰会）、厦门（2017 年金砖峰会）、青岛（2018 年上合峰会）；以上会议目的地在会议召开前均是国内外知名的旅游城市，凭借其独特优势吸引了知名会议方，并在会议结束后迅速享受到了会议带来的巨大发展红利。“以市引会，以会兴市”的发展模式受到了越来越多城市的追捧，尤其是旅游城市。云南省作为世界知名旅游目的地，有着丰富的自然人文资源、相对完备的基础设施，在加快建成面向南亚东南亚辐射中心这一国家政策的推动下吸引了不少国际会议在此举办，如中国-

---

① 本文获 2019 中国（杭州）会奖旅游教育与产业发展学术研讨会学术征文三等奖。

② 刘云，云南财经大学旅游与酒店管理学院，教授，1790961097@qq. com；熊志航，云南财经大学旅游与酒店管理学院，硕士研究生，905584086@qq. com。

南亚博览会(昆明)、亚洲咖啡年会(芒市)等,特别是昆明市在区域性国际会展之都和国际会议目的地城市建设中初见成效,加快了打造区域性国际中心城市的步伐。因此笔者依据国内受众面积较大的OTA网站(去哪儿、携程)、旅游社交网站(马蜂窝、猫途鹰)搜索云南省热门旅游目的地,同时考虑到旅游收入排名、可进入性等因素,选取昆明、大理、丽江和景洪市四个云南热点旅游城市,分析其打造会议目的地的优势和机遇,并基于会议目的地选择的影响因素,从五个方面对云南热点旅游城市打造会议目的地提出具体对策。

一、云南省热点旅游城市打造会议目的地机遇

(一)国家战略机遇

云南省在国家"一带一路"建设中具有良好的区位优势,作为面向南亚、东南亚的辐射中心,为了加强云南省与周边国家互利合作,国家发改委于2019年印发的《关于支持云南省加快建设面向南亚东南亚辐射中心的政策措施》中提出在农业、基础设施、产能、经贸等方面深化与周边国家的交流。多方开花,为云南省热点旅游城市打造会议目的地持续发展会展业提供了坚实的基础;同时,云南省作为我国唯一位于澜湄流域国界的省份,是我国推进澜湄合作机制的最前沿窗口和最重要的舞台。澜湄合作机制下的多个会议在云南省热点旅游城市召开,如澜湄合作跨境经济联合工作组第二次会议(昆明)、首次澜湄合作外长会(景洪)、第三次澜湄合作外长会(大理)。国家政策的扶持,提高了云南省尤其是省内经常举办国际会议的热点旅游城市在全球的声誉,有益于更多国际会议的入驻。

(二)云南稳步推进旅游强省建设

云南省正从旅游大省向旅游强省跨越,省委省政府明确了"国际化、高端化、特色化、智慧化"的旅游发展目标,这意味着过去的走马观花式旅游、旅游市场混乱等现象将在云南旅游"二次创业"中被结束。优质的旅游环境对高端会议来说具有强大的吸引力,同时高端会议的入驻又能滋养提升整体旅游环境,形成会展业与旅游业之间的良性循环。

二、云南省热点旅游城市打造会议目的地的优势

(一)基础服务设施完善,服务质量上乘

多年的旅游业快速发展,使昆明、大理、丽江和景洪市在中国乃至世界已成为成熟的旅游目的地,因此四城均有数量较多且服务上乘的优质酒店。其中,五星级豪华型酒店昆明有

34 家，丽江有 46 家，大理有 32 家，景洪有 23 家。[①] 这些酒店设有完备的安保系统与会议厅，能够在保证大量参会者与会议策划人员安全的前提下满足他们的吃、住、行、商务活动；同时，这些酒店往往位于交通便利的中心商圈或靠近旅游景区，可满足参会者游、购、娱的需求。

（二）立体交通网络日趋完善，可进入性较好

云南省地处中国西南边陲，西部与缅甸接壤，南部和老挝、越南毗邻，地处东亚、南亚、东南亚结合部，是促进中国与南亚、东南亚人民友好交往的重要通道。省内与连接省外的“水陆空”交通网络日趋完善。目前，水运方面，借助贯穿云南省全境又在出境后连接老挝、缅甸、泰国、柬埔寨、越南五国的湄公河，游客可乘船随该条水路南下探秘金三角。陆运方面，云南正加快建设“八出省、五出境”铁路网，以实现内连外通。从昆明出发有直达大理、丽江的动车，昆明至景洪的高铁也开通在即。空运方面，全省运营民用运输机场 14 个，选取的热点旅游城市均设有机场，并且昆明长水机场、丽江三义机场、大理机场、景洪西双版纳嘎洒国际机场均为旅客吞吐量百万级以上机场。

（三）旅游资源品位较高，城市美誉度较高

多样的气候带来了多样的植被与自然景观，独特的边疆区位致使多民族的聚居与多样文化的共存，可以说云南是一个在世界范围内旅游资源都极其丰富且具有独特性的省份。本文选取的热点旅游城市的旅游资源更是突出（见表 1-3），同时城市旅游业的发展，也为旅游带来诸多增光添彩的城市殊荣，这些要素都能够“激励”国内外会议来此举办。

表 1-3　云南省热点旅游城市旅游景区/资源一览表（部分）

城市	国家 4A 级及以上旅游景区	所获殊荣
丽江	玉龙雪山风景区、丽江古城景区、束河古镇、黑龙潭景区	中国历史文化名城，世界文化、自然、记忆三大遗产
昆明	石林风景区、世博园景区、民族村、金殿名胜区、九乡风景区	国家历史文化名城、中国优秀旅游城市、中国（大陆）国际形象最佳城市

---

① 数据来源：携程网。

续表

城市	国家4A级及以上旅游景区	所获殊荣
大理	崇圣寺三塔文化旅游区、南诏风情岛、鸡足山景区	最佳中国魅力城市、苍山国家地质公园
景洪	热带动物园、野象谷、热带花卉园、热带植物园	全国森林旅游示范县(市)、美丽山水城市、中国优秀旅游城市

三、会议目的地选择的影响因素分析

自1976年Fortin最早提出影响会议目的地选址的因素(饭店服务、航班通达、会议室、价格水平、接待水平等)以来,不少学者都对此领域做了积极探索。Edelstein和Benini提出影响会议选址的几大因素为设施获得性、目的地可进入性、交通费用、与会者交通距离,而会议目的地的气候、旅游景点、形象相较于前者对会议选址的影响较小。国内学者沈晔对会议目的地选址因素的国外研究中的选址因素的出现频率进行了统计,发现国际会议组织方选择会议目的地时主要考虑的是基础设施、会议设施、服务质量等,并基于国外学者的研究思路与结论,以北京作为研究对象,对国际会议的选址因素进行总结——选址时优先考虑的是会议场地的服务质量与设施质量,其次是举办地稳定的政治与社会环境、会议产业的专业人才、目的地可进入性和国际会议申请流程便捷性。综上所述,笔者认为会议目的地选择的影响因素如下(见图1-2)。

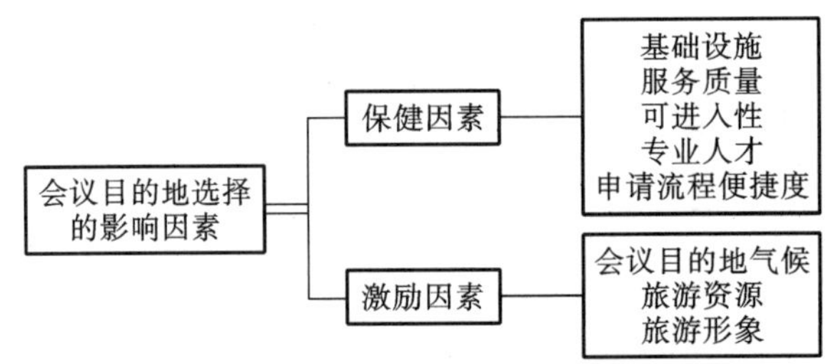

图1-2 会议目的地选择的影响因素

如图1-2所示,保健因素是会议成功举办的核心因素,五个方面的保健因素必须具备,缺一不可，任何一个都会影响会议举办的质量；当然基础设施的数量和质量、可进入性作为硬件是核心因素中的根本；服务质量、会议产业的专业人才、会议申请流程的便捷度及支持力度是会议举办的软环境，也是会议举办是否成功的关键因素。激励因素是增添会议目的地吸引力并可提高参会人对会议满意度的重要因素，尤其考虑参会人员的感受，因为会议旅游人数占比越来越大，会议策划人、参会人也逐渐将会议目的地气候、旅游资源、旅游形象等因素纳入会议目的地选择的考虑范围内。

四、云南热点旅游城市打造会议目的地的实施路径

本文选取的四大热点旅游城市已具备充裕的基础服务设施、上乘的服务质量、较高的交通可进入性这些保健因素，同时还具备优良的旅游资源禀赋这一激励因素。但仍存在两大不足，一是“会议氛围”不浓厚、缺乏“会议口碑”；二是缺乏会议专业人才。针对现有条件与不足，可从如下方面对四大旅游城市的保健与激励因素进行完善，有层次地将其打造成会议目的地。

（一）营造“会议氛围”，打造“会议口碑”

由政府牵头组织相关州市的会展企业形成会议联盟，借助云南省面向东南亚、南亚辐射中心的作用，形成以昆明市为中心，丽江市、大理市、景洪市互补联动的会议目的地空间布局，利用各种宣传平台加大云南打造会议之都的宣传，形成浓厚的“会议招商氛围”。同时，政府要同会议联盟商议制定精简的会议申报流程，并对举办不同级别会议的会议方实行不同力度的优惠，或者提供相应的支持，形成良好的“会议口碑”。

（二）加速提升基础软硬件实力

软件上，加大力度培养、吸引会议专业人才。我国目前只有部分旅游或职业院校设立会议相关学科。在滇高校中，仅有三所大学（云南财经大学、云南民族大学、昆明学院）开设了会展经济与管理专业。相较于其他学科，该专业存在人才滞后与流失的问题，驻滇会议专业人才供不应求。政府应着力推进做好高校内会展相关专业的学科建设，严格挑选更具有行业经验、紧跟行业前沿的教师，培养知识储备更丰富、功底更扎实的学生。同时，加快制订一系列人才引进、企业落户计划，为云南引进并留住多样的专业相关人才及在国内外会展业内评价较高的会议承办团队。硬件上，加大力度建设能够满足会议举办的基础服务设施。虽然四大热点旅游城市拥有数量和质量上都非常可观的会议举办场地与服务，能够在保证大量参会者与会议策划人员安全的前提下满足他们的吃、住、行、商务活动，也位于中国连接东

南亚的黄金区位上,省内与连接省外的"水陆空"交通网络日趋完善给四大旅游城市提供了便利的大交通,但从小范围的可进入性来说还较差,比如市区与城郊范围内的地铁建设还不完善。

(三)有选择地引进、建设会议品牌

云南省目前在大众印象中仍仅是一个旅游大省,该区域能够在会议上被探讨的商贸价值及学术价值往往被其旅游价值所屏蔽。政府与企业应借云南辐射南亚、东南亚之势,通过南博会、商洽会等现有的国际会议展览平台,争取吸引各类大型会议入驻四大热点旅游城市。会议品牌主题选定要结合热点,但不能盲目随大流,并且要考虑各城市拥有的资源优势。如景洪可利用"动植物多样性"这一资源禀赋,积极在景洪举办有关世界动植物研究的学术会议。

(四)深挖城市文化内涵,打造鲜明的城市名片

城市形象是打造会议目的地的激励因素之一。通过深挖城市文化内涵,如昆明的古滇文化、西南联大文化,大理的风花雪月及金庸笔下营造的世外桃源,丽江的雪山水乡、纳西文化所形成的独具特色的旅游休闲文化,景洪独特的小乘佛教及傣文化,形成鲜明的城市形象宣传口号,打造独具特色的城市名片,增强城市的吸引力。参会者能否融入会议举办城市的文化中是其是否能对该地产生独特记忆的关键,从而影响参会者对会议的满意度。

(五)整体培育提升居民开放心态与国际素养

参会者的活动范围往往不仅限于会议中心与酒店,当地居民不可避免地会与参会者产生交流。居民在参会者面前表现出的素养代表了一个城市形象,城市形象、人文风情也影响着参会者对会议目的地的满意度。所以,引导城市居民以开放包容的心态对待外来参会者,培养提升其国际素养也是会议目的地打造中的重要环节。

五、结语

虽然昆明、丽江、大理、景洪四大省内旅游热点城市成熟的旅游产业为会展业发展提供了良好基础,但要成为会议目的地仍存在"会议氛围"不浓厚、缺乏"会议口碑"、缺乏会议专业人才等突出问题。政府要与业界通力合作,以城市的区位、资源等优势为出发点,有层次地从营造会议氛围、提升软硬件实力、引进建设会议品牌、打造城市名片、培育居民素养五个方面将以上热点旅游城市打造为会议目的地,助推云南省旅游强省建设。

参考文献

[1]　Edelstein L. G. ,Benini C. Meeting Market Report[J]. Meetings&Conventions,1994(8).

[2]　沈晔,朴志娜,吴必虎. 国际会议选址因素重要性的感知差异分析——以北京为例[J]. 旅游学刊,2013(5).

打造世界一流旅游都市群背景下的长三角文旅高质量发展研究

·叶 虹 杨保福①·

【摘要】旅游业作为融合度极高的产业,在区域合作中发挥着先头部队和生力军的作用。沪苏浙皖三省一市文脉相近,旅游资源丰富,具备旅游高质量融合发展的良好基础和内在动因。通过构建长三角城市旅游合作新格局,进一步推动文化和旅游产业在各领域深度融合,实现三省一市优势互补、资源共享、协同并进,对于提升长三角都市群的综合实力,更好地参与国际竞争具有深远的意义。本文对标国际城市旅游合作成功样本,从合作模式的多样性、文化和旅游产品的创新性、区域品牌的国际化等角度提出对策和建议。

【关键词】旅游;都市群;同质化;文化旅游;高质量发展

都市群是高度一体化的城市群体,在国家参与国际竞争中发挥着巨大作用。目前国际公认的世界级都市群包括以伦敦、纽约、东京、巴黎、芝加哥为核心的五大都市群。进入新世纪以来,以上海、江苏、浙江为核心的中国长三角都市群被国际学术界公认为是世界未来第六大都市群。2016 年,国务院批复的《长江三角洲城市群发展规划》中,长三角都市群包括了沪苏浙皖 的 26 座城市。旅游是文化交流的桥梁,旅游业具有天然的跨地区、跨产业特质,区域旅游合作在经济全球化和区域一体化进程中扮演着重要角色。沪苏浙皖三省一市地缘相近,文脉相通,旅游资源丰富,长期以来互为旅游客源地和目的地,旅游业作为先导产业,发挥着先头部队和生力军作用。通过构建长三角城市旅游合作新格局,可以进一步推动

---

① 叶虹,杭州市旅游形象推广中心(杭州市商务会展旅游促进中心),主任,浙江杭州,310001;杨保福,杭州市旅游形象推广中心(杭州市商务会展旅游促进中心),副主任,浙江杭州,310001。

文化和旅游产业在各领域深度融合,实现三省一市资源共享、优势互补、协同并进。对于提升长三角都市群的综合实力,更好地参与国际竞争具有深远的意义。

一、长三角文旅一体化发展的可行性

(一)良好的合作基础

1992 年,长三角地区 15 个城市发起了协作部门负责人联席会议制度,并在此基础上成立了由各城市市长参加的"长江三角洲城市经济协调会",自此建立起城市间的协商协调机制。2003 年杭州发起"长三角旅游城市高峰论坛",城市间旅游合作有了常态化的政府间合作平台,每年在不同城市轮流举办,成为中国区域旅游合作的标杆。2010 年 5 月,国务院正式批准《长江三角洲地区区域规划》,将长三角地区定位为亚太地区的国际门户、全球重要的现代服务业和先进制造业中心,以及具有较强国际竞争力的世界级都市群。2017 年召开长三角旅游合作联席会议明确提出要将长三角地区建设成为具有世界竞争力和影响力的旅游目的地。2018 年长三角区域合作办公室在上海挂牌成立,开启区域合作的新旅程。去年,长三角区域一体化发展上升为国家战略,为长三角旅游一体化高质量发展创造历史性的新机遇。

同时,以高铁为代表的交通基础设施快速发展成为区域旅游合作的新载体。沪杭、京沪、宁杭甬、杭长、杭黄高铁相继建成通车,在长三角地区形成了快速便捷的高铁网络。加上高速公路网络的进一步加密和优化,产生"时空压缩"效应,为区域游客提供了便捷多样的交通选择。杭黄高铁开通之际,浙皖共推的"浙皖一号"风景线、杭州黄山联手打造的"名城、名湖、名江、名山、名村"黄金旅游线路,串联起 7 个 5A 级旅游景区,成为区域旅游产品的升级版。

(二)优质的资源禀赋

从文化和旅游资源来看,长三角各省市文化和旅游资源异常丰富,且个性鲜明(如上海都市文化、浙江山水风光、江苏园林景观、安徽山水村落),为游客多样化的偏好提供了优良的资源基础。据统计,三省一市 5A 级景区 54 个,国家级森林公园 101 个,国家级(一级)博物馆 20 家,国际级旅游度假区 9 个,世界遗产 9 处,人类非物质文化遗产项目及国家级非物质文化遗产项目总计 477 个。从经济总量上看,三省一市旅游在经济发展中占据重要地位,市场规模均在不断扩大,但呈现发展不平衡的状态。根据旅游部门的统计显示,三省一市 2018 年总共接待中外游客超过 25.77 亿人次,总收入超过 3.49 万亿元。其中,上海作为引领长三角旅游国际化的发展龙头,2018 年入境游客超过 893.71 万人次,同比增长 2.3%,全市旅游业增加值为 2078.64 亿元,占全市 GDP 比重为 6.4%,旅游业也已经成为上海经济重要的支柱产业之一;浙江省旅游业在 2018 年首次成为"万亿产业",全省旅游总收入 10006 亿元,增长 11.9%,浙江大花园建设的产业集聚优势突出;江苏省旅游业发展规模优势显著,2018 年全年接待境内外游客 8.18 亿人次,比上年增长 9.6%,接待总量位居三省一市首位;安徽省旅游业保持了高速发展的势头,2018 年国内旅游总人次和总收入的增长分别达到了 15.2%和 17.1%。

二、长三角文旅协同发展存在的问题和壁垒

尽管长三角区域旅游合作在全国走在了前列,但与海外先进国家与地区相比,还存在着明显差距。研究机构在选取了欧美部分国家和地区的样本比对后,长三角区域旅游的整体实力排名偏后。原因在于旅游市场开发、服务业发展状况、产品创新等主要指标相对世界级旅游目的地仍处于劣势。长三角区域旅游合作高质量发展主要存在以下问题:一是定位国际市场的区域品牌尚未形成。三省一市品牌形象仍以国内市场为主,缺乏国际化语境和特色鲜明的区域性核心品牌。二是产品同质化,创新不足。长三角地区资源依托型旅游产品同质化问题比较突出,创新性不够。如若干"江南古镇、美丽乡村"及滨水旅游产品如何差异化发展?此外,受到各城市青睐的大型主题公园如何在上海迪士尼乐园示范效应前保持理性,创新性发展?三是空间发展不平衡。长三角各省市旅游发展水平存在较大差异,特别是旅游国际化服务水平如何均衡发展将是巨大挑战。四是合作模式有待提升。长三角旅游合作层次尚待提高,架构和模式建设与发展速度不相匹配。五是人才储备不足。国际化人才培养交流存在不足,没有建立共育共享机制。

三、国际一流旅游都市群经验启示

(1)《欧洲保护区可持续旅游宪章》对于欧洲旅游业一体化政策的制定与评估具有战略意义,提出根据时间演变来动态制定旅游业一体化政策的目标,全面评价旅游业一体化政策的可持续性。

(2) 丹麦、挪威和瑞典国家旅游局合资建立斯堪的纳维亚旅游局(北欧旅游局),其职能定位是联合开展旅游市场营销,共同推广合作国的旅游。具体包括研究旅游市场情报,开展

宣传和公关活动，支持本地旅游贸易，推广斯堪的纳维亚半岛高端旅游产品，吸引更多的国际游客来北欧旅游。

(3) 韩国政府支持创意旅游的措施。根据经济合作与发展组织数据，每年韩国创意旅游业的经济影响估计达 1.6 万亿韩元，支持约 25600 个就业岗位。韩国创意旅游的成功归因于以下因素：一是韩国的创意旅游是在创意经济的政策框架下发展起来的。韩国文化旅游研究所为文化和旅游部门提供政策咨询，提出全面计划。二是政府主导成立韩国创意内容机构，以支持创意产业的发展，特别是培养创意人才。三是增加对旅游创业公司的支持，通过不同的政府计划和公私合作伙伴关系选定初创公司。举办创意旅游大赛，开展创意旅游培训。四是在目标市场开展针对韩国生活方式、文化旅游的品牌推广和营销。

四、打造世界一流旅游都市群背景下的长三角文旅高质量发展对策和建议

参考国际先进经验，打造世界级旅游都市群体系应具备世界级旅游品牌及营销体系、合理的组织架构、完善的公共服务体系、专业人才保障体系，以及国际性交通枢纽等要素，结合长三角旅游都市群发展现状和特点，提出以下对策和建议。

（一）科学布局，创新性构建合作模式

欧盟城市旅游合作在全球处于领先地位，其核心亮点在于高效务实的合作架构和模式。结合长三角城市自身特点，建议从四个方面深入推进。一是在现有省、市联席会议架构之下，成立长三角旅游工作小组，实现精细化分工。具体包括产品研发组，负责精准的市场研发、国际案例比较、年度研究报告；品牌开发与旅游营销组，为都市群建立统一的旅游品牌，并使用创新手段进行多维度营销；信息共享组，负责都市群人才资源、发展经验、数据资源共享；高品质资源组，挖掘市场高口碑、高接受度的旅游产品，以及其他可融合的旅游资源；交通资源组，拓展串联城市间交通资源；绩效评估组，评估各省市在都市旅游合作中的表现情况。二是遵循科学批判、动态测评的设计原则，建立长三角区域旅游高质量发展考核评价指标体系。通过定期开展评估管理，不断完善发展与管理的目标。三是推进市场主导，打造龙头企业。培育一批新型市场主体，改革一批传统市场主体，做强一批承载国家战略的企业集团。进一步推动龙头企业专业化发展，成为领头雁和示范者。鼓励小微型企业的成长，民间资本的介入，形成有活力的文化与旅游产业体系。四是加强智库建设。成立长三角文旅一体化发展专家委员会，聘请国内外专家出谋划策。

(二)国际视野，高起点打造“创意旅游”示范区

推动长三角文旅高质量融合发展,要把旅游发展中的增量资源和文化领域中的存量资源切实融合起来,产生新的创造力,形成以文化为内核的“现象级”“国际化”的旅游产品。未来旅游发展的核心是“用户体验设计”,在打造旅游产品时围绕“灵感、个性、自我探索”三个关键词,让游客真正融入其中。近年来,越来越多的国际著名旅游城市提出打造“创意旅游目的地”目标,创意旅游成为国际上公认的未来城市旅游发展的方向。联合国教科文组织对创意旅游(Creative Tourism)的定义是旅游者在游览过程中通过参与目的地文化或技巧学习,激发自身创意潜能,以此获得对旅游目的地文化深刻体验的一种旅游形式。创意旅游强调对各类资源的多维度整合,特别是将传统旅游资源(自然山水、文物古迹等)之外的各类资源运用创意的手法转化为旅游场景,在彰显目的地文化特性的同时,创造出全新的文化旅游体验。阿姆斯特丹、巴塞罗那、伦敦、悉尼、多伦多等老牌旅游目的地更是通过创意旅游来进行城市旅游发展的全面转型升级。如全球 Best Cities 联盟,来自全球的 15 个著名目的地城市以当地艺术家和特色的文化产业结合开展体验式旅游项目;韩国将流行戏剧、电影、音乐与旅游紧密结合,访问游客从 2010 年的 880 万增加到 2015 年的 1300 万;德国“浪漫大道”将世界文化遗产古城(镇)创意串联,打造成全长 460 公里的文化旅游区块;爱丁堡艺术节,每年创造 2000 多万英镑的经济收益,4000 多个工作机会。长三角地区优质的文化旅游资源和发达的数字经济、文化创意产业基础及一流的艺术院校,为打造国际“创意旅游”示范区提供了强有力的支撑。建议在充分掌握资源存量的基础上,根植在地文化,以国际视野、艺术眼光和创新思维挖掘创造出各具特色的长三角“创意旅游”示范区。一是融合性创造,如在历史建筑、工业遗存、旅游景点中嵌入非物质文化遗产体验,利用大数据、高科技手段,将旅游业和建筑、绘画、设计、电影等多种文化产业充分融合,打造“中国江南文化创意体验群落”等产品;二是创新性创造,通过更生动多元的艺术形式,展现长三角文化特色,创造出更具感染力的旅游场景,如“唐诗之路艺术带”,针对大运河、钱塘江等四条诗路的资源特点,设计深度诠释中国历史、感受诗人情怀的旅游线路,塑造“提升人生境界之路”的品牌内涵;参考数字敦煌,策划“数字良渚”体验区、“我与中华 5000 年文明的对话”等仪式感、互动性强的项目。打造长三角创意旅游区,核心在于对中国古老文明、江南文化、都市文化的创新性诠释,通过顶层设计,形成各区块间的内生关联和互动,通过旅游产业链的拓展与延伸,实现区域整体增值。

(三)资源整合，多维度打响区域品牌

多年来,三省一市推出多元的旅游品牌形象,如“乐游上海、水韵江苏、诗画浙江、锦绣安

徽”,从一定程度上诠释了各区域的旅游资源特点,但也给人类型化、同质化的感觉,特别是针对国际市场,显得过于传统、迂回,缺乏情感共鸣。参考加拿大大西洋省份旅游合作组织(ACTP)的品牌和“唤醒海的旋律”(Awaken to the Rhythm of the Sea)的口号,口号由新不伦瑞克、新斯科舍等四省名字构成。视觉设计凸显四省海洋资源,采用加拿大国旗和四根青蓝相间飘扬的线,直观生动地传递出区域特点。以色列特拉维夫和耶路撒冷在统一的旅游营销口号“两座城市,一次周末游”(Two City,One Break)的基础上,设计统一的标志、网站宣传版面,清晰直观地展现各自的旅游资源特色。要参与国际竞争,必须拥有国际化的区域旅游品牌,提炼出长三角区域的文化属性和资源共性,用外国游客能够理解的语言表达尤为重要。在拥有核心品牌的基础上,可以根据各省市特点衍生出系列子品牌,但也要统筹规划,避免同质化表达。在传播上,对三省一市入境旅游市场客源结构进行差异性分析,判断不同入境市场的增长潜力,合理分配营销资源。构建长三角城市国际传播体系,促进城市媒体间深度合作交流,开展资源互换,联合面向海外打响区域品牌。此外,通过联合举办进口博览会、亚运会等国际性旅游节庆、会展(会议)、赛事活动,充分利用上海口岸效应、溢出效应和 144 小时过境免签政策,实现入境客源共享。

(四)协作共治,高标准推进公共服务水平

推进长三角区域旅游一体化,除了搭建旅游合作交流的平台,还应大力推动“同城化”发展,高标准提升公共服务和行业治理水平。一是携手开展满意消费建设,积极创建“长三角放心消费示范区”。推进旅游市场监管跨区域协作共治,对景区、宾馆饭店、旅行社、交通、购物等旅游企业在国际化配套、绿色发展、诚信服务等领域提出更高的区域性服务标准。二是减少行政壁垒,加速政府主导向市场自发的一体化过度。开设“长三角一体化旅游企业服务专窗”,推动审批结果跨区域互认。三是提升城际交通环境配套,织密长三角便捷公路网络,推进跨市域一体化公路客运网络建设,多点设立长三角旅游服务咨询中心。打造区域航空枢纽,积极拓展国际航线网络,加快高铁线路接入机场。四是推动公共服务一体化,加强长三角城市文化设施和服务功能合作联通,共筑长三角文化圈。联合推进长三角文化和旅游一卡通,实现居民共建共享城市文化和旅游“同城化”服务。由于长三角地区发展水平差异很大,公共服务的统筹具有较高难度,在更小的都市圈内部做到公共服务的同城化,以都市圈来带动长三角一体化发展也许具有更强的实践性。

(五)合作共赢,高质量构建创新人才共同体

借鉴上海张江国家自主创新示范区国际人才试验区经验,大力建设“长三角旅游人才特区”试点,加大国际高端人才招引政策力度。建立长三角人才专家库,探索设立长三角文化

旅游研究院。协同建设长三角人才共享流动机制,探索与长三角城市互建人才驿站、共建人才交流大市场,建立统一的人才评价和互认体系。注重培养国际化、专业化的旅游技术人才,设立三省一市人才专项培养基金。通过建立常态化的学生交流、国内外实习机制,让学生可以共享长三角地区旅游专业的最佳师资力量和实践资源,为长三角旅游发展做好人才储备。

高质量推进长三角文旅融合发展,打造中国文化旅游发展引领示范区和具有全球竞争力的旅游都市群,其核心是满足人们对美好生活的心之向往,是实现人民美好生活的有效路径,如同世界旅游城市联盟所表达的愿望——旅游让城市生活更美好!愿文化和旅游的创新性融合让长三角都市更加美好!

参考文献

[1] 唐睿.一体化政策背景下长三角旅游业竞争力评估与协同发展研究[D].上海:华东师范大学,2019.

[2] 冯玉宝.东北亚旅游产业合作模式研究[D].长春:吉林大学,2016.

[3] 崔凤军,何晓霜,李山,等.长三角区域旅游合作的演化阶段及其供需耦合[J].世界地理研究,2018(6).

奖励旅游目的地选择影响因素分析

·华　钢[①]　王臻宇·

【摘要】文章首先简单论述了奖励旅游及目的地的概念，对旅游目的地和奖励旅游目的地做出归纳总结，找到其相似及相异点。并且通过奖励旅游目的地选择的理论因素中的客观因素、用户群体需求、营销因素等几个方面进行深入分析。针对理论分析中整理归纳的问题和数据，设计出相应的调查问卷并且进行社会调研，通过 SPSS 等一系列数据分析方法对数据进行统计分析。旨在通过专业的综合研究，在国内奖励旅游的整体发展进程中，提高奖励旅游的竞争力，为奖励旅游行业带来直接和间接的经济效益与社会效益。

【关键词】奖励旅游；目的地；影响因素；实证分析

一、引言

奖励旅游最早产生于美国，其背景可以从 20 世纪的二三十年代说起，如今已有超过百分之五十的美国公司采用奖励旅游的形式来奖励员工。在英国的商业组织中，有百分之四十的工资及奖励是通过奖励旅游的形式发放。在法国和德国，同时也有百分之五十的资金通过奖励旅游的方式发放给员工。而在我国，奖励旅游在改革开放之后，直到 20 世纪 80 年代末 90 年代初才逐渐发展起来，目前奖励旅游在我国仍处于初期发展阶段，但是发展速度较快，发展势头较猛。

奖励旅游不同于普通的旅游游览活动，最关键的是它将普通的旅游活动与企业发展目

① 华钢，杭州师范大学钱江学院旅游管理，系主任，讲师，浙江杭州，310016。

标相融合,且行程、活动类型档次高,利润高,效益高,而这个特征也同时为奖励旅游目的地城市带来很大的社会、经济等影响。随着现代企业对奖励旅游认知的提升和需求的快速增长,以及国外成熟思想的进入,我国奖励旅游业开始兴起,并得到了蓬勃的发展。市场的发展随之带来的就是各奖励旅游公司对市场及目标客户群体的竞争,并呈现愈演愈烈的趋势。在这种背景下,如何合理准确地为目标客户选取合适的奖励旅游目的地将成为当下一个热点的问题。

奖励旅游目的地的选择是奖励旅游公司在竞争中占据优势地位的前提,而如何提高奖励旅游目的地的竞争力以及从哪些方面着手,不仅有助于奖励旅游目的地的开发和规划,更有助于加强奖励旅游企业在行业中的影响力。因此,本文将对奖励旅游目的地选择影响因素进行深入剖析,通过理论和实证分析两大类进行分析,据此来确定奖励旅游目的地选取的评价指标。奖励旅游目的地选取评价指标的研究,开拓了旅游目的地和竞争力研究的新领域,这不仅能系统深入地评估各旅游目的地的竞争力,还能为奖励旅游行业制定发展策略提供扎实的理论基础,从而更好地指导奖励旅游目的地的开发和管理。

二、相关概念的界定

(一)奖励旅游

奖励旅游是一种现代化的企业管理工具,核心目的在于帮助企业达到推广、宣传、商业合作等商业目标,同时对超额完成工作目标的优秀员工、公司的忠实消费者等人群进行切实回馈,包括海外教育训练、商务会议旅游等。奖励旅游与普通旅游不同的是,这是一场由企业组织,企业出资的群体奖励旅行活动,用来作为对员工和客户的特殊努力和满足所属企业规定的条件的奖励。使用这种形式作为对员工的奖励,一方面增强了企业的凝聚力,另一方面进一步提升了员工的积极性和客户的忠诚度。

(二)奖励旅游目的地

奖励旅游和普通的旅游活动有所不同,它将普通的旅游活动与企业文化及业务相结合,并且活动档次高、利润高、效益高。奖励旅游的这个特征也为目的地城市带来了巨大的经济效益及社会影响力。随着奖励旅游的兴起,一些企业或事业单位安排奖励旅游活动的场所逐渐成为旅游目的地,奖励旅游目的地也因此有了规模的发展。就像日益变多的城市或景区开始关注目的地城市或景区的建设一样,奖励旅游目的地的营销与建设也越来越成为关注热点。

一般而言，我们认为旅游目的地仅仅是指一个被旅游者认为是一个完整的个体，具有统一的旅游管理和规划政策框架的指定地理区域，即由统一的目的地管理机构管理的区域。因此，可以得出结论，奖励旅游目的地是能够为企事业单位提供奖励旅游项目的空间或区域。换句话说，除了旅游目的地的一般特征外，还应满足组织奖励性旅游活动的管理、服务和综合需求。

三、奖励旅游目的地选择影响因素的理论分析

奖励旅游作为高端、定制化的现代企业管理工具，具有出众的奖励效果和显著的收益效果，而奖励旅游目的地的选择作为成功举办一个奖励旅游的前提及关键，需要受到企业、奖励旅游公司的充分重视。经过国内外学者不懈的研究，我们可知奖励旅游目的地的选择因素受到多方面影响，这里将主要从客观因素、用户群体需求因素、目的地的自身条件因素等方面进行理论分析，以此为接下来的实证分析做充足的理论铺垫。

（一）奖励旅游目的地选择的客观因素

1. 受季节、价格、旅游淡旺季影响较少

奖励旅游作为区别于普通旅游的高端定制化活动，不随波逐流，不走普通的旅游线路，将特色、高端、定制作为首要目标。体验普通游客不能参与的活动，游览普通游客不能随意进入的特色地区等，如此而来，季节、淡旺季等普通旅游因素对奖励旅游的影响将相对较小。同时作为公司出资奖励员工的手段，价格也将不再成为首要的限制因素。

2. 提供的旅游产品具有多元化特点

奖励旅游在旅游产品中的收益高、市场广，已经衍变为国内外旅游市场的热门项目。奖励旅游独有的性质确保其安排行程活动要求做到高端、独树一帜，并且需要根据有奖励旅游需求企业的目标和文化进行量身定做。行程中的项目不仅仅是安排不一样的游览路线、旅游活动就能满足的，更多的还需包含企业会议、颁奖典礼、特色晚宴等高端定制化活动。

3. 提供的旅游服务综合性强

奖励旅游的旅游者大多为商务人士，因此旅游服务者不仅仅要提供包办交通、住宿、饮食等业务，更重要的是为商务游客解决旅程中可能面临的问题，包括各种咨询服务、最大限度地降低旅行成本、提供最便捷合理的旅行方案和打理一切旅行接待服务等。

(二)奖励旅游目的地选择的用户群体需求因素

1. 企业与目的地文化相辅相成

奖励旅游作为目标公司为员工、消费者等举办的高规格、高消费旅游,不仅是让旅游成员享受放松,更多的还要达成目标公司的企业目标,借助奖励旅游的机会,切实提升公司的社会影响力,以及员工、消费者等对公司的忠诚度。单从目的地资源、影响力来说,优秀的旅游目的地有很多,可是作为一个为企业定制化的活动项目,对真正适合该企业的目的地会进行千挑万选。为了切实提升自身文化及影响力,试图开展奖励旅游的公司会考虑文化与自身企业文化相符的目的地。例如浙江一家火锅企业试图开展奖励旅游奖励员工,则会首先选择火锅大市重庆,相辅相成的文化会更好地帮助员工学习、成长,同时能有效地推广企业文化。

2. 企业在目的地的战略目标及合作

企业开展奖励旅游的目的除了对达到公司目标,有突出贡献的员工,或公司的忠实用户群体等进行回馈及激励,更多的还有要完成公司潜在的工作或发展目标。因此试图举办奖励旅游的企业在选择奖励旅游目的地的时候会更偏向于公司即将拓展业务或制定战略目标的地区,在奖励员工、用户等目标达到的同时完成公司更深一步的企业规划和发展。由此可见,奖励旅游目的地的选取在很大程度上受到用户群体需求的影响。

(三)奖励旅游目的地的自身条件因素

1. 奖励旅游目的地的影响力

奖励旅游作为一种实现企业战略目标、切实回馈用户的高端旅游活动,对奖励旅游目的地必将进行千挑万选。企业在确定了文化、战略目标后,对目的地考量的一个重点就是目的地的影响力。一个成功的奖励旅游势必会有高规格的记录、拍摄、直播甚至媒体宣传,而此时奖励旅游目的地自身的国内外社会影响力就显得无比关键。一个好的企业影响力配上好的目的地影响力,其作用不再是1+1=2这样简单的效应,而是对企业自身文化、品牌宣传、目的地的推广都将带来巨大的正面效益。纵观以往成功的奖励旅游案例,目的地选择的往往是具有良好国内外社会口碑及影响力,有丰厚底蕴文化的地区。

2. 奖励旅游目的地的设备设施

奖励旅游行程中不仅仅包含普通的自然、人文景观游览,通常还包含企业会议、颁奖典礼、特色晚宴等高端定制化活动。介于奖励旅游的定位,其对活动举办的场所将有严格的要求,选择的大多为目的地级别最高、待遇最好的会议室、展厅、会场等。在安排住宿方面,奖励旅游团队会首选五星级酒店或精品民宿等，让旅途中的每个环节无不体现出这是一场高端的活动。同时在交通、安全设施及制度上也有着很高的要求。如果奖励旅游目的地不能达成企业对此方面的需求，将大大减少对企业的吸引力。

3. 奖励旅游目的地的自我营销

单靠企业自己发掘有潜力的奖励旅游目的地效率不高，对此就需要目的地能很好地营销自己。在如今互联网高速发展的时代，各旅游目的地都需要积极运用新媒体的力量，针对有奖励旅游计划的企业进行有效宣传。同时各目的地通过有效的 STP 营销策略，同时与当地政府建立良好的合作机制，应对商务型奖励旅游活动，开发有效的客户关系管理数据库，用一系列措施，吸引存在奖励旅游计划的企业的注意力，这将切实影响它们对目的地的选择。

四、奖励旅游目的地选择影响因素的实证分析

本次研究设计的问卷共包括两个部分。第一部分包括①被调查者区分性的分析，主要用来了解被调查者所从事的行业类型及不同行业对问卷主题的看法和选择；②被调查者在企业中的阶层分析，主要用来了解不同阶层的人对奖励旅游目的地选择影响因素这一问题的看法和意见。第二部分则是通过理论分析后列举的各项奖励旅游目的地选择的影响因素，主要用来了解被调查者对每个因素影响程度大小的看法和认知。影响奖励旅游选择的相关因素众多，通过前期的市场调查和访问，最终设计的问卷包含了 22 个具有代表性的因素。

调查问卷以与本主题有关的企事业单位、高校的各阶层人群为调查对象，通过互联网问卷的形式集中在 2019 年 11 月 15—18 日发放，共发放问卷 82 份，回收 82 份，回收率为 100%，剔除填写不规范的无效问卷，有效问卷为 80 份，有效率为 98%。根据每个因素对奖励旅游目的地选取的影响力大小进行分级，借助 SPSS 软件对数据进行描述性分析和因子分析。

（一）样本描述分析

根据表 1-4 统计的数据，本次问卷的受访者所在行业类别最多的是会展活动公司，有 27 人占 32.93%；奖励旅游公司占 10.98%；行业性社会组织及政府相关部门人数最少，分别占了 6.1%和 3.66%，旅行社占 13.41%，酒店占 6.1%，高校（旅游、会展等相关专业）占 19.51%，其他机构/单位占 7.32%。同时本次问卷的受访者在所在企业中的阶层统计为高层管理人员、中层管理人员、基层工作人员、高校教师（旅游管理、会展专业）、其他人员分别

占了 14.63%、20.73%、40.24%、10.98%、13.41%。经过判断比较,在本次问卷的受访者中,基层工作人员所占的比重最多,而高校教师(旅游管理、会展专业)所占最少,奖励旅游公司、酒店、会议公司等都有参与,保证了本次调查的全面性。

表 1-4 样本数据的简单描述统计

统计分类	项目	人数	百分比(%)
所在的单位/机构	奖励旅游公司	9	10.98
	会展活动公司	27	32.93
	政府相关部门	3	3.66
	行业性社会组织	5	6.1
	旅行社	11	13.41
	酒店	5	6.1
	高校(旅游会展等相关专业)	16	19.51
	其他单位	6	7.32
职位	基层工作人员	33	40.24
	中层管理人员	17	20.73
	高层管理人员	12	14.63
	高校教师(旅游会展相关专业)	9	10.98
	其他	11	13.41

根据表 1-5 得到的各项奖励旅游目的地选择影响因素的均值数据,其中有 15 项因素得分均值大于或等于 4.0,可见问卷受访者普遍认为其对奖励旅游目的地的选择的影响较为重要。而有 7 项因素的得分均值低于 4.0,说明其影响力较之前者略有不足,但在影响奖励旅游目的地选择的过程中,也起到了举足轻重的作用。接下来本文将用因子分析法对问卷数据进行详细分析,确定各因素的影响力。

表 1-5 各因素影响程度均值

影响因素	均值
目的地的气候环境	4.12
前往目的地的交通便利程度	4.12
目的地当地的交通便利程度	4.17

续表

影响因素	均值
目的地的治安情况	4.50
前往目的地的空间距离	3.71
在目的地享受到的整体服务水准	4.44
目的地的住宿条件	4.38
目的地的就餐条件	4.41
目的地的安全制度及措施	4.56
目的地的自然风景	4.18
目的地的历史文化	4.04
目的地举办活动的配套设施	4.38
目的地具备的娱乐配套设施	3.72
目的地景区的影响力	3.94
目的地城市的国内外影响力	3.93
奖励旅游的游览时间	3.68
奖励旅游的预算	4.13
奖励旅游参与者的类别	4.13
企业与目的地的文化联系	4.00
企业与目的地的商务联动	3.87
企业在目的地的战略目标	3.93
良好的媒体和广告宣传	4.05

（二）因子分析适用性检验

影响奖励旅游目的地选择的因素受到多种因素的影响，根据相关研究，共选取了 22 个影响奖励旅游目的地选取的因子，分别是目的地的气候环境、前往目的地的交通便利程度、目的地当地的交通便利程度、目的地的治安情况、前往目的地的空间距离、在目的地享受到的整体服务水准、目的地的住宿条件、目的地的就餐条件、目的地的安全制度及措施、目的地的自然风景、目的地的历史文化、奖励旅游在目的地举办活动的配套设施（高端会议、特色晚宴等）、目的地具备的娱乐配套设施、目的地景区的影响力、目的地城市的国内外影响力、奖励旅游的游览时间、奖励旅游的预算、奖励旅游参与者的类别（员工、消费者等）、企业与目的地的文化联系、企业与目的地的商务联动、企业在目的地的战略目标、良好的媒体和广告宣传。

对这 22 项影响因素进行 KMO 统计量和 Bartlett's 球形检验。如表 1-6 所示,KMO 统计值为 0.780,接近 0.8,Bartlett's 球形检验值为 1020.483,在自由度为 231 和 P 值为 0.000 水平上达到了显著性,说明较适合进行因子分析。

表 1-6　KMO 和 Bartlett's 球形检验

KMO 统计值	0.780	
Bartlett's 球形检验	近似卡方值	1020.483
	Df	231
	Sig	0.000

(三) 提取公因子

根据因子分析法中公因子的提取方法,选择特征值大于 1 的公因子,前六个公因子的特征值均大于 1,且累计方差贡献率为 71.979%(见表 1-7),表明提取前 6 个公因子可以解释 22 个影响因子的 71.979%信息。对 6 个公因子矩阵进行旋转,选取各公因子的最大值根据各最大值所对应的评价因子,对并 6 个公因子进行命名。

表 1-7　公因子方差解释

成分	初始特征值			公因子解释方差情况			旋转公因子方差解释情况		
	合计	方差(%)	累计%	合计	方差(%)	累计(%)	合计	方差(%)	累计(%)
1	7.222	32.827	32.827	7.222	32.827	32.827	4.901	22.279	22.279
2	2.829	12.857	45.685	2.829	12.857	45.685	3.313	15.060	37.338
3	2.307	10.488	56.172	2.307	10.488	56.172	2.908	13.217	50.555
4	1.308	5.947	62.119	1.308	5.947	62.119	1.975	8.975	59.531
5	1.153	5.239	67.359	1.153	5.239	67.359	1.567	7.125	66.655
6	1.017	4.621	71.979	1.017	4.621	71.979	1.171	5.324	71.979
7	0.892	4.055	76.034						
8	0.780	3.544	79.578						
9	0.703	3.196	82.773						
10	0.625	2.843	85.616						

为了证实此提取标准的合理性,选择通过主成分分析碎石图来进行分析。主成分分析碎石图是判断各个公因子影响程度最明了的手段,如图 1-3 所示。

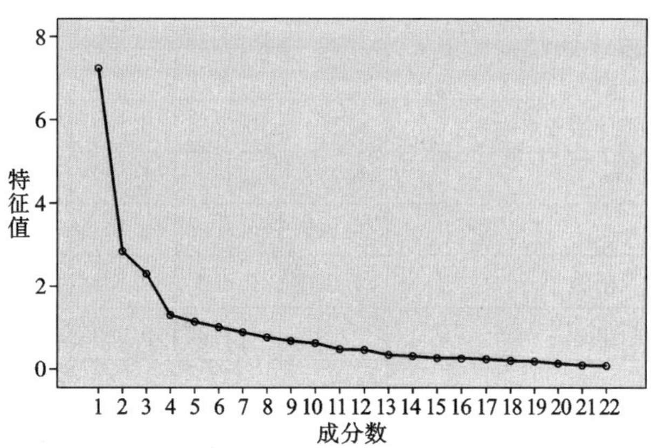

图 1-3　主成分分析碎石图

选取各奖励旅游影响因素作为公因子序号为横坐标，代表奖励旅游目的地选取因素影响大小的程度的特征值作为纵坐标，将各公因子按影响程度大小制图。其特征值较陡的公因子则为对奖励旅游目的地选择有较大影响的因素；而相对较缓的则是对奖励旅游目的地选择较小的因素。通过对图 1-3 主成分分析碎石图的观察，可以发现在第六公因子之后(包括第七公因子)特征值明显降低，同时前 6 个公因子的解释程度已经满足分析要求，所以结合表 1-7 的数值分析，有理由认为放弃第六公因子之后(包括第七公因子)的选择是合理的。

(四) 因子旋转

为了进一步判断影响奖励旅游目的地选择各因素的影响程度大小，本文对公因子矩阵进行旋转分析，使得因子和各原始变量的相关系数的绝对值处于(0,1)区间段的两极分化，如表 1-8 所示，以此更清晰地判断各影响因素对奖励旅游目的地的影响程度。

表 1-8　旋转因子矩阵

评价因子	公因子					
	1	2	3	4	5	6
(1) 目的地的气候环境	0.031	0.288	0.698	0.102	0.018	0.047
(2) 前往目的地的交通便利程度	0.102	0.085	0.755	0.200	0.235	0.117
(3) 目的地当地的交通便利程度	0.222	0.042	0.770	0.109	0.127	0.118
(4) 目的地的治安情况	0.064	0.239	0.483	0.087	0.112	0.603
(5) 前往目的地的空间距离	0.221	0.067	0.323	0.700	0.057	0.068

续表

评 价 因 子	公 因 子					
	1	2	3	4	5	6
(6) 在目的地享受到的整体服务水准	0.300	0.760	0.149	0.230	0.128	0.194
(7) 目的地的住宿条件	0.138	0.859	0.038	0.092	0.067	0.087
(8) 目的地的就餐条件	0.006	0.802	0.163	0.112	0.145	0.039
(9) 目的地的安全制度及措施	0.090	0.602	0.238	0.460	0.228	0.009
(10) 目的地的自然风景	0.042	0.110	0.683	0.100	0.093	0.058
(11) 目的地的历史文化	0.496	0.049	0.428	0.383	0.039	0.018
(12) 奖励旅游目的地配套设施	0.510	0.584	0.056	0.233	0.038	0.091
(13) 目的地具备的娱乐配套设施	0.331	0.053	0.128	0.125	0.023	0.779
(14) 目的地景区的影响力	0.750	0.163	0.100	0.349	0.020	0.109
(15) 目的地城市的国内外影响力	0.882	0.102	0.113	0.114	0.023	0.101
(16) 奖励旅游的游览时间	0.278	0.189	0.087	0.221	0.738	0.000
(17) 奖励旅游的预算	0.003	0.030	0.293	0.035	0.833	0.079
(18) 奖励旅游参与者的类别	0.153	0.520	0.062	0.619	0.239	0.156
(19) 企业与目的地的文化联系	0.813	0.315	0.071	0.035	0.129	0.038
(20) 企业与目的地的商务联动	0.855	0.068	0.131	0.029	0.185	0.151
(21) 企业在目的地的战略目标	0.924	0.011	0.044	0.005	0.053	0.044
(22) 良好的媒体和广告宣传	0.606	0.181	0.010	0.576	0.153	0.166

由表 1-8 得到的因子旋转矩阵数据,列举出 6 个不同的公因子。

公因子 1:目的地收益因素。此类因子由目的地景区的影响力、目的地城市的国内外影响力、企业与目的地的文化联系、企业与目的地的商务联动、企业在目的地的战略目标、良好的媒体和广告宣传六个因子组成。以上因子表现出奖励旅游目的地的选择不仅要考虑目的地景区及自身的宣传和影响力的影响,更要考虑试图开办奖励旅游的企业与目的地之间直接、间接联系的收益及回报因素。

公因子 2:目的地吸引力因素。此类因子由在目的地享受到的整体服务水准、目的地的住宿条件、目的地的就餐条件、目的地的安全制度及措施、奖励旅游在目的地举办活动的配套设施(高端会议、特色晚宴等)五个因子组成。以上因子主要是围绕着奖励旅游目的地的软、硬件设施条件及服务因素展开,充分体现了此类因素的好坏对目的地选取的影响力较大。

公因子 3:客观环境因素。此类因子由目的地的气候环境、前往目的地的交通便利程度、目的地当地的交通便利程度、目的地的自然风景四个因子组成。良好的交通、气候等环境因素是开展一个成功奖励旅游的前提及基础,此公因子表明了不同的问卷受访人都认为此类因素对目的地选取有影响。

公因子 4:参与人员因素。此类因子由前往目的地的空间距离、奖励旅游参与者的类别(员工、消费者等)二个因子组成。奖励旅游团队里的成员类别是决定目的地的一个关键因素,员工会更多地选择与企业文化相辅相成的目的地,便于旅途中更好地学习;而忠实消费者则会更多地选择风景优美,与公司有潜在发展规划的地区,在奖励回馈的同时发扬企业文化。

公因子 5:旅游成本因素。此类因子由包括奖励旅游的游览时间及奖励旅游的预算两个因子组成。奖励旅游行程的长短与所花预算成正比关系,一个好的奖励旅游所具有的高端、定制化特点随之带来的则是高成本、高消费。奖励旅游作为企业全包旅游,一切开销都是成本,成本将切实影响目的地的选择。

公因子 6:目的地治安因素。此类因子由目的地的治安情况、目的地具备的娱乐配套设施两个因子组成。此类因素说明了目的地所蕴含的娱乐设施及场所往往都包含着大量的安全隐患,而安全问题是每个旅游行程中的关键之一,是影响目的地选择的较大影响因素。

同时在数据分析的时候,“目的地的历史文化”因子载荷低于 0.5,不足以说明或解释题项内涵,因此在分析时剔除。通过因子矩阵旋转,使得各个公因子有了更加明确的意义,用旋转后的公因子对奖励旅游目的地选择影响因素进行分析探讨,结果将更加具有科学性及说服力。

(五)公共因子重要性整体评价

图 1-4 所示为 6 项公共因子均值大小排序。

根据前文样本描述性分析所得,对 6 个公共因子涵盖的各项影响因素进行算术平均值计算,一次得到 6 个公共因子的综合影响度大小得分和排序,以及集合表 1-7 中的因子载荷可知,行业内外人群对奖励旅游目的地选择的影响因素都比较重视,6 个公因子得分均大于 3.5,可以认为 21 项因素(剔除“目的地的历史文化”一项,因为其旋转因子矩阵中的系数值低于 0.5)在对奖励旅游目的地选择的影响都起到了比较关键的作用。六类公因子的影响程度(由高到低)排序为:目的地收益因素、目的地吸引力因素、客观环境因素、参与人员因素、旅游成本因素、目的地治安因素。

从内外部影响因素构成来看,内部因素中的“目的地收益因素”及外部因素中的“目的地

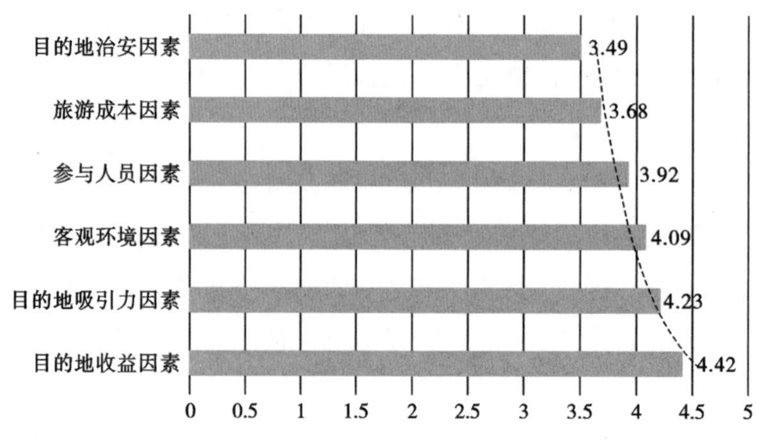

图 1-4　6 项公共因子均值大小排序图

吸引力因素”“客观环境因素”成为得分最高的几个因子,以上三个因子的平均得分都在 4.0 以上。其余因子的得分相较于这三个因素得分略低,但绝对量稳定,除了“目的地治安因素”这一因素的得分低于 3.5 外,其余因子都维持在 3.5 以上。图 1-4 数据准确地说明了这些因素在奖励旅游目的地的选择上都有着较为重要的影响。

(六)公共因子重要性分类评价

首先,从数据分析的结果来看,大众一致认为奖励旅游目的地的选取的影响因素有很大程度受“目的地收益因素”的影响,从数据来看,均值高达 4.42 列居首位。奖励旅游作为一个现代化高效的企业管理手段,企业最为看重的就是在举办过奖励旅游后,公司能从中得到的收益。在内部,被奖励的员工对公司更加的忠诚,提升公司的工作氛围和工作指标;在外部,通过现代化宣传工具,对公司的文化、品牌及理念进行宣传,提高公司的社会形象;在发展方面,与目的地达成合作,增加公司的发展机遇。通过数据分析,在此类因素中企业与目的地的战略目标、企业与目的地的合作尤为突出,受到受访者的重视,充分说明了企业希望奖励旅游在奖励游客、消费者等群体的时候,能同时为公司带来巨大的收益及回报。

其次,受访者认为“目的地吸引力因素”也是影响奖励旅游目的地的选取的重要因素(均值为 4.23)。鉴于奖励旅游对会议、特色晚宴、舞会等活动有着硬性规定和标准,因此奖励旅游目的地符合活动标准的设备设施在很大程度上对目的地的选取有重大影响。同时,通过数据显示,“目的地就餐条件”“目的地住宿条件”“在目的地享受到的整体服务水准”被认为对奖励旅游目的地的选取有很大的影响。这说明,基于奖励旅游高端、定制、舒适化等特点,奖励旅游各环节的标准受到严格把控和筛选,因此,此类因素要受到各奖励旅游公司在制定目的地时的充分重视。

第三，众所周知在旅游过程中不可预知的便是目的地的天气、交通等因素，而此类因素又会对奖励旅游游览、活动等产生较大影响。因此，选择客观因素相对可控的目的地就显得格外关键，由数据也可知此类因素很受各位受访人的重视（均值为 4.09）。在对奖励旅游目的地的选择上，客观因素也将起着举足轻重的影响。

第四，“参与人员因素”作为奖励旅游活动的主体及重要构成人员参与其中，自然有着举足轻重的影响。虽然其均值（3.92）低于 4.0，在 6 个公共因子中排第四位，但其绝对量不低。这其中，奖励旅游参与者的类别成为其最受重视的因子，由此可见，在决定奖励主体时，试图举办奖励旅游的企业会因被奖励者的不同而适当改变奖励目的及奖励旅游目的地。例如在奖励员工时，更多的是安排前往与公司文化相辅相成的目的地，在奖励的同时让员工进一步学习，了解公司及行业文化，达到多重收获的目的。而奖励忠实 VIP 消费者的时候，更加注重风景及目的地设备设施的高端化，让此行的奖励目的及社会宣传影响力更加出众。

第五，从数据来看“旅游成本因素”的均值为 3.68，并不十分突出，但也并不偏弱。从现实角度来看，奖励旅游作为公司出资，组织员工、忠实消费者等被奖励者出游的群体活动，本身具有高端、定制化的特点。因此花费普遍为普通旅游的 5—6 倍，但高成本的同时也为企业带来了十分可观的直接、间接收益及回报。因此，此类因素在奖励旅游目的地选择的影响过程中也起着较大的作用。

第六，“目的地治安因素”与其他因子相比，这一公共因子对奖励旅游目的地选择的影响程度最不突出，是唯一一个均值低于 3.5 的公共因子（均值为 3.49）。尤其是其中“目的地的娱乐配套设施”对奖励旅游目的地选择的影响偏向一般，因此在对奖励旅游目的地做选择时，此类因素可以不做首要考虑，而是做参考及附加考量。

五、总结

本文采用了调查问卷的研究方式，达成了对奖励旅游公司、旅行社、会展会议公司、高校等人群的 80 个样本的研究及分析。概括了影响奖励旅游目的地选择的六个主要因素：目的地收益因素、目的地吸引力因素、客观环境因素、参与人员因素、旅游成本因素及目的地治安因素。通过一系列因子分析法，分析了六个公因子对奖励旅游目的地选取的影响大小。

显然，目的地收益因素是影响奖励旅游目的地选择的关键因素，开展奖励旅游企业得到的发展和收益是各行业普遍最看中的因素，相比之下目的地本身的吸引力则次之。通过数据表明,奖励旅游作为企业现代的管理工具,在选取目的地的时候,更加看重的是目的地对企业带来的直接或间接收益。不仅包括对员工、消费者回馈奖励后带来的人文回报,更多的还有在奖励旅游开展过程中,企业在目的地达成的潜在发展、合作目标。因此,目的地的收益因素为首要影响因素,并在各企业高层管理者中有着很重要的位置。除此之外,奖励旅游目的地的选取因素具有多元化的特点。比如目的地的吸引力、成本及人员因素也对奖励旅游目的地的选取有着很大的影响,在选取时,要多方面多角度共同判断分析。另外值得一说的是,对奖励旅游目的地选择的影响力较大的因素都是与企图举办奖励旅游公司收益息息相关并能取得良好效益的,说明此类因素十分受各行业高、中、底层人员的重视。而奖励旅游作为公司出资举办的高端行程,经济、目的地治安等因素也是他们认为影响相对较小的。

参考文献

[1] 刘震. 浅析南京作为奖励旅游目的地的条件和形象推广[J]. 商,2015(25).

[2] 王庆生,付梦玲,焦海玉. 奖励旅游目的地营销策略初探[J]. 城市,2014(5).

[3] 郭鲁芳,何玲. 旅游目的地发展奖励旅游探讨——以浙江淳安千岛湖为例[J]. 江苏商论,2007(1).

[4] 曹晶晶,章锦河,周珺,等. "远方"有多远? ——感知距离对旅游目的地选择行为影响的研究进展[J]. 旅游学刊,2018(7).

[5] 迪迪尔·斯卡利莱. 奖励旅游的价值所在[J]. 中国社会组织,2018(23).

[6] Graburn N,撒露莎. 旅游想象:关于旅游目的地的形象认知[J]. 中南民族大学学报(人文社会科学版),2019(1).

[7] 霍定文. 旅游目的地竞争力评价[D]. 厦门:厦门大学,2017.

[8] 李维维. 城市旅游综合体发展影响因素评价体系研究[D]. 济南:山东大学,2016.

[9] 邵革军. 旅游目的地的竞争力评价及其应用研究[D]. 成都:西南交通大学,2015.

[10] 陈开拓. 城市奖励旅游运行系统研究[D]. 西安:西安外国语大学,2014.

[11] 高静. 国内外奖励旅游发展比较研究[D]. 上海:上海师范大学,2004.

[12] 安冷. 北京市东城区构建商务旅游目的地研究[D]. 北京:首都经济贸易大学,2009.

[13] 彭陈艳. 苏州工业园区商务旅游目的地系统的研究[D]. 安徽:安徽师范大学,2010.

[14] 吴必虎,唐俊压,黄安民,等. 中国城市居民旅游目的地选择行为研究[J]. 地理学报,1997(2).

[15] Ginja Samuel,Arnott Bronia,Araujo-Soares Vera,et al. Feasibility of an Incentive Scheme

to Promote Active Travel to School: a Pilot Cluster Randomised Trial [J]. Pilot and Feasibility Studies, 2017(3).

[16] William Riggs. Painting the Fence: Social Norms as Economic Incentives to Non-automotive Travel Behavior [J]. Travel Behaviour and Society, 2017(7).

奖励旅游活动的区域效益评价指标构成研究

·陆彦莹[①]·

【摘要】近年来,奖励旅游在国内旅游城市日益受到重视,被视为旅游业转型升级的突破口之一。奖励旅游发展为该区域带来的影响效应有很多,最显著的是经济效应。本文通过构建奖励旅游区域效益评价指标来评估会奖旅游给当地带来的成效,并且针对每个指标如何测量奖励旅游的区域影响进行了具体分析。

【关键词】奖励旅游;区域效益;评价指标

一、研究背景

奖励旅游(Incentive Travel)是一种现代化的管理工具,它是由企业或社会团体提供费用,通过为参与者提供商务化和个性化的旅游体验,打造一个尽情享受、难以忘怀的旅游假期作为奖励,以协助企业达到特定目标的活动。奖励旅游活动有着商务性、主题性、个性化、激励作用的特性,注重带给参与者尊贵感和惊喜感。它不同于旅行社所提供的大众旅游、散客旅游及个人自助游,是能够达到包括提升企业形象、扩大品牌知名度、增强员工凝聚力、增进交流加深情感、深化合作扩展业务、提高企业经济效益等目的的旅游。

二、研究意义

近年来,奖励旅游在国内日益受到旅游目的地政府的重视,被视为旅游业转型升级的突

① 陆彦莹,杭州市旅游形象推广中心(杭州市商务会展旅游促进中心)会奖旅游部经济师,浙江杭州,310001。

破口之一。许多城市都提出了打造“会奖目的地”的目标,出台了相应的扶持奖励政策,以期引进更多更高规格的奖励旅游活动。但相对于展会和会议,当下针对奖励旅游的研究不多,尤其是在效果评价领域,用于指导实践的成果更少。比如稻叶等人 1997 年提出了一个评估会奖旅游经济效应的指标体系,却不能完全适用于评价奖励旅游活动;而政府要解决奖励旅游管理面临的诸多问题,效益评价是不可或缺的一个。构建区域效益评价指标,将帮助政府决定该支持哪种奖励旅游活动,支持到何种程度,从而制定出有效的扶持政策推动奖励旅游产业发展。本文希望通过奖励旅游区域效益的评价指标,具体分析奖励旅游的区域效益,以期对旅游目的地城市政府的奖励旅游组织决策提供理论支持。

三、指标构建

(一)经济效益指标构建

会奖旅游经济影响效应研究早已引起研究者的关注,他们发现,会奖旅游对举办城市的经济影响逐渐增加。如果用传统旅游的评估标准来评估会奖产业的效益,如代表人均消费、住宿间夜数、交通、餐饮、零售业及其他相关消费等评估标准,会奖产业的收益要远高于传统旅游业。而作为会奖旅游中的奖励旅游,对经济效益还有额外的贡献,那就是奖励旅游活动的组织者为了给予参与者难忘而尊贵的体验,往往花巨资在奖励旅游活动的创意策划、主题晚宴的现场布置、伴手礼定制上,并且也更舍得在产品的个性化体验升级、特殊场地选用、特色菜肴上投入成本。

基于相关研究成果,本文提出了经济效益指标体系(见表 1-9),用于评价奖励旅游对区域经济(或城市)的经济影响。接下来本文针对表 1-9 中的具体项目构成进行逐一分析。

表 1-9 奖励旅游经济影响评价指标评价表

行业细分	消费群体的直接开支			经济乘数		附加价值			
	组织者	参与者(被邀请者)	赞助商	价值增加乘数	就业乘数	重复光顾带来收入	招商投资	消费群体直接开支就业	外部资源开支就业
交通									
住宿									
餐饮									
购物									

续表

行业细分	消费群体的直接开支			经济乘数		附加价值			
	组织者	参与者（被邀请者）	赞助商	价值增加乘数	就业乘数	重复光顾带来收入	招商投资	消费群体直接开支就业	外部资源开支就业
娱乐									
创意策划									
场地									
主题活动									
服务									
其他									
合计									

1. 消费群体的总体直接开支

奖励旅游活动的组织者和参与者(被邀请者)具有不同的消费模式,因此对区域经济具有不同的影响。在经济分配上,组织者将承担除了赞助外,该次奖励旅游活动的全部费用(活动策划、场地设备租赁、餐饮、住宿、伴手礼等),远远多于个人参与者(被邀请者)。在奖励旅游活动空余时间,参与者(被邀请者)个人的消费行为,例如娱乐休闲、购买纪念品等也产生了消费。鉴于奖励旅游活动的被邀请者身份特殊,会存在活动有赞助商的情况,赞助商的赞助视作该次活动的直接消费。

2. 总体就业

事件和会议能够在短期内和长期创造收入和就业机会,奖励旅游也不例外。直接就业与总体直接开支相关的工作存在联系。奖励旅游活动的直接就业影响评估涉及与会奖旅游相关的区域内开支支持直接就业的数量,以及外部资源带来的开支支持直接就业的数量。直接就业水平与总体直接开支相关,各行业直接开支随着每一行业相关就业乘数而发生乘数变化,从而影响由会奖旅游间接开支产生的就业增长。就业乘数与就业机会的创造力有关。

3. 附加价值

从长远来说,奖励旅游活动可以提高商务客光顾率和吸引投资。会奖旅游活动的直接开支和间接开支对附加价值的影响由区域的产品供求市场决定。附加价值供应规模取决于具体地区情况，同时受不同地区的进出人流量的限制。奖励旅游开支水平不同，地区的附加价值的增长随会奖相关产业的直接开支变化而变化。分配到各行各业(酒店、餐馆、交通等等)的直接开支由于乘数效应而增加，导致整体市场和细分市场价值都在增加。

本文提出了奖励旅游对城市或特定区域经济贡献的评估指标体系，该指标体系对经济效应的评估是基于统计数据的准确测量。没有统计数据的支持，则不能准确判断。

（二）其他效益指标构建

阿什沃斯指出，城市是会奖旅游者的主要来源，同时也是接待会奖旅游者的主要地方。奖励旅游活动可以给举办城市(区域)带来诸多其他效益，包括活动参与者通过实地体验能了解到活动举办城市(区域)的基本情况及各类会奖基础设施，从而让这些目的地有机会展示其优势。得到参与者的信息反馈，汲取新的发展思路，推动当地政府、企业、协会等提高会奖活动管理服务技能，完善奖励旅游活动软硬件设施，挖掘整合新的体验性、创意性更强的奖励旅游产品等，加强自身作为会奖活动举办城市所应具备的能力。通过活动将某一专业领域内的具有国际视野、学识及实践经验的世界精英与本地的参与者紧密联系在一起，从而提高各专业领域对城市的认知。本地组织者通过与活动嘉宾的交流，传播本企业的文化理念和社会责任，并接触到新的商业机会与研究合作项目，获得投资促进产业发展的良机，从而促进革新和新理念。

将上述这些奖励旅游为城市或区域带来的其他效益做个细分归类，比如促进专业形象的树立，推动服务与设施的完善，提升产品体系，加强文化交流，促进商业合作，以及促进技术转化等等，可构建起一张其他效益指标评价表(表 1-10)。此外还应注意到，各城市对其他效益的各个指标有着不同的重视和优先程度，可根据当地实际赋予各指标不同的权重，从而让表 1-10 的评价更具有现实意义和指导作用。

表 1-10　奖励旅游其他效益指标评价表

<table>
<tr><th colspan="7">奖励旅游活动基本信息</th></tr>
<tr><td>行业类型</td><td></td><td>团组规模</td><td></td><td colspan="2">团组人员构成</td><td></td></tr>
<tr><td colspan="7">奖励旅游活动其他效益指标评价</td></tr>
<tr><td>效益内容、
效益表现及分值</td><td>树立专业
形象(%)</td><td>完善服务
与设施(%)</td><td>提升产品
体系(%)</td><td>加强文化
交流(%)</td><td>促进商业
合作(%)</td><td>促进技术
转化(%)</td></tr>
<tr><td>没有或几乎没有效益
0—10 分</td><td></td><td></td><td></td><td></td><td></td><td></td></tr>
</table>

续表

奖励旅游活动基本信息						
轻微程度的效益 11—30 分						
一般的效益 31—60 分						
明显的效益 61—80 分						
突显的有一定影响力的效益 81—90 分						
极突出的、产生巨大成果的效益 91—100 分						
合计得分	分值×权重百分比					

四、研究结论

基于奖励旅游区域效益评价需要表 1-9 中每一细分市场的统计数据支持。本文提出的分析框架可以用来开发成一套系统,通过定义变量和使用调查工具,可以精确评估经济效益;而通过表 1-10 其他效益部分的评价指标,可以全面评估除了经济效益外的其他影响。两张表互为补充,客观而全面地评价了奖励旅游活动的区域效益。如果能够保证调查工具满足系列指标信息需求,将会实现不同行业类型不同团组规模的奖励旅游经济影响的比较,帮助政府部门做出科学的扶持决策。

参考文献

[1] 刘伟.会奖旅游区域经济效应评价指标构建研究[J].商业经济,2015(5).

[2] 唐彩玲.会奖旅游及其产品特性[J].中外企业家,2013(10).

[3] 叶娅丽.四川旅游发展对策研究——以会奖旅游为例[J].改革与战略,2012(3).

[4] Dwyer L., Forsyth P. Impacts and Benefits of MICE Tourism: a Framework for Analysis [J]. Tourism Economics,1997(1).

[5] 赵福祥. 丽江市会奖旅游资源现状及对策研究[J]. 商场现代化,2013(28).

[6] Ashworth G. J. Is There an Urban Tourism? [J]. Tourism Recreation Research,1992(2).

[7] Wagner J. E. Estimating the Economic Impacts of Tourism[J]. Annals of Tourism Research, 1997(3).

新时代完善我国大型展览消防安全管理的思考

·仲阳关 赵伯艳①·

【摘要】在新时代,我国展览业发展的宏观环境得到改善,展览规模不断扩大、场馆设施不断完善、展览专业化水平日益提高,我国已成为世界展览大国。与此同时,展览数量的增多、参展商对展示效果的追求及展览活动自身的人口聚集性和空间密集性,为展览的运行带来了诸多不确定因素。目前在我国大型展览活动举办中,消防风险因素复杂、消防安全责任不清、消防安全标准体系缺失等因素成为展览活动举办的安全隐患。为改善这种局面,应完善大型展览消防预警机制、推进展览业消防安全标准规范化、明确展览活动消防安全责任分配。

【关键词】大型展览;消防安全;安全管理;新时代

近年来,随着国家相关政策的支持与"一带一路"建设的深入推进,我国展览业的发展迎来了新态势,呈现出发展条件改善、办展模式创新、对外开放深化等特点,展览业正处于由数量扩张型向内涵优质发展型转变的阶段。随着大型展览市场化、专业化程度的日益提高,无论是展览主办方还是公共安全管理当局,其面临的风险管理压力也越来越大,风险后果也越来越难以承受,因此,大型展览安全管理议题依然值得关注。在推进展览产业优化升级的转型期,更应强化展览业发展的基础工作,其中安全管理工作是重中之重,也是保障展览项目正常运行的"底线",因此展览安全管理应成为新时代展览业发展研究的重要议题。

① 仲阳关,天津商业大学,公共管理学院硕士研究生,天津,300134;赵伯艳,天津商业大学,公共管理学院副教授,管理学博士,硕士生导师,天津,300134。

一、新时代大型展览活动面临的新环境

大型展览是一种由国家或地区在特定的时间和空间内举办、参与人数众多、以展示行业取得成就和互相交流为目的的大型群众性活动，具体包括公益展览会、商业展览会、博览会等。大型展览项目不仅具有展览展示、促进交易、广告宣传这些直接功能，众多展览项目聚合而成的展览业态，还具有促进产业联动、带动经济增长、增加就业、激励创新等复合功能。当前，我国展览业发展的热度不减，机遇和挑战并存。

（一）新时代展览业发展迎来新机遇

党的十九大以来，我国经济发展由高速发展向高质量发展转变。大型展览活动因其强大的经济关联性，在推动我国经济高质量发展进程中受到高度重视。习近平总书记高度重视大型展览活动的经济带动效应，亲自参加多场大型展览（中国国际进口博览会、庆祝改革开放 40 周年大型展览等），并提出“办好一次会，搞活一座城”的理论指导。2018 年，国务院批复了《深化服务贸易创新发展试点总体方案》，强调发展展览形式的服务贸易，凸显了会展业在服务贸易结构优化中的战略性地位。在此政策指引下，各级地方政府相继出台专项资金奖励、知识产权保护、精简审批程序等政策法规，从而扶持、引导和规范了展览活动的健康发展。在国家政策利好的背景下，2018 年中国境内共举办经贸类展览 3793 个，同比增长 3.5%；举办展览总面积为 12949 万平方米，同比增长 4.6%。

“一带一路”为我国大型展览活动的转型升级提供了新机遇。党的十九大报告提出，要继续以“一带一路”建设为重点，推动对外贸易和投资自由化、便利化。在此背景下，我国相继举办了第 6 届斯里兰卡酒店用品和食品展、俄罗斯莫斯科国际汽车零配件展览会、中国国际进口博览会等多个大型展览。2018 年，全国 76 家组展单位共赴 33 个“一带一路”沿线国家参办展 718 项，比上年增长 14.3%；境外参展企业数 2.6 万家，占参办展企业总数的 44.5%。

（二）新时代大型展览活动安全管理面临新挑战

新时代我国展览规模面积不断扩大，场馆设施不断完善，中国已经晋升为国际会展大国。在我国展览业快速发展的同时，大型展览现场的空间密集性与人口聚集性导致了大型展览极易产生多种类型的事故，且事故后果影响较大。此外，随着新时代大众审美观念的转变和科学技术的进步，参展商在展台设计上往往追求创意新颖，运用多种手段打造展示效果，设计一旦出现偏差则易产生展台倒塌、消防事故等突发事件，从而影响大型展览活动的

正常运行。大型展览自身的属性特征对消防安全管理工作的影响如表 1-11 所示。

消防安全管理作为大型展览活动安全管理的重要组成部分,其管理水平关乎到人民生命财产安全、展会品牌建设、政府和目的地形象。目前我国的消防安全管理水平仍滞后于社会经济发展与城市建设速度,消防管理工作很大程度上还停留在防火监督检查和灭火救援的单一阶段。大型展览活动的消防风险因素较为复杂,临时建筑物的搭建、临时电气线路的超负荷、展览建筑防火分区的特殊性、不确定的人为因素、消防安全管理体制的不完善等加大了展览消防安全管理的难度。2018 年巴西国家博物馆大火与 2019 年法国巴黎圣母院火灾为我国的消防安全管理敲响了警钟,即使处于严密的消防保护之下,火灾事故仍有发生的可能。2018 年我国进行了消防体制改革,将公安消防部队成建制划归应急管理部,2019 年我国颁布实施了新修订的《中华人民共和国消防法》,在消防设计审核、备案、验收及监督检查主体方面做出了调整。在消防体制改革的背景下,能否在法律法规的指引下提升我国大型展览消防安全风险的预警和事故应急管理能力是我国消防安全管理的新挑战。

表 1-11　大型展览特征与消防安全管理工作的对应关系

大型展览的特征	对消除安全管理工作的影响
群众性、开放性	增加了安全管理的艰巨性、复杂性
综合性、艺术性	展示手段的多样性,增加了消防风险因素
资源的高度集中性	火灾事故后果损失巨大
广泛性、传播性	处理不当易产生舆情危机

二、新时代大型展览活动消防安全管理面临的困境

大型展览活动举办期间人、财、物高度聚集,一旦发生事故就极有可能造成巨大的后果损失。在众多类型的突发事件中,火灾事故因其诱因众多、破坏性强而成为展览安全管理中的重要风险预警和应急管理对象。目前我国展览消防安全管理存在着消防风险因素复杂、消防安全标准体系不完善、消防安全责任不清晰等问题。

(一)消防风险因素复杂

大型展览活动主体涉及主办方、承办方、参展商、观众、场馆方等,各主体的不恰当行为均会给展览的正常运行带来消防安全隐患。就主承办方而言,虽然《大型群众性活动安全管理条例》和《中华人民共和国消防法》明确规定:大型群众性活动的安全管理应当坚持承办者

负责、政府监管的原则，承办方应制定灭火和应急疏散预案并组织演练。但现实中组展商易受利益导向的影响，将大量资金投入于展览宣传及展览运营，而忽视消防安全的资金投入和人员配备，导致应急预案的制定未能全面预估现场情况，消防演练流于表面化、形式化。就参展商而言，参展商易重视展台的设计效果而忽视展台的消防安全，为营造效果展商往往会在展位设置较多的音箱、照明、控制、显示等设备。展览期间这些电器设备将产生较大的用电量，设备所接的临时电气线路一旦发生短路或者超负荷现象，将会造成火灾事故。此外，由于消防安全宣传力度的缺失，参展商对如何使用灭火器材、火灾发生后如何紧急处置等方面缺乏了解，这就导致错失灭火最佳时机等不利后果。就观众而言，当火灾真正发生时，由于展览会现场高密度的人群聚集性以及观众对环境生疏、安全意识缺乏、应急自救能力缺失，极易发生听从谣言、慌乱行事等从众行为、短期行为和错误行为，导致场面失控，引发踩踏事故、物品丢失等二次事故和次生灾害。就场馆方而言，由于大型展览需要较为完整的展示面积，这就造成防火分区设置上的困难，无法有效地利用防火墙、防火卷帘进行分隔。另外由于展览建筑规模大，导致常用火灾探测技术无法及时发现初期火灾，场馆方在设置人员疏散通道上存在困难。而消防疏散通道一旦出现阻塞，就加大了人员逃生的难度，给相关参展主体和观众的生命财产安全带来损失。

（二）消防安全标准体系不完善

截至 2019 年 12 月中旬，我国展览领域的国家标准有 11 项，具体标准涉及展览工程企业能力评价、展览场馆服务管理、展示工程基本要求等层面。表 1-12 列举了我国展览业正在实施的 11 项国家标准及标准适用范围。

表 1-12　我国展览业国家标准汇总表

标 准 名 称	适 用 范 围	实施日期
经济贸易展览会术语	经济贸易展览会活动的常用术语	2001-05-01
经济贸易展览会数据统计	经济贸易展览会活动数据的收集、整理、发布规则	2014-08-01
展览会数据审核规则	展览会数据审核的基本原则、资质要求、审核程序	2015-07-01
展览展示工程服务基本要求	展览展示工程服务的基本要求、服务流程、规范管理	2017-09-01
展览会信息管理系统建设规范	展览会信息管理系统的术语及定义、建设基本要求	2017-09-01
区域展览场馆规划指南	展览场馆选址、规划的基本原则	2018-05-01
展览场馆功能性设计指南	展览场馆的设计工作	2018-05-01
经济贸易展览会分级与评定准则	经济贸易展览会的等级划分及评定	2018-07-01
展览物流服务基本要求	展览物流的组织及结构设置	2019-05-01

续表

标准名称	适用范围	实施日期
展览场馆服务管理规范	展览场馆运营方对场馆服务的全程管理	2019-05-01
展览展示工程企业能力评价导则	对从事展览展示工程活动的企业进行指导及能力评价	2019-07-01

随着我国展览业的快速发展,我国自2014年以后加快了展览业标准化进程,在数据统计审核、展览工程、信息建设、场馆设计、物流服务等方面设立了相关标准,一定程度上规范了我国展览活动的运行。在展览消防安全管理方面,《展览展示工程服务基本要求》提出主场搭建商应承担展台搭建的消防安全责任,《展览场馆服务管理规范》提出场馆运营方应对展览期间的安全消防工作进行监督,《展览展示工程企业能力评价导则》为评价搭建商的资质提供了标准。但由于我国展览标准化进程起步相对较晚,在展览消防安全标准制定上存在着供需矛盾、制用分离的现象。

展览活动具有临时性的特征,展览期间将搭建大量的临时建筑物,这些临时建筑物的材料多为不能重复使用且成本较低的可燃材料,且在搭建的过程中涉及木工、电工、焊接、喷漆等工作,消防风险因素较多。但目前我国尚无针对展览现场临时建筑物在搭建过程中如何符合消防安全要求的国家标准。在现实操作中,消防监督人员一般都是按照《建筑设计防火规范》(GB 50016—2014)对展台等临时搭建物进行消防检查。而大型展览临时建筑物一般从布展到撤展只存在10天左右,不同于消防部门平常定义的具有一定时间跨度的临时建筑物,这就导致消防监督人员在审查展览临时建筑物时缺乏具体标准依据,无法对临时建筑物的消防风险进行准确评估。此外,展览业消防安全标准不同程度存在制用分离的现象,《建筑设计防火规范》第5.3.4条规定:展览建筑每个防火分区的面积不应大于10000平方米。但在实际操作中,为满足大型展览的功能需求,展厅的设置往往会超过此规定值,以天津梅江会展中心为例,N1、N2、N5、N6展厅的规模都超过了10000平方米。《建筑设计防火规范》第5.3.3条规定:防火分区之间应采用防火墙分隔,确有困难时,可采用防火卷帘等防火分隔设施分隔。但在实际的展览活动中,为保证空间的完整性,无法严格地按照标准进行空间分隔。由于缺乏完善的展览消防标准体系,在识别、化解消防风险因素等方面存在一定困难。

(三)消防安全管理责任不清

《中华人民共和国消防法》第十六条规定:消防安全责任主体包括机关、团体、企事业单位的法定代表人或者主要负责人,以及单位内部根据岗位职责确定的消防安全责任人。在大型展览活动中,消防安全责任主体主要包括政府主管部门、主承办方、场馆方、参展商、搭建商五类。在实践操作中，由于展览消防管理主体过多，易出现责任归属不明、多方协作失衡的问题。

责任归属不明。在展览举办前期，组展商由于缺乏消防安全意识，一方面，在与场馆方进行沟通场地租用及消防设施使用时，没有明确的合同条例规定火灾事故发生时的责任归属，导致火灾事故发生后的责任归属产生争议；另一方面，对搭建商应承担的消防责任尚未明确，完整的展览包括策划、布展、展出、撤展等流程，其中布展因涉及展览现场布置、临时建筑搭建等内容，消防隐患较大。虽然国家标准《展览展示工程服务基本要求》中提到搭建商应签订安全责任书，承担相应的消防责任，但由于消防安全意识缺乏及展览标准"制用分离"的原因导致主承办方忽视搭建商的责任分配。

多方协作失衡。根据我国新修订的《中华人民共和国消防法》第十五条规定：公众聚集场所在投入使用、营业前，建设单位或者使用单位应当向场所所在地的县级以上地方人民政府消防救援机构申请消防安全检查。第二十条规定：举办大型群众性活动，承办人应当依法向公安机关申请安全许可。在消防体制改革之前，公安机关对大型群众性活动的消防安全检查一般是消防机构在接到本级公安机关治安部门书面通知之日起三个工作日内进行检查，并将检查记录移交本级公安机关治安部门。由于我国消防体制改革将公安消防部队成建制划归应急管理部，因此大型展览活动的消防安全行政审批检查需要公安机关与应急管理部门的合作。但目前各地的应急管理部门和治安部门尚未联合出台具体的消防工作细则，在对大型展览消防安全检查方面缺乏合作沟通，虽然各自的工作职责清晰明确，但对彼此的工作内容没有足够了解，易造成协作失衡的状况。

三、新时代完善我国大型展览消防安全管理的思考

新时代我国依然面临复杂严峻的风险形势，应急管理体系和能力仍存在短板。正是在这种背景下，以习近平同志为核心的党中央领导集体提出加强应急管理体系和能力建设是一项紧迫而长期的任务。习近平总书记强调，推进我国应急管理体系和能力现代化应健全风险防范化解机制并严格落实责任制。提升我国大型展览消防安全管理能力应从完善大型展览消防预警机制、推进展览业消防标准规范化、明确消防责任分配等方面入手。

（一）完善大型展览消防预警机制

完善我国大型展览消防安全预警机制，首先应认真贯彻落实习近平总书记关于防范化解重大风险的重要指示精神，切实提升风险意识，加强潜在风险研究辨识，健全应急预案体

系,落实相关主体责任,从源头上防范化解消防安全风险。

大型展览消防预警机制的完善需要各个展览相关主体的协同参与。就主承办方而言,其应在展前全面地评估展览消防风险因素,从制度、人员、物资、执行等各个方面做好展会的应急预案,并组织相应的火灾事故应急演练,提升事故发生后的应急处置能力。通过签订相关的合同条例、消防安全责任书,明确各主体的消防安全责任。就场馆方而言,应提供符合消防标准的场馆硬件设施,场地的室内装饰应积极采用阻燃材料,并对消防设施进行及时的更新维护。就政府相关部门而言,公安机关应对展览现场的消防安全情况进行严格监督,并根据相关法律法规对展览的消防安全进行资格审批,消防救援部门应做好日常的消防检查及参与火灾应急演练。就参展商及展览工作人员而言,应树立安全展览理念,积极参与消防安全培训,提升自身对火灾隐患的有效识别能力。

完善大型展览消防预警机制、提升展览主体的消防意识,从源头上识别消防隐患并设置相应预防措施,对有效防止消防事故的发生具有重要作用。

(二)推进展览业消防安全标准规范化

我国展览业标准化起步较晚,学界对展览标准化的研究也相对滞后,目前展览消防安全标准存在着供需矛盾、制用分离的现状。为此,应加强消防安全标准化基础研究、紧扣行业需求。首先,应对展览业消防安全标准化的基础理论和工作方法、国外展览消防安全相关标准的现状进行深入系统的研究,推进我国展览业消防安全标准向国际化迈进;其次,消防安全标准的制定应全面考虑展览消防安全管理的需求,在消防标准的制定过程中扩大展览消防责任主体的参与。各地的应急管理局可以牵头相关政府部门和单位,以当地展览活动消防安全实际状况出发,制定当地的展览业消防安全管理标准,标准的内容应该包括:展览消防安全职责分配、搭建商的资质评估、临时建筑物的消防安全技术标准、防火分区的设计、展览现场工作人员的消防技能培训、应急预案的设置等方面。通过设置完善的消防安全标准来规范展览活动的运行,推动公安机关和消防救援部门对展览消防安全的有序检查,从而提升地方展览业消防安全管理的标准化水平。

(三)明确展览活动消防安全责任分配

为促进展览消防责任主体的合作,减少因责任不明而产生的相互推诿、安全隐患难以排查的现象,应明确展览活动消防安全责任的分配。首先,可以出台相关政策,明确列出主承办方、搭建商、参展商、场馆方、政府部门在展览消防安全管理上应承担的职责,并在展前签订相关的消防安全责任书;其次,加强应急管理部门与公安机关的横向联动,建立消防安全信息共享机制,应急管理部门与公安机关应将对展览活动日常消防检查的信息进行共享,建立消防数据资源库，一旦发现展览活动的消防隐患，及时进行互通。同时，应急管理部门与公安部门可针对联合检查、消防隐患整改、职责分工、检查标准等方面进行协商，建立火灾隐患检查联动机制。通过明确各自的职责分工，提升消防检查的效率，减少展览消防事故的发生概率。

四、结语

新时代展览业的经济带动作用日益凸显，其宏观发展环境不断优化。但与此同时，展览消防安全管理也面临着更大的压力和挑战。在积极推进我国应急管理体系和能力现代化的进程中，如何完善我国大型展览活动的消防安全管理应成为展览业发展的重要议题。面对大型展览活动消防风险因素复杂、标准体系不完善、责任分配不清等问题，应考虑从完善预警机制、制定消防安全标准、明确责任分配等方面入手，多角度提升我国大型展览消防安全管理能力。

参考文献

[1]　姚陈敏，叶前林，周伟．新时代下我国会展业发展的新机遇与新挑战[J]．商业经济研究，2019(14)．

[2]　中国国际贸易促进委员会．中国展览经济发展报告 2018[J]．中国会展，2019(3)．

[3]　徐云，顾黎红．大型展览活动消防安全研究[J]．武警学院学报，2011(12)．

[4]　赵敏，姚歆，王益谊．我国会展业标准化的现状与对策研究[J]．2019(6)．

地方特色餐饮文化对会议的赋能

· 周晓音[①] ·

【摘要】会议中的餐饮配套活动,是提供与会者交流的重要载体,也是与会者体验当地美食文化的特色平台。特别设计制作的餐饮,能让与会者感受蕴含在其中的文化、美感和温度,提升参会的满意度,并长久地为之萦怀。挖掘和创新富有地方特色的餐饮,释放其能量,能助力会议的举办,增强会议目的地的吸引力。

【关键词】会议餐饮;地方特色;赋能;文化美感;温度

"赋能"已经成为当今的一个热词。所谓赋能,就是给某人、某物赋予能力和能量。餐饮是会议活动的重要元素,尽管会议的核心是与会者获取信息、解决问题,但由于餐饮具有体验的特性,与会者能够通过品味特色美食,增强参会的愉悦感、提升对会议的美誉度。即便时过境迁,仍然会因为富于地方特色和文化品位的餐饮,对会议举办地记忆犹新,念念不忘。因此,挖掘地方特色餐饮文化,不断创新舌尖上的美食,为会议赋能,提升会议价值,是打造国际会议目的地城市应该思考和重视的问题。

一、餐饮是与会者体验当地文化的重要载体

为什么要重视会议中的餐饮体验?这只能从会议的需求找到答案。其一,会议需要流动。"会议的特点是流动,那么向哪里流动呢?只有一个方向:能够给会议参与者留下愉悦体验的目的地。要想愉悦,就得不一样,给会议和与会者留下当地的文化印记。"[②]除了永久

---

① 周晓音,杭州科技职业技术学院旅游学院,教授,浙江杭州,311402。

② 王青道.会奖业思考:只为美好的会奖世界[M].北京:中国旅游出版社,2017.

性落户某一地的会议，大部分的会议都会根据会议的性质、主题等，选择一个会议地点，能够让参会者获得会议的信息外，还能体验当地的特色文化。餐饮文化是地方特色文化的题中之义。其二，会议需要交流。因为会议的参会者除了在正式的大会（论坛等）进行交流，还需要通过其他活动进行交流，在餐饮席上就为大家创造了很好的交流空间和氛围，早中晚餐、茶歇，还有鸡尾酒会、冷餐会、午宴、晚宴、餐叙会等等，各种与餐饮有关的活动被特别设计出来，满足与会者之间的交流与互动。

为什么要融入目的地餐饮文化的体验？既然参会者希望到不同的地方体验不一样的文化，而会议中长长短短、形形色色的餐饮活动又为人们的体验提供了多种可能，那么餐饮活动中的美食、餐具、场景融入会议目的地的文化，就会给交流活动创造良好的氛围，增加话题，感受别致的美好。在杭州首期“会议管家”培训班上，赵红宇老师讲述了一个关于餐饮的案例，她认为一个有着地方特色的宴会菜品和一个没有特色的宴会菜品，给用餐者留下的印象是截然不同的，前者因为菜品融入了地方文化、地方特色，有着故事，令人回味无穷。后者即便是美酒佳肴，但因为缺少文化的附着，虽然精美，仍然会让人在太多的味觉享受后淡忘，因为现在的人们不缺盛宴，而且往往会产生味觉的麻木。这一观点深受大家认可，一个地方有一个地方的文化，它的丰富性、差异性能给人带来别样的享受，让人回味无穷，历久弥新。

餐饮是目的地文化的重要载体之一，它可以通过餐饮活动中的美食、器皿、音乐、现场布景等来实现。第七届中国会展经济国际合作论坛是 2011 年在杭州举办的，在闭幕式暨海南省人民政府欢迎午宴上（第八届举办地为海口与三亚），出现了美妙动听的女声二重唱《请到天涯海角来》，舞蹈演员穿着民族服装，跳着欢快热烈的黎族舞蹈，中式午餐的精美点心中放上了一盘海南椰子糖，让参会者感受到海南人民的热情好客、古朴独特的民族风情和浓浓的椰风海韵，对下一届会议目的地海南心向往之。尽管第七届中国会展经济国际合作论坛已经闭会多年，但这个欢迎午宴一直令人不能忘怀，海南特有的地方文化一直久存于我的心中。餐饮文化的魅力，可以带人遐想、憧憬，并努力去接近它。

餐饮是会议活动的重要配套，杭州国际博览中心唐雪说了这样一个数据：“杭博开业到现在，整个餐饮的收入比重占比超过 30％，那么其余的二、三线城市，如果其场馆利用餐饮的话基本上超过 50％。”我们看一下杭博 2018 年的成绩单，“截至 10 月 31 日，杭博中心共计接待会议 1931 场次，展览 44 场”[①]我们由此可知餐饮在会议中的贡献度。所以，在会议中做好目的地的餐饮文化，是一个不言而喻的事情。

---

① 洪美娜. 骄傲！钱江世纪城又出了个全国第一！［EB/OL］. http://www.qjcbd.com/html/2018/yw_1109/2873.html，2018-11-09.

二、餐饮对会议的赋能

餐饮不是会议中的重头戏,而是在辅助会议的举办中存在,但就是这样的一个配套活动,却有着不可小觑的能量。餐饮对于会议的赋能,是多元的。

(一)赋予文化

这里所说的文化,主要是会议目的地城市的文化。美国社会学家刘易斯·芒福德认为“城市是文化的容器”,城市凝聚了文明的力量与文化,保存了社会遗产,因此,每个城市都有自己的文化特质。城市与文化是与生俱来、密不可分的统一体。“文化是城市的生命和灵魂,是城市的内核、实力和形象。”文化因其个性鲜明的外在形式和内涵丰富的精神品格,对会议产业的受众产生巨大的影响。

杭州国际博览中心是G20杭州峰会的主会场,其处处可见中国文化及杭州元素。杭州国际博览中心酒店的中餐厅有八个厅:“东南”“三吴”“钱塘”“画桥”“云树”“罗绮”“菱歌”“箫鼓”,它取自南宋词人柳永的《望海潮》,这首词描写钱塘江的壮阔,西湖的美丽,市井坊巷的富庶与和乐。参会者走进餐厅,就会有一种穿越历史时光,走进宋代繁华杭州的感觉;为G20各国嘉宾提供的“西湖盛宴”,台桌布满杭州景观,所用餐具是有西湖元素的“青绿山水”骨瓷餐具,其图案设计中的远山、近水、小船、画桥、湖亭和三潭印月等,皆取自最能代表杭州景观文化的西湖实景,它能够让各国领导人有似在西子湖畔品尝美食的感受,轻松、幽雅、恬淡,其乐融融。上海合作组织青岛峰会欢迎晚宴在青岛国际会议中心举行,晚宴的菜品四菜一汤很有特色:孔府一品八珍盅、孔府焦溜鱼、孔府神仙鸭、孔府酱烧牛肋排和孔府蔬菜。这些菜品鲜明地体现着会议目的地的文化,它的制作秉承孔子“食不厌精,脍不厌细”的遗训,也就是说,精美可口的佳肴,潜藏着影响中国几千年的儒家文化。当嘉宾们聆听着习近平主席在宴会上发表的“山东是孔子的故乡和儒家文化发祥地。儒家思想是中华文明的重要组成部分。儒家倡导‘大道之行,天下为公’,主张‘协和万邦,和衷共济,四海一家’。这种‘和合’理念同‘上海精神’有很多相通之处”的祝酒辞,品尝“孔府”菜,就会因为这种独具匠心的设计,入口入心,让人们对儒家文化有更多的了解,有如春雨“随风潜入夜,润物细无声”。

越是民族的,越是世界的;越是有地方特色的,越是具有独特魅力的。参会者到达一个目的地之后,就会对当地的特色文化产生兴趣。而结合当地文化的主题宴会,能够以餐饮的形式生动完美地呈现地方特色,让人记忆美好。无论是国际化的会议,还是本土化的会议,人们在听会或交流之外,能够品尝融入当地文化的美食,都是一件感受新鲜的事情,使当地文化深刻于内心。

（二）赋予美感

“美”这个字，本来就和美食联系在一起。“美”的金文字形，从羊，从大。本义：肥美。古人养羊肥大为美，把羊养肥了再吃，指代“很好吃，味美甘甜”。所以，餐饮首先是饱腹的实用性，随之而来的是舌尖上的美味，加之讲究色香味形器，令人难以拒绝它的诱惑。

参会者在完成专业的会议工作之外，总是希望通过会议主办方安排的餐饮，享受会议带来的美好生活，并因此提升对会议的满意度。在 2018 中国会展业年会暨第十届中国(杭州)城市会展发展大会上，有一个“会展人之夜”的活动，举办地点是太虚湖假日酒店金色大厅。活动有回顾、展望、嘉奖，歌舞助兴，并同步举办宴会。餐饮当然是“杭帮菜”，其中有一个点心特别富有美感：白色的长方形瓷盘上，铺着江南的竹叶(粽叶)，上面放着菱形白糕，圆形汤包，“8”字形金黄色油炸糖糕，扇形的紫色、白色、绿色、黄色的团子，4 个一排，整齐有序。这盘点心首先从形式美上引起人的好感，它有数有列还有色彩，让人进入审美的“悦耳悦目”层次，即引起感官的愉悦。此外，糕点的旁边绘制了一个图，椭圆形的底，上面写着如行草的“太虚湖”三个字。它是绿色的湖，似乎绿波荡漾；它是绿色的树叶，似乎光泽莹润。行草“太虚湖”是书法文化，太虚湖假日酒店坐落在杭州萧山东方文化园内，白色餐盘中的“太虚湖”是在默默地传递中国文化，在品尝美食的同时，自然地进入审美的想象中，获得“悦心悦意”的体验。我无法知道其他参会者对这盘点心的感受，但我发现大家都喜欢，因为很快就被人们分享完了。这应该是厨艺大师通过他们自己创造的美食符号与参会者交流，使参会者获得从感官到身心的美感享受吧。

一食物、一器皿、一场景，匠心独运，达到艺术的呈现，便能引起人们的审美愉悦。如前所说，“西湖盛宴”的“青绿山水”骨瓷餐具，瓷质细腻，淡雅清新，温润如玉；山水桥木亭台，参差错落，塑造了有意味的形式，意象具有诗意之美，使人既悦耳悦目，又悦心悦意。如果再知道疏浚西湖的故事，知道白居易、苏东坡，知道今日杭州的创新创业，可能还会进入“悦志悦神”的境界。嘉宾品尝孔府的四菜一汤，如果能更深刻地了解博大精深的儒家文化，也有可能进入“悦志悦神”的审美最高层次。换句话说，餐饮不仅仅是美食，它还有灵魂，有张力。

会议是要让参会者有收获，参会者如果对会议好评如潮，有会议演讲得到的收获，有交流的收获，有美食及住、行、游、购、娱的收获，那就是一个举办得十分成功的会议。

（三）赋予温度

这里所说的温度，不是美食热气腾腾的自然温度，而是指餐饮活动也能融入人情味，赋予浓浓意味和热情，使参会者体验到会议主办者与承办者的用心，从而感动、激动。上海合作组织青岛峰会在孔子的故乡山东举办,欢迎晚宴不仅有富含文化的孔府菜肴,并与之相应,又上演了一场《有朋自远方来》的灯光焰火艺术表演,用孔子“有朋自远方来,不亦乐乎”(《论语·学而》)的名言,表达对各方来宾的欢迎,情意浓浓,亲切热忱,体现出上海合作组织大家庭“合”的思想精神。

2017年首届萧山人大会是一个以“凝心聚力兴萧山”为主题的大会,参会主体是全体萧山人,特别是外出创业发展遍布全国、全世界的每一个心系萧山、爱国爱乡的萧山人。会议有很多配套活动,如“喜看萧山新变化”参观活动,观看“走进萧山”展览展示活动,“记得住乡愁”的文艺晚会等等,而且特别在会议的举办地杭州国际博览中心定制了萧山乡情家宴。名为“家宴”,已经赋予这个会议的餐饮活动特别的情意。而且宴会制作了特别的菜谱,介绍菜品的同时,还印有萧山人贺知章的诗“少小离家老大回,乡音无改鬓毛衰。儿童相见不相识,笑问客从何处来。”传达诗人对家乡的深厚情感。这些餐桌上的带着老底子味道的“白鲞扣老鸡”“清蒸江白鲈”“豆瓣糕”等菜肴和点心与贺知章的《家乡偶书》触动了与会者的内心,他们品着有“温度”的土菜,说着萧山土话,畅叙乡情,甚至有人热泪盈眶。无疑,这些家乡菜是有情调的,有温度的,它不夸张,不喧嚣,但很有内涵,让人被“乡愁”所感染,点燃热情,激发出热爱家乡、共商共建美好家园的深厚的力量。会上郑重地发出的首届萧山人大会宣言,无疑也有品尝萧山乡情家宴内化而产生的精神。这个定制化的宴会,以家乡菜点为触媒,以独到的方式赋予会议以温度,是一个极其成功的餐饮活动范例。

体验的最大好处是有带入感,舌尖上的美食不仅能够饱腹、享受,还能释放出特殊的能量,使会议的温度得到上升,把人的情感推向高峰,甚至产生出意想不到的效果。

三、挖掘和创新地方特色餐饮为会议赋能

会议需要餐饮,餐饮也能为会议带来效应,因此,餐饮产品需要进行精心的设计。它不能用工业的思维,例如,供给方进行标准化组合,简单省事地把自己所有的东西统统开列出来进行推广,而是要用定制思维,以客户的需求为目标,按需深度定制;或者是用内容思维,把地方文化、美、温度等融进餐饮,在传统与创新中为会议设计精美的餐饮,增强会议目的地的吸引力,提升参会者的附加值。以下以杭州为例。

(一)开发南宋特色菜

在历史的长河中,沉淀下来的事物,是受人喜欢的东西。南宋于1138年定都杭州,这是一个经济、文化高度发达的朝代,社会崇尚享乐,餐饮自然成为人们讲究的生活必需品,高门

府第更是奢华。关于南宋餐饮方面的记载散见于宋人的笔记、诗歌中，如“南宋周密《武林旧事》记载，绍兴二十一年(1151 年)十月，宋高宗赵构驾幸清河郡王府，郡王张俊以盛宴接待，筵席中计有海陆珍馐佳馔、各式蜜饯点心、应时南北鲜果 250 盘之多，烹制方法则有烩、炸、酿、炒、炙、熬、煨、蒸、润(大概属于涮之类)等多种。特别是出现了食品精镂细雕的加工技艺，从宴会的菜单上可知，光蜜饯雕刻就有 12 道菜，雕刻的花样，则有花球、花朵、鱼、荷叶等，这足以反映出当时临安菜点品种之多，厨师技术之精妙了”。[①] 这些关于美食的文字记载，今天仍然很有价值。2012 年，政协杭州市上城区委员会编制了一本《品味南宋饮食文化》的书籍，由西泠印社出版。书中介绍了皇家饮食、节俗饮食、酒楼饮食，特别是第七节的“宋菜宋点宋饮诠释”，整理了吴自牧《梦粱录》、周密《武林旧事》、西湖老人《西湖老人繁胜录》、林洪《山家清供》等书和诗中的饮食 93 条，介绍了制作的方法，菜品的特色，为我们开发南宋特色菜肴提供了依据。

如今如果能够传承传统的工艺，创造出南宋美食系列产品，便能满足现代人的需求，使每个参会者品尝到的是美食，感受到的是纯粹的南宋文化。若餐饮中的点心、饮品开发得有特色，参会者还会把它作为伴手礼带回家，文化也会随之走得很远。

（二）把杭州做进餐饮

受人喜爱和欢迎的餐饮，常常带有会议目的地文化元素，杭州本土文化是取之不尽的宝藏。杭州有特色的餐饮产品很多：名菜东坡肉、宋嫂鱼羹、西湖醋鱼、西湖莼羹等，名点定胜糕、葱包桧儿、桂花藕等，用于茶歇的龙井茶等，这些都是有故事、有文化的餐饮产品，深受欢迎。如今，还应该根据现代人对不同口味口感的需求，创制新品，把“杭州”做进餐饮。如杭州的梅花、荷花、桂花颇享盛名，可以取材。梅的花、果皆可食用，在古时梅子是代酪作为调味品，《书经》云：“若作和羹，尔唯盐梅。”果实做成的蜜饯一直是杭州人喜欢的美味，梅花在百花中最受人尊崇，至今杭州超山有唐梅、宋梅，如果能开发梅的系列产品，伴随着孤山林逋的《山园小梅》诗，人们可以从中享受到杭州幽雅的味道。荷花、桂花在诗词中也经常得到歌咏，白居易的“山寺月中寻桂子”、柳永的“有三秋桂子，十里荷花”，杨万里的“接天莲叶无穷碧，映日荷花别样红”，咏的都是杭州西湖的荷花与桂花，荷与桂已经成为杭州的象征；且桂花是杭州的市花，它们历来是观赏与实用价值俱在，开发荷、桂相关的食品，是把极具代表性的杭州元素体现在餐饮中。杭州的龙井茶，不仅让人们用来品茶饮，还可以做进各色菜中，龙井虾仁就是一个名菜，还可以不断开发各种菜和点心，做足茶文化的文章。

当然，把杭州做进餐饮的手法可以多种多样，不仅直接将杭州盛产的物品融进食物，还

---

① 政协杭州市上城区委员会. 品味南宋饮食文化[M]. 杭州：西泠印社出版社，2012.

可以刻字雕花;不仅可以从古已有之的文化元素中取材,还可以从现代元素中取材,以匠人的巧思加以开发。精心设计的餐饮产品用于会议,就能赋予参会者体验来自杭州的美食心意和美食文化。

(三) 推出主题创意产品

"主题"一词源于德国,最初是一个音乐术语,通常是"主旋律",后来指文艺作品中所表现的中心思想。借鉴这一概念,创设一个思想,赋予餐饮产品以灵魂;反过来,餐饮产品又在内容和形式上体现主旨。

主题创意产品,一是纯粹的美食产品,提炼地方特色文化而成,如前面所说的西湖盛宴与萧山乡情家宴等,都是有主题的餐饮活动,不但具有该地区唯一的独特性,而且有深厚的文化底蕴。二是玩跨界,如丝绸界的万事利先后与国酒茅台、国瓷永丰源、西湖龙井茶叶等跨界,推出不同主题的高端创意产品。那么餐饮界也能跨界,或者将传统与时尚结合,或者将美食与杭州的丝绸、扇子等结合,推出创意产品。这种按照一定主题进行"混搭"的产品,也许能够传递给参会者更多的杭州故事,带给他们更高雅、更悠远的享受。

(四) 利用美食进行会议目的地营销

会议目的地的营销有各种各样的方式,利用美食进行营销,应该是一种很好的方式,因为民以食为天,人们永远充满着对美食的喜好。美食经过精心制作,精美呈现,能让人通过体验,从口里美到心里;特色美食融入当地的文化,美食就成为文化的载体,品尝者会被当地文化的差异性和独特性所吸引。利用美食进行营销,无疑是一种更具人性化的营销。杭州会奖旅游的宣传口号是 Hang Zhou,Living Poetry(杭州,诗意之旅)。小小的美食,一旦融入了文化、美感和温度,它也是诗意之旅的一个有机组成部分,与城市的品牌形象定位相吻合,可以为会奖旅游产业带来发光发热的能量,也能将会议目的地城市渲染得更有品味,促进城市的推广营销。

四、结束语

餐饮在会议活动中具有传播美好生活和独特文化的社会功能,理解会议的特性,理解参会者的需求,理解我们自己有什么样的餐饮传统,以体验的思维把餐饮做精、做美、做得有文化,就能够通过餐饮提供的审美符号和文化元素,为参会者提供有人情味的美食享受,提升参会者对会议的满意度,并使餐饮文化烙印在他们的大脑中,时常忆起。因此,我们要不断研究和创新会议餐饮产品,让餐饮释放出更大的能量,助力会议的高品质举办,增加会议目的地的吸引力。

海南“亚沙会”与旅游院校创新发展机遇研究①

· 刘嘉龙　陈嫵伊② ·

【摘要】本文基于“亚运会”契机与旅游院校创新发展新机遇研究，积极探讨通过参与大型文化体育赛会，带动旅游相关专业尤其是会展专业建设。与海口展览、博鳌会议相比，三亚赛事赛会活动相对发达，三亚世界小姐比赛、环岛帆船（游艇）比赛、天涯海角婚庆节、海天盛筵、国际电影节等地方赛会独树一帜，作为2022年杭州亚运会前奏的2020年亚洲沙滩运动会在海南三亚举办，必将兴起一个海滨沙滩运动的体育旅游新热潮，加速“美丽三亚、浪漫天涯”文化、旅游、体育深度融合，旅游院校完全可以依托大型赛事赛会，创新研究节事旅游、会奖旅游、康养旅游等新模式，积极探讨与赛会组委会建立新型“校会合作”伙伴关系，通过全方位参与，借势造势发力，加快旅游院校相关专业建设与发展。

【关键词】亚洲沙滩运动会；节事活动；会奖旅游；创新发展

为探索旅游院校专业建设新思路，我们以第六届亚洲沙滩运动会（以下简称“亚沙会”）在三亚举办为契机，重点围绕“亚沙会”和三亚赛事活动进行了深入探讨和研究，主要目的是通过调研发现新机遇，迎接新挑战，对完善旅游相关专业方向设置、人才培养方案，提升学生参与社会实践机会，推进校会、校企合作，具有一定的现实指导意义。

一、沙滩运动——带动滨海城市旅游发展

（一）“亚沙会”缘起

创办于2008年的“亚沙会”，是由亚奥理事会设立的一项新兴综合性体育赛事，此前每

---

① 本文获2019中国（杭州）会奖旅游教育与产业发展学术研讨会学术征文三等奖。

② 刘嘉龙，三亚航空旅游职业学院，海南三亚，572000；陈嫵伊，三亚航空旅游职业学院，海南三亚，572000。

两年举办一届,从2020年起每四年举办一届。“亚沙会”是亚洲规模最大的沙滩运动赛会,与亚运会、亚冬会、亚青会、亚洲室内运动会并列为亚洲五大综合性体育赛会。前五届亚洲沙滩运动会分别在印尼巴厘岛、阿曼首都马斯喀特、中国烟台海阳、泰国普吉岛、越南岘港举办,中国海南三亚举办第六届亚洲沙滩运动会。

(二)三亚“亚沙会”

第六届“亚沙会”定于2020年11月28日至12月6日举行,主会场在三亚国际体育产业园区和三亚湾(天涯海角)、海棠湾(红树林)。这是三亚历史上承办规模最大、级别最高、影响最广的国际体育盛会,也是2022年杭州亚运会的热身前奏。三亚“亚沙会”共设17个竞赛项目,分别是水上运动(游泳+水球)、沙滩田径、3×3沙滩篮球、沙滩手球、沙滩卡巴迪(徒手运动)、沙滩足球、沙滩排球、沙滩木球、沙滩摔跤、铁人两项(跑步+游泳)、龙舟、摩托艇、动力滑翔伞、帆船、攀岩、冲浪、桌式足球。天涯海角开幕式现场和国际体育园区的闭幕式设施在“亚沙会”后将永续利用。

(三)三亚“亚沙会”组委会

2020年第六届亚洲沙滩运动会组委会是经国务院批准设立的独立法人机构,全面负责2020年第六届亚洲沙滩运动会筹备、组织、协调等工作。组委会主席由国家体育总局局长、中国奥委会主席苟仲文和海南省省委副书记、省长沈晓明担任,国家体育总局副局长、中国奥委会副主席李建明,亚奥理事会副主席、中国奥委会副主席于再清,海南省委常委、常务副省长毛超峰,海南省委常委、三亚市委书记童道驰,海南省副省长苻彩香,三亚市委副书记、市长阿东,分别担任“亚沙会”组委会副主席,阿东市长兼任组委会秘书长(执委会主任),“亚沙会”筹备工作主要由三亚市委市政府负责。

(四)三亚“亚沙会”组织机构

“亚沙会”组委会(执委会)下设“一办十四部”外加海棠、吉阳、天涯三个赛区委员会,各司其职,协调完成三亚“亚沙会”组委会(执委会)各项筹备工作。主要工作部门包括办公室、体育部、外联部、宣传部、市场开发部、大型活动部、后勤接待部、城市形象部、人事法务部、信息技术部、安全保障部、志愿者工作部、医疗卫生部等。

(五)三亚“亚沙会”筹备工作

2019年7月三亚“亚沙会”组委会成立以来,“亚沙会”各项筹备工作有序推进,目前已经完成各职能部门工作人员选调,亚沙会总体工作计划(方案)编制,三亚“亚沙会”口号、会徽、吉祥物征集等工作,亚沙会主会场(三亚国际体育产业园)和运动员村建设进展顺利。目前三亚“亚沙会”志愿者、会歌、形象大使、赞助商征集等相关工作正在紧锣密鼓全面展开，2019年10月25日和11月28日同时在北京和三亚举行了“亚沙会”会徽、吉祥物揭晓仪式，盛况空前。

（六）三亚“亚沙会”的重要意义

第六届“亚沙会”，是海南省三亚市首次举办的洲际国际大型赛事，届时会有40多个亚洲国家参赛，几乎囊括亚洲所有海滨国家，三亚市正以高标准、高质量、高效率推进各项筹备工作，确保为全亚洲乃至全世界献上一届富有中国特色、海南元素、三亚魅力的亚洲沙滩运动盛会，同时通过“亚沙会”交流平台，为推动相关体育运动发展，扩大对外开放和交流合作，促进亚洲文明交流互鉴、和谐和平和美、共生共存共荣，做出三亚贡献，深刻展示海南自由贸易试验区、中国特色自由贸易港建设全新风采。

二、三亚“亚沙会”与旅游发展机遇

（一）助推“美丽三亚、浪漫天涯”建设

三亚是中国首屈一指的热带滨海旅游城市，别称“鹿城”，有“东方夏威夷”之称，因其美丽海滨风光被誉为中国“热带天堂”（Tropical Paradise）。三亚也是海南岛最南端的中心城市和交通枢纽，直面南海，幅员辽阔，也是中国对外开放黄金海岸线上最南端、最重要的对外贸易口岸之一，是21世纪我国倡议“一带一路”——“海上丝绸之路”的重要节点。“亚沙会”的举办对海南自贸区（三亚自贸港）和国际旅游岛建设具有特别重要的意义。

（二）大大促进文化、旅游与体育的深度融合

亚沙会期间各国运动员、代表团成员、相关工作人员、陪同人员将超过2万人，这些人短时间在三亚集聚，不仅参加各项赛事活动，还将从赛事活动中派生出大量旅游休闲娱乐活动，可以大大促进三亚旅游消费，短时间内还会形成旅游度假高峰，主要特征表现为以洲际国际赛事活动为载体的旅游促进活动，客观上加快了体育与文化、旅游，运动与休闲、健康，健身、健康与养生相关业态的融合与发展，对三亚旅游经济、休闲度假、体育运动产业将起到巨大的促进作用。

（三）“亚沙会”效应成为未来三亚旅游关注热点

三亚虽然属于海滨城市，沿海地带沙滩绵延，三亚湾、亚龙湾、海棠湾等也孕育出一系列沙滩运动、水上运动、空中滑翔运动、深海浮潜运动等，但其海洋旅游发展前景广阔，休闲度

假、运动娱乐还远远没有发展成熟起来。“亚沙会”的举办将为三亚沙滩运动、水上运动、极限运动发展带来新机遇;三亚除了自贸区入境旅游免签政策、多条国际航线开通之便利,还拥有 258.6 千米的海岸线、19 个港湾、40 个大大小小的岛屿,为“亚沙会”水上运动、沙滩运动、极限运动全面开展,以及通过“亚沙会”提速增效旅游经济效益,提供了得天独厚的资源优势。尤其是“亚沙会”期间公开水域举行的水上运动(游泳+水球)、沙滩田径、沙滩篮球、沙滩手球、沙滩足球、沙滩排球、沙滩木球、沙滩摔跤、龙舟、摩托艇、动力滑翔伞、帆船、攀岩、冲浪等赛事活动项目都有可能转换成为体育旅游产品,成为未来三亚游客最喜爱的陆地、水上、空中运动休闲娱乐项目而被保留或延续下来。通过“亚沙会”现代时尚感的沙滩、滨海元素与三亚休闲度假风格相契合,可以进一步提升三亚城市的知名度和美誉度,体育旅游和运动休闲的兴盛也将进一步扩大城市旅游消费基数。

(四)进一步丰富和完善三亚赛事活动、节事旅游

旅游业界公认:“静”的是景观,“动”的是人文,根植于旅游文化基础之上的旅游需要“动”和“静”的结合,这是旅游目的地核心竞争力的灵魂所在。进入 21 世纪,与海口展览、博鳌会议相比,三亚一直以赛事活动见长。世界小姐比赛曾经风靡一时,海天盛宴也曾领一时风骚,至今三亚世界小姐、海天盛筵、环岛帆船赛、国际马拉松比赛依然在举行,但风光不再,世界小姐“注意力经济”严重下降,海天盛筵名声受挫,三亚环岛帆船赛、国际马拉松比赛等赛事活动也并未引起国人特别是旅游者的更多关注。在这种形势下,三亚旅游急需注入新的动力和契机,三亚“亚沙会”无疑可以为三亚赛事活动、节事旅游、会奖旅游注入新活力、新元素,通过“亚沙会”带动效应,蓝湾 LPGA 高尔夫大师赛、FE 电动方程式赛车、克利伯环球帆船赛、三亚婚庆节……甚至世界小姐比赛、海天盛筵、半山半岛帆船(游艇)赛事、蜈支洲岛水上运动等都有可能再创辉煌,重放光芒。

(五)有利于推动高校旅游相关专业建设

三亚赛事活动频繁,世界小姐比赛、环岛帆船比赛、游艇展等领全国之翘楚,红树林度假世界、海棠湾免税城、大东海海鲜城、海昌国际梦幻不夜城等相继建成,客观上都有对旅游管理人才尤其是会展活动策划人才的客观需求。为配合“亚沙会”而兴建的三亚国际体育产业园,总投资 210 亿元,其中大型场馆和“亚沙村”建设 31 亿元,园区内分别建有容纳 4 万人的综合性体育场、容纳 1 万人的体育馆、容纳 3 千人的游泳馆,目前项目建设进展顺利,作为三亚“亚沙会”主会场,项目建设融体育、旅游、休闲、娱乐、生活、康养、商务办公于一体,项目将打造成为三亚体育旅游消费及体育竞技集聚区新地标。可以为“亚沙会”提供赛事场馆和亚沙村最完善的配套服务。同时,国际体育产业园区还将引入体育全产业链资源,包括体育主

题酒店、全民运动公园、商务配套等各种设施，“亚沙会”后体育产业园场馆设施后续利用，不仅可以为三亚今后承接国际级、国家级体育赛事提供更好的服务，而且也将成为人民群众运动娱乐、休闲消费的重要场所。

（六）国际体育园区投入产出与新增就业岗位测算

按照国际惯例，会展业投入产出之比一般为 1∶9 或 1∶10，即会展业投入 1 元，可以带动相关产出 9 元或 10 元；此外每增加 100 平方米可以增加一个就业岗位，国际体育产业园区大型场馆和“亚沙村”建设投资就超过 30 亿元，可以带动关联产业产出达两三百亿元，可望新增就业岗位近千人，按照其中 10%会展活动策划人才测算，会展活动策划人才需求至少可达一百多人，加上三亚湾红树林国际会展中心、海棠湾免税购物中心、“美丽之冠”“三亚千古情”、三亚海昌梦幻海洋不夜城和三亚高潮迭起的各类赛事活动，以及三亚历经不衰的会奖旅游、节事旅游、婚庆婚拍基地等，仅三亚本地对会展活动策划人才的需求就可以达到数百人，放眼海南海口（展览）、博鳌论坛（会议）、海南海花岛（活动）等预计海南全省会展活动策划管理与服务人才缺口在千人以上。

三、三亚海洋旅游和沙滩水上运动基础良好

结合“亚沙会”课题研究，我们也对三亚现有海洋旅游特别是沙滩运动、水上运动、帆船比赛、游艇休闲等进行了深入观察——第六届“亚沙会”能够落户三亚，正是基于三亚有着优良的旅游休闲娱乐度假资源。三亚海洋旅游居中国之冠，在世界范围内也是非常罕见的，尤其是三亚各类帆船比赛、游艇比赛和沙滩水上运动等都具有良好的基础，这方面尤以半山半岛帆船港帆船赛和蜈支洲岛水上运动最具有代表性。

（一）半山半岛帆船港帆船赛

半山半岛是目前国内顶级私人帆船游艇俱乐部所在地，拥有帆船学校，主要开展帆船（游艇）培训和举办各类帆船游艇赛事。帆船（游艇）驾驶证分为两类：一是 A1E 证书，可以驾驶不限尺寸的帆船（游艇）；二是 A2F 证书，可以驾驶 20 米以下的帆船（游艇），经培训合格，帆船（游艇）证照在中国境内通用。

帆船学校还发展研学旅行，包括冬令营、夏令营等，收费不低，但团团爆满，少年儿童来自全国各地。此外，还有短期帆船培训、帆板培训等，优秀学员可以推荐参加各类帆船（游艇）比赛，优胜者还有可能成为专业赛手或者成为帆船（游艇）专业工作者。主要帆船（游艇）比赛包括环海南岛国际大帆船赛、司南杯大帆船赛、鸿州 OP 帆船赛事、皮划艇比赛、青少年

帆船赛、春节跨年帆船排赛等。

目前国内帆船游艇赛事发展比较好的城市有青岛、深圳等,其中深圳同属于南海,与三亚帆船游艇赛事存在更加密切的良性互动关系。

(二) 蜈支洲岛水上运动

蜈支洲岛水上运动十分发达,许多水上运动项目在国内都是领先的,甚至包括“亚沙会”竞技运动项目,在蜈支洲岛也比较常见,如沙滩排球、划水、滑板等。所不同的是蜈支洲岛水上运动基本上是业余的、参与性的、娱乐性的,本质上属于“休闲运动”,游客通过“娱乐”达到休闲的目的;而“亚沙会”项目则是专业的、比赛性的、竞技性的,本质上属于“竞技体育”,选手通过参加比赛获得名次,体验成功。即便如此,蜈支洲岛的各种水上运动项目令人目不暇接,水上飞人(又名“海天飞舞”,即水上飞行器(Fly Board),又称“飞板运动”),彩虹拖伞,水上摩托车等都是游客最喜欢游玩的项目。海滨浴场、浮潜、半潜观光、海钓、划水、滑板、帆船、摩托艇、香蕉船、独木舟、拖曳伞、沙滩摩托车、沙滩排球、沙滩足球等 30 多项海上和沙滩娱乐项目惊险刺激、精彩纷呈,游客欢呼嬉闹之声此起彼伏、不绝于耳,热闹气氛不亚于迷你版“沙滩运动会”,给前来观光和旅游的客人带来热烈、浪漫、动感和时尚的难忘体验。

四、三亚“亚沙会”与旅游院校参与机会研究

三亚举办“亚沙会”是旅游院校尤其是旅游管理相关专业发展壮大的难得机遇。“亚沙会”组委会更关注的是“企业赞助”,包括现金、实物、服务(志愿者)赞助;而旅游院校更关心的是“参与机会”和相关回报,包括通过资源互换获得“亚沙会”深度合作机会,借助“亚沙会”扩大院校知名度,以及扩大旅游相关专业师生的“亚沙会”参与程度。所以双方需求在客观上存在显著的差异性,如何找到双方合作共赢利益诉求平衡点,是三亚“亚沙会”与旅游院校参与机会研究的关键点。

(一) 三亚“亚沙会”组委会方面需求汇总

作为海南省和三亚市政府主导的“亚沙会”拥有巨大的政府资源,其主要诉求就是通过政府主导、市场运作、企业参与,对社会资源进行全方位整合,以期发挥合力,欢迎社会各界广泛参与,尤其是企业赞助方面,无论是现金、实物,还是服务(志愿者)参与者。当然合作伙伴、赞助商条件也会有排他性条款,同时也会给予相应回报,合作形式大体包括三个层次。

1. 高级合作伙伴(不超过 8 家)

主要对象瞄准海航集团,赞助金额 5000 万—10000 万元(含现金、实物、服务,其中现金

部分不少于50%)，因为关系到海航集团对外合作，此前“亚沙会”组委会也已经与海航集团有过接触，事关重大，这里不作展开论述。但这种方案如果可行，那么赞助回报肯定是全方位的，对相关院校发展也是最有利的。

2. 合作伙伴(不超过8家)

合作伙伴次级赞助标准3000万—5000万元，赞助包括但不限于办公楼租金、餐饮费用、酒店客房、员工宿舍、志愿者服务等。鉴于赞助金额较大，要取得“合作伙伴”地位也并非易事。

3. 赞助商、供应商、支持单位(不限)

赞助商的赞助标准为1000万—3000万元，供应商为500万—1000万元，支持单位为10万—500万元，主要建立在最低限度的资源组织和整合基础上。例如，通过闲置资源组合进行赞助，取得赞助商、供应商或者支持单位地位，那么相关院校也可以获得“亚沙会”一定的合作共享机会。

以上三种地位的取得，其赞助回报政策也不尽相同，因为回报政策十分复杂，这里不作展开。

（二）旅游院校方面需求汇总

通过有限程度的“资源互换”，与“亚沙会”组委会探讨建立相对稳定的“校会合作”关系的可能性，目的是取得“亚沙会”合作伙伴地位，包括但不限于青年教师挂职参与“亚沙会”筹备、学生志愿者服务、参与形象大使征集、新媒体宣传、通过参加造势活动借势宣传等以各种方式分享“亚沙会”新机遇，争取志愿者礼仪服务培训、礼仪安检服务指定单位，承办“亚沙会”形象大使选拔大赛等，最大限度地扩大旅游院校的影响力，带动旅游管理相关专业尤其是会展专业的建设。

(1) 结合“亚沙会”志愿者和形象大使征集，开展“造势”活动宣传。目前这项工作“亚沙会”正在有序组织并开展中。

(2) 继续推进“亚沙会”志愿者礼仪服务培训及安保培训、外语培训指定单位，承办“亚沙会”形象大使征集选拔大赛。

(3) 利用“亚沙会”主会场优势，积极开展“亚沙会”后续效应研究，并以“亚沙会”为契机，把国际体育产业园、天涯海角主会场作为旅游管理相关专业(会展专业)学生的实训、实习、实践基地。

(4) 组织学生参与“亚沙会”造势及相关配套活动，如“亚沙会”会徽揭晓仪式、世界大学生电竞总决赛、三亚职工沙滩运动会、三亚马拉松比赛等，并争取广泛参与三亚世界小姐比赛、环海南岛帆船比赛、“海天盛筵”游艇展等，为会展专业建设锻炼队伍、积累资源。

(5) 青年教师在“亚沙会”市场开发部、外联部、志愿者工作部进行挂职锻炼,选拔优秀学生作为骨干志愿者全程参与新媒体筹备组并负责新媒体宣传工作。

(6) 以“亚沙会”为契机,借鉴杭州国博中心成立专业服务队的方式,争取成为“亚沙会”指定单位,全方位提供礼仪服务、安检服务、导游导引服务等。在“亚沙会”后“推陈出新”,不断接纳新团员,为三亚、博鳌、海花岛甚至海南全省大型活动提供专业化服务。

(7) 以方阵(团队)形式组织学生参与“亚沙会”相关活动,如开幕式、闭幕式活动,并允许院校方阵(团队)高举本校横幅或旗帜,造势宣传、借势宣传。

(三) “亚沙会”组委会与旅游院校利益平衡点分析

“亚沙会”组委会与旅游院校之间双方利益诉求差距很大,尤其是“亚沙会”组委会方面,基本上是从赞助角度出发,从社会资源整合出发,总是希望赞助越多越好,只要赞助就能取得合作伙伴关系,反之则免谈;相比较而言,旅游院校主要通过有限程度的资源互换获取一定的“校会合作”机会,并据此取得合作伙伴地位。这与企业赞助回报的做法客观上存在巨大差异,即地方大型节事活动不能完全把市场化运作思路,运用于大专院校,更需要一切从实际出发,从支持院校旅游相关专业发展的高度,多给予高等院校培养人才参与的机会。但由于大专院校能够整合的资源有限,相对于政府强势主导办会,院校方面又处于相对劣势、弱势,所以“亚沙会”组委会与院校利益诉求平衡点就很难把握。目前只能在配合“亚沙会”组委会志愿者、形象大使征集的基础上,最大限度地争取“亚沙会”志愿者礼仪服务培训指定单位等低水平合作,在此基础上争取青年教师(挂职)、优秀学生能够适度参与“亚沙会”相关职能部门的筹备工作,通过介入“亚沙会”筹备以期获取更多的参与机会,以带动旅游管理相关专业建设和发展。

五、海南“亚沙会”契机与旅游相关专业建设启示

“亚沙会”是目前海南省三亚市举办的最大规模洲际性赛会,有利于促进和推动三亚会展旅游、节事旅游、会奖旅游事业发展,抓住这一难得机遇,对旅游院校尤其是旅游管理相关专业发展意义重大。通过对“亚沙会”的深入研究,我们看到了机会,也面临严峻挑战。

(一) 旅游院校参与大型赛事赛会的三种模式思考

大型赛事赛会城市“引擎”效应显著,可以极大地带动当地社会经济文化事业发展,同时也给大专院校特别是旅游院校提供了难得的参与机会,有利于全面提升旅游、会展相关专业师生实践能力、动手水平。归纳起来旅游院校参与大型赛事赛会可以有三种模式:一是“母

鸡带小鸡”——依托地方大型企业集团,在省政府、市政府的大力支持下通过“企业赞助回报”的合作方式,取得大型赛事赛会独家赞助或综合赞助合作伙伴(高级合作伙伴)地位,带领下属单位(包括下属院校)共同参与(上策);二是“大鸡带小鸡”——通过院校自身资源的整合,例如,把闲置校舍、教学楼、办公楼、餐饮服务、住宿服务、志愿者服务、师资培训力量、青年教师挂职等有限资源整合起来,大力支持大型赛事赛会,建立起紧密型“校会合作”关系,带动旅游相关专业学生全面参与(中策);三是“小鸡带小鸡”——通过率先派出学生骨干志愿者全程参与大型赛事赛会核心部门筹备工作,在关键岗位有“自己人”,以争取更多的学生参与机会,最大限度地利用大型赛事赛会锻炼和提高学生的实践和动手能力(下策)。例如三亚学院的做法就是先派出学生骨干志愿者全程参与“亚沙会”体育部、外联部、宣传部、志愿者工作部等关键部门工作,随后组织 2000 名大学生志愿者全面参与,这种做法也很值得借鉴。

(二)推进与“亚沙会”组委会“校会合作”伙伴关系

“亚沙会”与旅游院校关系最为密切,“亚沙会”与旅游院校存在紧密型关系,相关院校无形中也可以借势宣传,至少可以借此机会提升学校知名度。“亚沙会”相关活动也与旅游院校教学活动紧密联系在一起,旅游院校至少可以提供闲置校舍、教学培训场地和人力资源方面的大力支持,旅游院校相关专业特色鲜明,优势显著,可以与“亚沙会”优势互补、相得益彰;“亚沙会”期间旅游院校志愿者还会分布在赛会工作第一线,所以旅游院校通过把有限资源整合起来,建立紧密型“校会合作”关系,大力支持“亚沙会”、主动配合“亚沙会”、积极寻找“亚沙会”商机,这样可以争取抢占“亚沙会”先机,牢牢把握主动权,以争取在“校会合作”方面占据有利地位。

(三)“亚沙会”后文化、旅游、体育深度融合机会把握

帆船港帆船(游艇)培训赛事和蜈支洲岛沙滩运动、水上运动,也给文化、体育、旅游融合发展以新的启发和思考:除了国家竞技运动(教练资格证)、大众体育(社会体育指导员)外,那些高难度、危险性、刺激性的水上运动、极限运动,其职业资格证书系列应当如何完善?尤其是承担游客安全责任方面的危险性岗位职业,并不是“社会体育指导员”或者“救生员”资格证书就能完全胜任的。这些年来不断涌现的“运动休闲”项目,例如水上极限运动(相对应的还有陆地极限运动、空中极限运动),国家职业技能认定工作还大有文章可做。可以联合帆船港帆船学校、蜈支洲岛国家 5A 级景区、天涯海角婚庆婚拍基地等,与相关水上运动考证项目开展合作,以“亚沙会”为契机,努力把水上运动培训和赛事保证体系(专业服务队)逐步建立完善起来,让旅游体验更安全,游客参与更放心,运动休闲和娱乐活动更好玩。

参考文献

[1] 牛盼强,张敏,李本乾.我国会展业拉动系数评价模型构建研究[J].现代管理科学,2015(5).

[2] 刘嘉龙.现代节事活动策划理论研究与实践思考[M].杭州:浙江大学出版社,2013.

基于CDIO理念的高职院校会展专业课程体系构建研究[①]

·杨　婕[②]·

【摘要】"十三五"期间，会展产业蓬勃发展，众多城市政府把其作为产业强市助推器，拉动城市经济，这为高职会展人才培养提供历史性发展机遇。CDIO理念是近年来工程教育改革的一种模式，会展教育和工程教育均表现出相似的项目流程特点，突出应用性、实践性和创新能力。本文将CDIO理念应用于会展专业模块化课程体系开发，以项目驱动，结合岗位要求，进行课程项目化设计，改变传统教学模式和考评方式，推进项目化教学，提升职业技能，进而突出"理实一体化，技能素养集成化"。

【关键词】CDIO；会展专业模块化；课程体系

一、引言

近年来，随着我国会展产业的蓬勃发展，其在第三产业的地位和价值日益提高。中国国际贸易促进委员会发布的《中国展览经济发展报告2018》显示，2018年中国展览行业发展势头良好，办展数量和办展面积均实现稳步增长，2018年，中国境内共举办经贸类展览3793个，面积较2017年增加570万平方米，同比增长4.6%。国家和地方各级政府出台政策扶持会议、展览、体育赛事、节庆活动和奖励旅游，且支持力度逐渐增大。据不完全统计，目前全

① 本文获2019中国(杭州)会奖旅游教育与产业发展学术研讨会学术征文三等奖。

② 杨婕，无锡城市职业技术学院，旅游学院会展策划与管理系教师，讲师。

国每年举办的各级各类节事旅游活动大概在7000个(次)左右。2015年,由国务院出台的《关于进一步促进展览业改革发展的若干意见》,更是标志着从国家层面,针对会展产业中的展览行业进行全面部署,努力推动我国向展览业强国发展。会展产业的长远健康发展离不开院校的专业人才培育,截至2018年,全国29个省(区、市)的57个城市累计有347所高等院校开设了会展管理(本科)或会展策划专业(专科),同比2017年增加了11所,增长3.27%,其中,本科院校123所,专科院校224所。由此可见,高职院校是会展专业人才培养的主体。会展策划与管理专业是我国会展学历教育的主体。

二、会展人才需求调研

通过电子版问卷调查和访谈,对长三角地区各类与会展相关企业的管理者、行业协会负责人进行会展人才需求调查分析,调查结果显示,相较于应聘者的专业和职业资格证书,会展相关企业更看中员工是否有相关实习和工作经验。第一,员工的综合素质,如专业技能、组织能力、沟通能力、创新能力和外语能力是会展企业衡量会展人才的主要标准;第二,会展企业基层流动率相对较高,如招商部人员及从事服务、搭建和施工等一般服务性工作的人员,但项目经理以上的中高层管理人员流动率相对较少,项目经理是会展企业的核心人才之一;第三,会展行业涉及艺术、文化传播、经济、物流等行业,因此,对于人才需要掌握多学科比较完善的知识结构体系,呈现多样性特点;第四,会展企业主要需要三类人才,即会展核心人才、会展辅助性人才和会展支持性人才。会展核心人才主要指会展项目的策划、营销、运营和管理人才,此类人才必须精通专业知识,又需要有一定的实践经验积累,需求量相对于会展行业总体人才相对有限;会展辅助性人才是指精通设计、布置、搭建、器材生产或销售的专业性人才,涉及多个行业,分工更细,对于专业技能要求更高,此类人才的需求可以由会展+其他相关行业得到满足;会展支持性人才是指为会展活动提供接待服务、住宿旅游和翻译的人才,此类人才可以由其他专业来满足。总体而言,会展产业对于人才的需求为复合型和应用型。

三、高职会展专业课程设置调研

国家教育部于2004年1月批准第一批高等院校设立会展专业,专业名称为“会展策划与管理”。国内较早开设会展策划与管理专业的院校有上海旅游高等专科学校和浙江经贸职业技术学院等，其课程设置体系是国内高职院校开设会展专业的示范。上海旅游高等专科学校会展策划与管理专业以项目驱动型会展专业人才培养模式为基本框架，在工商管理教育的大框架下，采取“专业基础课＋职业能力课”的课程设置，贯通相关专业课程，培养过程以综合性校园实践活动为平台，重点培养学生的会展调研、策划、营销、组织、运营等岗位服务与管理能力，同时拓展会展专业学生的就业范围，使学生成为高素质技能型会展业人才。浙江经贸职业技术学院会展策划与管理专业以培养学生会展营销能力和会展设计能力为主线，课程结合院校地域特点，基于会展活动工作过程开发课程，遵循会展企业工作任务开发“工作过程系统化”课程，教学过程中以任务驱动模式，引导学生通过反复实践操作和创新，掌握会展相关工作岗位所需具备的职业能力。总体而言，国内高职院校会展专业的开设以应用型人才培养为目标，突出实践性。然而，通过与国内其他较早开办会展专业的学校交流和考察，课题组发现国内高职会展教育存在以下问题。

（一）会展教育内涵拓展力度急需加强，跨学科课程设计力度不够

目前，国内高职院校开设的会展专业课程基本围绕会展狭义概念上的会议和展览，往往忽视会展广义概念中的节事活动等。借鉴国外活动管理（Event Management）的模式和国内会展产业已由传统的会议和展览方面向活动产业（会议、展览会、体育赛事、节庆活动和奖励旅游等）发展的趋势，此与会展产业链具有跨学科交叉的特点契合。鉴于此，高职院校的会展管理可以进行活动管理的战略转移和拓展，拓宽学生就业范围，使学生具有计划、运营、管理不同活动项目的能力。各高职院校可结合地方产业优势和各自优势传统专业，嫁接会展专业，开设特色活动课程等。

（二）实践教学环节和深度不够，实践效果不佳

目前高职院校会展专业课程结构中皆安排课程实训环节和实习，某些实训依托学校现有实训场地，或者依托校外实践场所，但是面临着学时不够或者学生实习时间短和企业不愿意接受学生短期实习及学生实践教学不够深入等问题，长此以往，势必会影响会展企业实习岗位的稳定和可持续性。同时，某些学校反映学生进入企业实习，因为企业实际情况和缺乏考评机制，学生往往未能或无兴趣全程跟进从策划到后期评估完整环节的会展项目。此外，会展专业的某些课程未能实现实训项目与课程的直接对接，部分课程只能在全部课程结束后才能进行综合实训。

（三）缺乏系统课程设置

一个完整的课程设置体系应该是各相关课程组成的有机联系的整体。然而，目前在高职会展专业课程设置体系方面存在如下问题：必修课程和选修课程违反了前导课程与后续

课程的逻辑顺序,导致学生对于专业知识的认知、理解和运用不充分;此外,某些已经开设会展专业模块化课程群的学校,彼此关联的专业课程开设时间相隔太长,造成知识衔接不上等问题。

四、基于CDIO理念的高职院校会展专业模块化课程体系开发

(一)CDIO内涵界定与会展人才

CDIO教育模式是近些年国际工程教育改革的成果,2000年10月由麻省理工学院和瑞典皇家工学院等四所大学创立CDIO工程教育理念,成立CDIO国际合作组织,CDIO代表构思(Conceive)、设计(Design)、实施(Implement)、运作(Operate)。以CDIO教学大纲和标准为基础,它以从产品研发到产品运行的生命周期为载体,通过强调在现实世界的系统和产品过程中的学习和实践,提高学生的主动学习能力、团队合作能力,激发学生的潜能和实践创新精神。CDIO教育模式引入中国后,国内研究重点主要是把CDIO教育模式集中运用于某一课程教学改革和专业人才培养模式的改革与实践中。

高职会展策划与管理专业虽然不属于工程教育,但是经比较,两者有相似的特点,主要体现在会展行业的工作以项目管理和流程化的方式展开,即研究策划、计划、组织营销、现场管理及项目评估等,核心是使学生在学中做,做中学,将构思放到现实中并加以实施和体现的工作,具有实践性强的特点,这与CDIO教育理念把教育真正建立在真实项目的基础之上,即通过项目设计贯穿整个课程体系一致。同时,会展产业交叉融合趋势明显,对于综合性会展人才和学生的综合能力培养日渐重要。需要培养学生多方面的能力,如组织和协调能力、沟通交际能力、创新能力等。因此,以项目驱动,突出“理实一体化,技能素养集成化”,运用CDIO理念进行会展专业的模块化课程体系开发具有可实践性。

(二)模块化课程理论

模块式教学具有代表性的两种模式:国际劳工组织在20世纪70年代开发出来的模块式技能培训(MES)和加拿大能力本位教育(CBE)课程模式,两者皆注重能力和应用。前者以技能培训为核心,以岗位任务为依据确定模块,即任务模块,侧重岗位工作能力;后者以从事某种职业应当具备的认知能力为依据确定模块,即能力模块,侧重职业基础通用能力。

高职教育以培养学生的某种专业知识和技术应用能力为主,同时也对学生进行素质教育,应用型是其主要特点。高职教育专业的建设核心是课程建设,实行模块化课程教学,以满足学生综合职业能力需要为目标,通过职业具体岗位所需工作能力进行模块设计,当学生

学习完某一模块后，即获得相应知识、技能和能力，有利于学生职业能力形成，这与会展业对专业人才拥有多种学科知识和综合能力基本一致。

（三）基于 CDIO 理念的高职会展专业模块化课程体系开发

鉴于高等职业教育的基本指导性文件《普通高等学校高等职业教育（专科）专业目录（2015 年）》，会展策划与管理 640301 属于 64 旅游大类，学科地位与旅游管理和酒店管理专业平行，而且鉴于国内开设会展专业的院校多为旅游学院，所以这里研究的 CDIO 高职会展课程设置是基于旅游专业群下。著名课程专家拉尔夫·泰勒在《课程与教学的基本原理》一书中提出，好的专业课程体系应该满足教师的理性思考、业界代表的实践总结和学生个人的长远发展。因此，以会展活动为研究对象，以会展活动项目为依托，基于 C 代表构思，构思各类会展活动的创意和策划要素；D 代表设计，设计各类会展活动场景中所体现的要素；I 代表实施，通过实践等途径实现各类会展活动的构思和设计；O 代表运作，运作各类会展活动前期筹划和实施成果。从而实现各相关课程组成具有有机联系的整体。

CDIO 理念下的高职会展专业课程应注重理实结合，如表 2-1 所示，对应会展职业的工作领域、具体工作任务和所需的职业能力。据此，课程体系主要由三部分构成：导入阶段、专业知识阶段和职业导向阶段。导入阶段课程开设在第一学年，主要由旅游专业群平台课程"管理学基础""沟通技巧"等和会展专业模块课程中的"会展概论""会展职业规划与能力培养"等相关方面科目组成，主要培养目标是通过会展专业的基本知识认知、项目知识储备等课程的实施使学生初步形成本专业知识的认知和所需基本能力。专业知识阶段课程开设在第一学年下学期和第二学年，主要由专业模块课程构成，专业模块课程主要包括依据会展活动流程所需的不同技能所设计的课程，如由"会议策划与管理""展览会策划与管理""奖励旅游策划与组织"等课程组成的"会展活动策划"课程群；"会展市场营销""客户服务与管理"等课程组成的"会展活动市场营销"课程群；由"构成设计""会展设计"和"广告设计"等课程组成的"会展活动设计"课程群；由"会展礼仪""服务心理学"和"会展服务与现场管理"等课程组成的"会展活动服务"课程群；由"项目管理"和"会展危机管理"等课程组成的"会展活动运营"课程群。通过这一阶段的学习，使学生掌握会展活动的工作流程、核心能力，培养学生的组织和协调能力、沟通交际能力、创新能力等。职业导向阶段课程开设在大二第二学年和第三学年，主要由专业群互选课程，如"主要客源国概况"和"景区活动策划"及校内和校外实践课程，如"校园综合实践""认识实习""跟岗实习""顶岗实习"构成，主要培养目标是依托"双导师制"，帮助学生明确职业发展规划，培养学生的综合职业素养。

表 2-1 CDIO 理念高职院校会展专业工作任务与职业能力分解表

序号	工作领域	工作任务	核心能力	课程设置
1	会展活动策划人员	1. 市场调研 2. 可行性分析 3. 主题策划 4. 招商策划 5. 会议、展览、奖励旅游、节事活动、公司活动策划	策划	会展文案 会议策划与管理 展览会策划与管理 节事活动策划与管理实务 奖励旅游策划与组织 婚庆策划与组织 公司活动策划与组织
2	会展活动市场营销人员	1. 会展活动销售、宣传 2. 专业观众和买家邀请 3. 电话、传真、直邮、网络等基本销售 4. 相关沟通与谈判技巧 5. 写作招展书、邀请函、参展商手册、赞助说明书等文案 6. 制定总体营销与推广方案和细分市场营销方案	营销	会展市场营销 会展市场信息 服务心理学 客户服务与管理 会展融资 广告实务
3	会展活动设计人员	1. 平面设计 2. 三维设计 3. 色彩设计	设计	构成设计 会展设计 广告设计
4	会展活动服务人员	1. 会展公关与礼仪 2. 会议服务与接待 3. 掌握展示设计与搭建技术 4. 掌握会展设备与器材租赁服务 5. 掌握活动的摄影摄像 6. 掌握会展纪念品设计 7. 掌握会展展品的陈设与布置	服务	会展概论 经济学概论 会展礼仪 服务心理学 客户服务与管理 会展服务与现场管理 会展英语 财务管理 会展设备与器材管理 摄影与摄像 创意产业概论 会展陈设与布置

续表

序号	工作领域	工作任务	核心能力	课程设置
5	会展活动运营项目经理（发展岗位）	1.会展企业经营的基本流程与管理方法 2.会展场馆经营与管理基本流程与方法 3.会展活动的基本管理方法	运营管理	项目管理 会展危机管理 会展场馆经营与管理 客户服务与管理 会展信息管理 会议策划与管理 展览会策划与管理 奖励旅游策划与组织 节事活动策划与管理实务 婚庆策划与组织 公司活动策划与组织 经济法与会展法规 参展实务

注：由于会展活动工作领域和工作流程涉及多方面专业技能，故如“客户服务与管理”“展览会策划与管理”等专业课程对应会展活动多个工作领域，在实际教学过程中，院校可以根据学校特色、地域经济依托产业等实际情况进行课程设置。

五、基于CDIO理念的高职院校会展专业教学改革措施

（一）结合岗位要求，进行课程项目化设计

以会展专业核心课程“节事活动策划与管理实务”结合CDIO理念进行教学改革，鉴于无锡作为全国“十大节庆城市”和近年来无锡市政府设立各级专项资金扶持节事活动，建立政府会展主管部门、学校和会展企业深度合作的体制机制，通过签订共同承担课程教学、实践基地建设、志愿者服务等协议，政校企共同推进会展专业课程综合改革。如表2-2所示，针对本专业的初始岗位和发展岗位，制定课程标准。如表2-3所示，确定“节事活动策划与管理实务”的项目载体，开发相应的训练项目。

表2-2　高职会展专业岗位分析表

初始岗位	从事展览、会议、奖励旅游、节庆活动、体育赛事、大型庆典等文化创意产业活动的方案策划、营销推广、展示设计、会展服务、现场管理等
发展岗位	会展活动项目经理、会展活动项目运营总监、会议经理、会展企业负责人

表 2-3 “节事活动策划与管理实务”课程的项目化设计

项　目	任务	内　容	理论	实践
了解节事活动	任务 1	了解节事活动内涵	1	
	任务 2	认知节事活动功能		2
项目化运作节事活动	任务 3	项目化管理节事活动	1	
	任务 4	分析节事活动的利益相关者	2	2
策划节事活动	任务 5	掌握节事活动策划的基本工作流程	2	
	任务 6	撰写节事活动策划书		4
形象定位节事活动	任务 7	主题策划	2	4
	任务 8	标志策划	2	2
	任务 9	塑造和管理节事活动	2	
组织结构策划节事活动	任务 10	建立节事活动组织结构	2	2
	任务 11	对节事活动项目进行沟通和冲突管理	2	
	任务 12	管理志愿者	2	
时间管理节事活动	任务 13	使用甘特图等时间管理工具管理节事活动	2	4
宣传推广节事活动	任务 14	消费者行为分析	2	2
	任务 15	公共关系策划节事活动	2	
赞助节事活动	任务 16	制作节事活动赞助方案	2	4
	任务 17	选择赞助商	2	2
现场管理节事活动	任务 18	场地布置	2	2
	任务 19	后勤管理	2	2
	任务 20	现场管理	2	2
评估节事活动	任务 21	制作节事活动评估报告		2
总计			34	36

（二）改变传统教学模式，提升职业技能

课程教学过程中，改变传统的教师满堂灌模式，发挥学生的主观能动性。首先，在第一节课，基于会展公司项目组的模式将学生进行自愿分组，确定小组名称和组长，小组团队成员 4—5 名，在本门课程理论学习、实训过程、小组作业和策划方案中共同学习，共同解决学习过程当中遇到的困难。节事活动策划方案的完成和实施是基于 CDIO 理念的实践，使学生知识、能力和素质全面提升，老师在课程教学中起引导作用，以学生为中心，激发学生兴

趣。其次,基于目前国内高职院校大多拥有会展实训室,指导学生举办校内会展活动,参与学校日常会议管理、服务,尝试承办社会化的会议、节庆活动,拓展学生实训教学渠道,解决学生以往有较成熟的节事活动策划方案未能付诸于实践的难题。同时,增加企业高级管理人员承担专业课教学的比重,以产学深度合作为切入点,通过设立企业项目部等手段,引入优质会展企业进校园,增加项目招展招商和营销推介等方面的内容,结合企业项目共同指导学生开展课程实训,既丰富课程案例教学库,又能使课程教学与实践结合。最后,优化实践体系,提升职业技能。为了使课程中的节事活动策划方案能被认证可实施和运行,教学过程中可以设立团队竞赛环节,优秀项目方案可以在教师指导下,积极参与开展创新训练、创业训练和创业实践项目,进一步孵化学生学习成果,提升学生参与产业和项目实际操作的能力。

(三)采用综合考评方式,全方位评价学生学习成效

基于 CDIO 理念,该课程考核由“知识型”为主向“能力型”为主转变,将传统的以教师和课堂教学为主体的评价方式向产业管理人员和实践教学环节为主的评价体系转变。采用综合考评方式,小组节事活动策划方案占 50%,方案由文字稿和演讲汇报、路演组成,评价标准包括方案的完整性、可创新性、可行性、新颖性、演讲完整性、路演效果,PPT 制作情况和团队合作情况等等,其中团队合作情况采取组员互评分机制,公正反映每名组员在团队中的表现。理论考试占 30%,结合人社部会展策划师四级考试大纲中的相关知识点,主要考核学生对于节事活动相关理论知识的掌握。学生出勤率、课堂表现等占 20%。

六、结语

基于 CDIO 理念的会展专业模块化课程体系开发,要依据学校学科特色和当地会展业发展水平。同时,不要曲解 CDIO 模式为实践取代课堂教学,教学与实践应同步。在学生实践过程中,教师对于知识的传授应该结合学生实践过程中遇到的难点,提升知识结构的实践性,提高学生综合能力。对于教师,在教学过程中,不仅需要不断提升专业技能,鉴于会展课程具有“多学科交叉”体系,教师需要具备把会展知识体系中的相关知识领域与不同学科相结合,形成一系列的和会展相关的应用能力。CDIO 模式的专业模块化课程体系改革是一个系统化工程,实践过程中需要因地制宜,结合学校教学管理制度、资金保障、考评体制等相关要素。

参考文献

[1] 刘松萍,方忠权,张以琼,等.会展人才培养与服务社会双向驱动模式的研究及实践[M].重庆:重庆大学出版社,2012.

[2] 王春雷.项目驱动型会展专业人才培养模式研究——以上海师范大学会展经济与管理专业为例[J].旅游科学,2010(6).

[3] 罗红艳,钱涛.基于CDIO高职通信专业建设中的课程建设[J].职教论坛,2015(3).

[4] 李薇,李青.面向"新工业革命"基于CDIO高职会展育人模式研究[J].中国职业技术教育,2016(25).

[5] 蒋昕.基于需求分析的普通高校会展人才培养构想[J].武汉工程大学学报,2010(2).

[6] 薛健飞,袁志华,谢旭东.基于CDIO的高职创新人才培养模式探析[J].职教论坛,2011(14).

[7] 顾艺.会展专业实施产学合作教育的实践研究[J].教育与职业,2010(8).

[8] 王鹏.基于CEC-PBL人才培养模式的情景导游课程设计[J].石家庄铁路职业技术学院学报,2010(3).

[9] 张冲,霍艳梅.CDIO教育理念下的法律人才培养方式改革[J].河北工程大学学报(社会科学版),2010(4).

[10] 郑薇薇.基于CDIO的创新型工程科技人才培养模式研究与实践[D].大连:大连理工大学,2010.

[11] 刘晓川.基于CDIO高职课程"教学做一体化"的构建与实施[J].职教论坛,2013(14).

[12] 拉尔夫·泰勒.课程与教学的基本原理[M].北京:中国轻工业出版社,2014.

[13] 曾亚强.从会展产业到会展专业——由会展业引起的对高等教育发展的若干思考[J].上海应用技术学院学报(自然科学版),2005(4).

基于胜任力模型中小型会展企业销售人员培训探析

——以J公司为例

·赵梦蝶[①]·

【摘要】会展是集会议、展览、大型节事活动为一体的简称,会展业是我国第三产业中的新兴产业。销售是会展企业运营的重要岗位,J会展公司的案例研究表明会展企业对销售人员的培训缺乏科学性、系统性、针对性。本文以胜任力冰山模型外显性和内隐性胜任素质特征理论为指导,以J会展公司为例,就胜任力培训相关问题展开探究,继而提出加强对外显性胜任力的培训、加强对内隐性胜任力的提升和培训、有针对性地开展培训的一揽子培训策略,为会展企业"选人、留人、用人"提供建议。

【关键词】胜任力;会展企业;销售人员培训

一、引言

会展业是现代服务业的重要组成部分,发展较为迅速。根据中国会展经济研究会发布的《2018年度中国展览数据统计报告》,2018全国展览总数为10889场,展览总面积14456.17万平方米,较2017年分别增长5.13%和1.2%。全年净增展览531场、展览总面积170.82万平方米。办展机构容纳共有2733家办展主体单位(包括协会、政府、企业等),同比2017年减少255家,降幅达8.53%。[②] 展览会的办展数量和面积呈现上涨趋势,然而

---

① 赵梦蝶,天津商业大学硕士研究生在读,主要研究方向是会展政策与运营管理。

② 中国会展经济研究会. 2018年中国展览数据统计报告[EB/OL]. http://www.cces2006.org/index.php/home/index/detail/id/12252,2019-04-08.

主办单位数量降幅较大,可间接看出,我国会展企业面临着激烈的市场竞争和巨大的生存压力。在现代人力资源管理中,人是企业之间竞争的核心,加强对专业人才的培训显得尤为重要。现代会展企业主要利润来源之一为销售会展相关产品,而销售人员在整个销售过程中担任最重要的角色。目前,我国会展中小型企业人才匮乏,人力资源管理方式不够成熟,可操作的培训评价体系欠缺,补齐人才需求缺口,加强对会展企业销售人员的培训显得尤为重要。因此,本文根据胜任力模型,以 J 会展公司这一较为典型的中小会展公司为例,针对销售人员培训方面存在的问题,提出合理有效的建议,为中小型会展企业销售人员制定人才培养方案提供参考依据,为建立专业化的会展销售队伍助力。本文研究的销售人员是指会展企业里从事招展、招商和观众邀请工作的人员,展会展商和观众邀请有一定的独特性,要求会展销售人员不仅要成为优秀的推销员,还是能够维护良好的客户关系、提升企业品牌形象的会展专业人员。

二、胜任力研究现状

(一)胜任力及胜任力模型的概念

胜任力是现代人力资源管理的重要理论。20 世纪 70 年代初,哈佛大学教授戴维 · 麦克利兰(David · Mc Clelland)在《美国心理学家》杂志发表了《测量胜任力而非智力》一文,胜任力被正式提出。[①] 胜任力是指在针对某一特定岗位,能够将绩优者和普通者区分开来的一系列因素,包括意图、个性特征、自我形象、技能和知识五个方面。[②]

胜任力模型是对组织或企业中的某一个职位,依据其职责要求所提出的,为完成本职责而需要的能力支持素质的集中表现。目前较具代表性的是冰山模型与洋葱模型。冰山模型将胜任素质构成素质描述为一座冰山(见图 2-1)。

从冰山模型中可以看出,胜任特征具有不同的层次,从上到下的深度代表了被发现和被感知的难易程度,越是往下的胜任特征越难以被发现。知识与技能属于表层的胜任特征,表露于水面之上,容易被发现和评价;社会角色、价值观、自我认知、特质和动机,属于能力、态度与意识类深层的胜任特征,隐藏在水下,很难发掘和描述,是冰山模型的核心内容。深藏的、内隐的特征往往是决定人们的工作行为及绩效结果的关键因素,值得深入学习和挖掘。

① 霍雄飞.高职院校创业教育师资胜任力模型建构及应用[J].中国职业技术教育,2015(25).

② Spencer L M, Spencer S M. Competence at Work: Modelsfor Superior Performance[M]. NewYork: John Wiley&Sons, 1993.

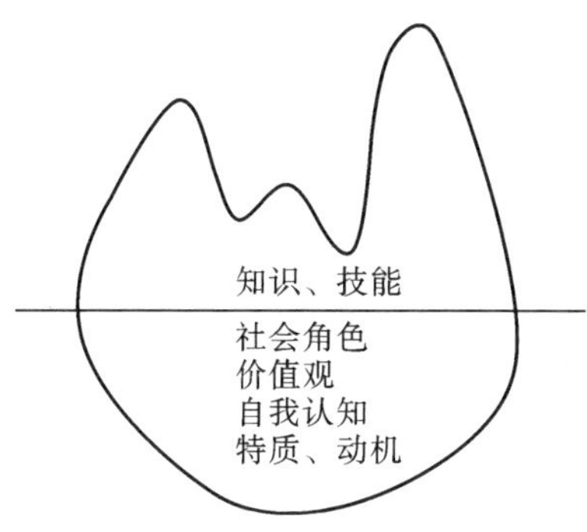

图 2-1　冰山模型

（二）我国胜任力模型的研究现状

通过对 CNKI 期刊数据库高级检测，在核心期刊和 CSSCI 发表的有关胜任力模型的期刊数百篇，2010 年达到研究的顶峰发表文章 49 篇，以胜任力模型为主题的文章达到 218 篇，以胜任力模型为主题内含培训的文章有 52 篇，以胜任力为主题的文章达到 187 篇，部分相关文献以企业管理、岗位胜任力模型和模型构建等为主题。目前关于胜任力模型的应用领域研究有股票型基金经理①、新媒体编辑②、养老机构院长③和国有企业干部④等。通过对 CNKI 文献数据库检测，会展领域胜任力的相关研究文章为 10 篇，可见，胜任力理论在会展领域的应用研究较少。

本文综合分析相关文献资料，筛选出 17 项会展销售人员胜任力素质，并运用行为事件访谈法对 J 会展公司销售人员进行访谈，确定了会展销售人员胜任力的 17 项胜任力素质，如表 2-4 所示。

---

① 李雨濛，孟祥莺，刘蓉辉，等. 股票型基金管理者投资能力股票型基金经理胜任力模型构建研究[J]. 管理评论，2019(10).

② 周畅. 我国新媒体编辑胜任力模型构建研究[J]. 出版科学，2019(5).

③ 朱明明，谢红. 养老机构院长岗位胜任力评价量表编制及信效度检验[J]. 中国卫生资源，2019(3).

④ 王涛，唐琳琳，张晖. 大数据时代国有企业领导干部胜任力实证研究——以 Z 省级电力公司为例[J]. 领导科学，2019(6).

表 2-4　会展销售人员胜任力素质体系

<table>
<tr><th>维　　度</th><th>素　　质</th><th>维　　度</th><th>素　　质</th></tr>
<tr><td rowspan="3">所需知识</td><td>会展专业知识</td><td rowspan="3">绩效能力</td><td>人际观察力</td></tr>
<tr><td>网络运营能力</td><td>客户关系管理</td></tr>
<tr><td>国际交往能力</td><td>创新能力</td></tr>
<tr><td rowspan="6">岗位技能</td><td>销售能力</td><td rowspan="3">个人特性</td><td>快速的学习能力</td></tr>
<tr><td>信息收集能力</td><td>勤奋程度</td></tr>
<tr><td>市场开拓能力</td><td>积极主动</td></tr>
<tr><td>处理问题能力</td><td rowspan="3">动机意图</td><td>责任感</td></tr>
<tr><td rowspan="2">抗压能力</td><td>团队意识</td></tr>
<tr><td>影响力</td></tr>
</table>

从表 2-4 可以看出模型由 5 个维度构成,分别是所需知识、岗位技能、绩效能力、个人特性和动机意图,胜任素质为 17 项。根据胜任力冰山模型,可以区分出外显性胜任力为会展专业知识、国际交往能力等,内隐性胜任力为人际观察力、团队意识、积极主动等。

三、基于胜任力模型对会展销售人员培训的必要性

胜任力模型是基于员工现有能力开展的素质差距分析,进而确立销售人员的胜任力要素,为培训体系构建提供科学依据。企业员工培训,是指为了满足企业战略调整、业务拓展和人力资源储备的要求,为企业提供新的工作理念、知识、信息和技能,以各种方式有目的、有计划地对员工进行培训的管理活动。① 第一,目前,会展公司员工培训方面不够成熟,缺乏系统化、科学性、针对性,"无厘头""一刀切"的现象明显,培训人员进行培训时目的不够明确,培训计划不够系统和完整。第二,会展销售人员进行招展和招商工作,为会展公司带来运营资金,在公司扮演着相对重要的角色。会展企业培训销售人员能增强其对会展企业的归属感和责任感,较为充分的培训,有助于开发销售人员的胜任能力,从而为会展企业创造更多的效益。第三,有效的培训能够增强会展企业销售队伍的向心力和凝聚力,增加会展企业领导和会展销售人员之间的信任度,能提高会展销售人员的综合素质和工作效率。第四,

① 陈晗晖.国有 A 企业员工培训体系优化研究[D].泉州:华侨大学,2019.

会展企业之间的竞争就是专业人才之间的竞争，通过有效的培训可以提高销售人员的胜任力，增强企业的竞争力。

因此，本文基于胜任力模型对会展销售人员进行培训，较为合理和科学。第一，基于胜任力模型的培训内容是结合企业战略目标制定的，培训内容和企业的长远目标相结合，具有全局性；第二，基于胜任力模型的培训内容是结合销售人员的个人特性制定的，针对每个员工的胜任力情况进行差异化培养，具有针对性；第三，基于胜任力模型的培训内容是结合销售人员现有能力制定的，准确分析销售人员现有能力的不足，并进行培训，弥补销售人员内隐性胜任能力的不足，加强对内隐性胜任力的培养。从而，提高销售人员参加培训的积极性和主动性，激发销售人员的个人创造力。

四、J会展公司销售人员培训存在的问题

J会展公司成立于1999年，拥有21年的发展历史，是一家专业组织、承办国内大中小型展览和会议的现代服务企业，以“专注、专业、创新、诚信”为经营理念，成功举办了机床模具、制冷、工业自动化、橡胶、轮胎、食品机械等大型展览会，并在广州、济南、烟台分别设立了子公司。J会展公司拥有120余名员工，下设数据中心、招商部、财务部、策划部、工程部、市场部等多个部门。J会展公司发展历史较为悠久，但人力资源管理方面却存在一定的问题，在中小型会展企业中具有一定的代表性，因此，本文选取其作为研究案例。本文基于胜任力冰山模型，从内外显性胜任力的角度，外显性胜任力包括所需知识和岗位技能，内隐性胜任力包括绩效能力、个性特征及动机意图，发现J会展公司销售人员培训存在知识、技能外显性胜任力培训力度不够，胜任力考核体系不完善，缺乏针对性胜任力提升培训等问题。

（一）外显性胜任力培训力度不够

会展企业培训管理跟不上会展企业发展的速度，培训管理系统不够成熟。第一，对销售人员专业知识、销售技巧和处理问题的能力等知识技能方面的培训力度不足。专业知识和技能培训次数较少、时间较短，导致销售人员专业会展知识欠缺和销售能力偏弱。第二，缺少对管理培训人员进行外显性胜任力提升的培训，公司集中对销售人员进行培训，忽略了培训人员知识和技能的提升。管理人员会展专业出身较少，主要依靠多年从业经验对销售人员进行培训和指导，缺乏一定的专业性。第三，会展销售人员的培训主要依靠公司管理层人员，较少聘请外来培训人员或者会展行业专家，导致会展销售人员外显性胜任力不足。

(二) 缺少对内隐性胜任力的考量

内隐性胜任力处于冰山模型冰山下面的胜任素质,包括绩效、个人特性和动机。内隐性胜任力不易观察,管理人员需要长时间的与销售人员沟通交流,观察销售人员的行为和案例事件等来充分挖掘和发现员工的内隐性胜任力。胜任力考核体系,通过考核评估销售人员实际能力和胜任素质之间的差距,根据差距进行培训,提升胜任素质能力。第一,J 会展公司缺少对销售员工内隐性胜任力考查,难以发现优秀销售人员和普通销售人员的根本差别,不利于销售人员的定向学习和成长。第二,J 会展公司管理人员没有建立系统、完整的观察流程,应全方位多角度了解员工的自我认知、价值观、责任感和团队意识。

(三) 缺乏针对性的胜任力提升培训

第一,销售人员的培训多为集体培训,针对个人与胜任力差别进行培训的机会较少,将所有销售人员进行统一培训,占用了销售人员的工作时间和闲暇时间,并且没有达到应有的效果,造成了人力、物力的双重浪费;第二,培训内容与胜任力结合不紧密,甚至出现脱钩现象,培训没有目的性、计划性。

五、提升销售人员胜任力的培训策略

人力资源开发需要会展企业更好地发挥管理职能,注重对销售员工内外显性胜任力的培训,满足销售员工需求、促进销售员工个人发展,促使销售人员个人目标和组织目标共同完成。因此在培训过程中,应加强对外显性胜任力的培训,完善内隐性胜任力考核体系,进行胜任力针对性培训。通过系统、科学、完整的培训,促进销售人员从心理、思想和行为等方面得到胜任能力提升。

(一) 加强对外显性胜任力的培训

应该制订合理的培训计划,加强管理人员和销售人员知识、技能方面的外显性胜任力培训。第一,公司要重视对管理人员专业知识和技能方面的定期培训,增加管理人员外出学习进修的机会,提高管理人员的专业化水平,有利于受训者即销售人员外显胜任力的快速提高,完成企业既定的目标,给企业带来最大化效益。另外,招聘管理人员时,将会展专业出身和会展从业经验纳入重要考量指标。第二,增加企业之间、企业和学校之间、企业和会展协会之间的沟通和交流,定期邀请会展专家学者作为培训人员,有利于提升销售人员的胜任力,打造精英销售团队,实现培训效果最大化,达到预期培训效果,从而实现企业培训工作的目标。

（二）加强对内隐性胜任力的提升和培训

会展企业管理人员深入了解和观察销售人员内隐性胜任力，难度较大，需要多种方式方法同时并举进行全面、准确的发现发掘。第一，应用360度考核法，对销售人员胜任力具备情况进行全方位、多视角考核。① 通过销售员工个人、同事、上级领导和客户等不同渠道进行信息收集，全方位、多维度地对销售人员胜任力具备情况进行准确、清晰的考核，在确保考核工作顺利进行后，根据考核结果对销售人员进行针对性培训提升。根据考核结果进行培训时，应充分考虑销售人员的个人需求、学习能力，通过针对性、差异化、完整系统的培训，使销售人员已具备的胜任力得到提高，弥补空缺胜任素质，充分挖掘销售人员潜能，加快成长速度，为企业带来更多效益。第二，通过对受训人员的观察和了解，根据培训后胜任能力提升的情况，对绩效高、综合胜任能力强的销售人员，进行科学合理的岗位变动、职务升迁、薪资调整，并及时定期跟销售人员进行沟通，且对销售人员进行正确的引导，确保胜任力得到综合性和持续化的提升，促进工作的顺利展开，最终实现企业的战略目标。

（三）结合胜任力针对性培训

第一，绩效包括人际洞察力、客户关系管理、创新能力。对销售人员的工资绩效和工作方面的有关信息进行多角度剖析，观察其绩效维度下的胜任素质。个人特性包括快速学习能力、勤奋程度和积极主动。对销售人员进行单独访谈，保持沟通渠道畅通，通过案例事件进行胜任素质情况的辨别。动机包括责任感、团队意识和影响力。通过以胜任力模型个人特性维度为参照标准，收集、分析、评估和总结销售人员的行为。第二，有针对性地根据不同销售人员的个性、胜任力的要求、能力状况和提升设计出相应的培训计划和目的，采用多种培训方式，让销售人员将培训内容运用到实际的工作中，最后根据销售人员的胜任素质情况，指出其存在的工作问题和改进措施，同时倾听销售人员的反馈意见，给予销售人员正面意见，帮助其快速成长。培训后及时跟踪反馈、阶段性汇报，使培训结果落地实施，提升培训效果。

基于胜任力冰山模型对销售人员进行的培训，能充分挖掘销售人员的潜能，使培训变得系统化、科学化，有针对性，使销售人员综合素质能力得到提升，更好地胜任销售人员这一工作，实现会展企业可持续健康发展。

---

① 蒋沫沫.郑州会展业人力资源胜任力提升研究[D].郑州：郑州大学，2013.

参考文献

[1] 霍雄飞.高职院校创业教育师资胜任力模型建构及应用[J].中国职业技术教育,2015(25).

[2] Spencer L M, Spencer S M. Competence at Work: Models for Superior Performance[M]. New York: John Wiley and Sons, 1993.

[3] 李雨濛,孟祥莺,刘蓉辉,等.股票型基金管理者投资能力股票型基金经理胜任力模型构建研究[J].管理评论,2019(10).

[4] 周畅.我国新媒体编辑胜任力模型构建研究[J].出版科学,2019(5).

[5] 朱明明,谢红.养老机构院长岗位胜任力评价量表编制及信效度检验[J].中国卫生资源,2019(3).

[6] 王涛,唐琳琳,张晖.大数据时代国有企业领导干部胜任力实证研究——以Z省级电力公司为例[J].领导科学,2019(6).

[7] 陈晗晖.国有A企业员工培训体系优化研究[D].泉州:华侨大学,2019.

[8] 蒋沫沫.郑州会展业人力资源胜任力提升研究[D].郑州:郑州大学,2013.

新经济变革背景下杭州会奖旅游人才培养模式探索与实践

·林　宏　费圆苑[①]·

【摘要】在会奖旅游产业搭上新经济变革班车的背景下，为进一步贯彻落实《国务院关于推动创新创业高质量发展打造"双创"升级版的意见》，本文将围绕新经济变革背景下杭州会奖旅游人才培养如何与高职院校创新创业相融合的问题展开研究，通过"课程教学内容—创新项目实践—省级技能竞赛—创新创业孵化"的改革优化达到双创人才的培养目标。

【关键词】新经济；会奖旅游人才；双创

一、引言

数字经济、金融科技、生物医药、文化创意、新零售、新能源等新经济产业发展势头强劲，带动了新经济会奖旅游的旺盛需求。在杭州打造"全国数字经济第一城"的宏观背景下，杭州又提出"新经济会议目的地"的会奖策略，吸引顶级行业大会进驻杭州，新经济对会奖产业的拉动作用日益彰显。

2019 年当杭州第二次上榜 ICCA(国际大会及会议协会)发布的 2018 全球会议目的地百强城市榜单时，杭州会奖旅游的发展借力"一带一路"的新经济形势，打造"新经济会议目的地"，塑造城市国际化"新名片"，使杭州的会奖旅游产业再次走在了全国前列。

---

① 林宏，浙江经济职业技术学院，副教授，hz. linhong@163. com，浙江杭州，310018；费圆苑，浙江经济职业技术学院，工商管理学院讲师，fyy8585@126. com，浙江杭州，310018。

在会奖旅游产业搭上新经济变革班车的背景下,为进一步贯彻落实《国务院关于推动创新创业高质量发展打造“双创”升级版的意见》,本文主要从以下几方面研究高职院校对会奖旅游人才的培养模式和双创工作融合,如何将省级技能大赛项目与创业教育结合,实现“项目导入、以赛促创”。通过对会奖旅游相关课程教学内容—创新项目实践—省级技能竞赛—创新创业孵化优化过程达到创新人才培养目标。

二、现状分析

经济全球化背景下,新经济指的是信息技术革命,以及由信息技术革命带动的、以高新科技产业为龙头的经济。“新”不仅指互联网、物联网、云计算及电子商务等新兴服务业和新业态,也包括了传统产业的技术创新或体制机制创新等。近十年来,新经济成为引领中国发展的重要引擎,社会对创新创业型人才的需求也日益旺盛。当前,努力培养与社会和时代需求相适应,具有创新能力的高素质人才已经成为高职院校教育改革的重要方向。

高职院校是创新创业人才的培养基地,随着经济社会的不断发展,高职教育与创新创业的关系越来越密切,学校要最大限度地满足经济社会发展的需要,一方面要通过传播知识、科技和文化,培养适应经济社会发展需要的人才;另一方面,学校还要创造知识和科技,结合学科基础,在新科技前沿,不断向社会输送新知识、新科技和新成果,同时培养能引领新经济社会前行的双创人才。

在新经济时代的变革下,高职院校的学生自主创业已经成为传统就业模式的有效替代方式。但高职院校对于会奖旅游人才的培养还缺乏足够的经验,对于“双创型”人才的培养还缺少系统研究,在很大程度上限制了会奖旅游人才能力的培育和提升。面对激烈的市场经济变革和人才竞争,会展类学生的就业状况却不容乐观,就业对口率低。长期以来,高职院校对会奖旅游人才培养存在课程设计与竞赛成果之间的脱节,课程内容与创新实践项目之间存在脱节,竞赛成果与创新实践项目之间存在脱节,竞赛成果难以转化为创新实践项目和创新实践项目难以孵化为实际的创业项目等问题。

三、“项目导入、以赛促创”的创新价值

所谓“项目导入、以赛促创”教学模式,是将会奖旅游的相关课程的教学环节、浙江省高职高专技能竞赛的评价体系结合大学生创业园项目引入进行有效衔接,将技能竞赛与双创

人才培养紧密结合,设置会奖旅游课程与技能评分点,并针对性开展专业知识教学与技能操作实训;通过高职院校政策引导、资金扶持等充分运用双创导学平台,并通过各种省级技能大赛和学科竞赛进行指导与检验;从而形成课程教学、技能竞赛与创新创业项目相结合的双创人才培养体系,实现学生职业素能的立体化培养,最终提升会奖旅游人才的培养质量,促进双创人才的孵化。

(一)"项目导入、以赛促创"创新性地拓展了会奖旅游课程的实践教学内容

省级会展技能大赛很大程度上拓宽了会奖旅游人才培养环节中实践教学内容的资源,在教学过程中整合各种教学资源,构建以新媒体推广、招展招商、会奖旅游产品设计为导向,适应社会需求的实践教学内容,特别是关注会奖旅游行业发展相关的竞赛。在省级会展竞赛中遴选出执行力较强、市场判断力敏锐和网络资源丰富的学生作为创业孵化人才,结合在会展竞赛项目中进行的市场调研深度挖掘会奖旅游的市场机会,开启创业之路。"项目导入、以赛促创"教学模式极大地丰富了课程教学内容,将会奖旅游项目策划、设计、推广等各个环节有机融合,使高职学生得到了全方位的锻炼,实践能力与专业综合素质也有了大幅度的提升。

(二)"项目导入、以赛促创"是会奖旅游人才研究性学习模式的创新运用

高职院校应重视会奖旅游学生创业创新能力的培养,在人才培养实践中逐渐形成了以"项目导入、以赛促创"为特色的教学体系(见图 2-2)。依靠技能大赛平台将教学内容、方法技能与创业教育进行融合,这种以任务为驱动、以比赛为动力的教学模式,把被动学习变为主动学习,要求学生具有团队协作精神,进行立体式研究性学习,掌握较强的理论水平与实践操作能力。

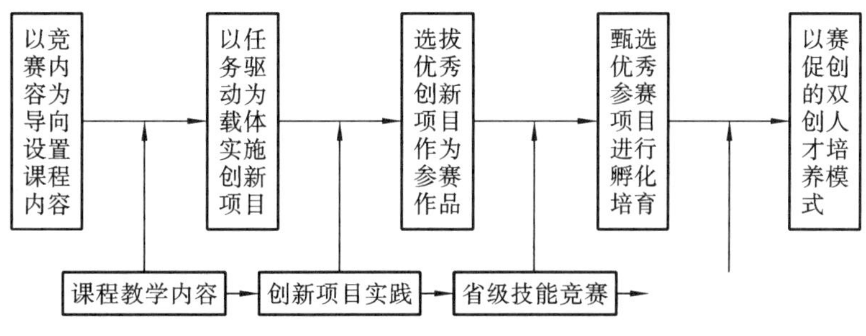

图 2-2 "项目导入、以赛促创"培养模式

(三)“项目导入、以赛促创”是四位一体会奖旅游人才培养模式的创新与深化

高职院校的创业教育应融入职业教育、创业教育助推职业教育发展道路,实践“项目甄选—校内孵化—夯实创业”教育模式。在这种环境下,会奖旅游学生的创业意愿和热情很高,在校园中自主创业成为热潮。学生创业的渴望成为内在的学习动机,使他们迸发出巨大的学习能量。高职院校在“创新教育模式、渗透培养过程、提升创业素能”的创业教育理念与“四位一体”的创业教育体系基础上大胆创新,成立了专门的创业学院。“项目导入、以赛促创”是基于这种创业教育体系构建下的模式创新,形成高职院校针对学生的“课程教学内容—创新项目实践—省级技能竞赛—创新创业孵化”3 年递进式立体化锻炼培养体系。

四、会奖旅游人才培养模式途径探究

(一)建构创业导向的课程教学体系,将省赛要求引入课程评价体系

高职院校重视会奖旅游学生创业创新能力的培养,在人才培养实践中逐渐形成了以“创业教育”为特色的教学体系。整体课程体系构建以创业教育为导向,将创业能力与专业能力的培养紧密结合。以典型产品或服务为创业载体设计学习型项目或学习工作任务,实现课堂教学模式从讲授型到活动型的根本转变,通过目标任务的实现培养学生在复杂的职场工作中分析、判断并采取行动的能力,让他们能富有智慧地完成工作任务。

无论是国家级大赛、省级大赛还是行业企业组织的大赛,其竞赛题目都有一个共同的特点,就是题目来自会展企业实际项目或对实际项目进行针对性设计,而且是一套比较典型的综合实际应用方案。大赛项目的竞赛内容、竞赛形式、竞赛设备、操作规程及文档制作标准等全部与公司项目接轨,教师必须研究竞赛大纲,以便调整和完善课程培养方案,建立科学的竞赛训练机制,构建完备的竞赛实训环境,将各级别竞赛的项目内容纳入会奖旅游课程标准。

(二)构建以任务驱动的创业项目,将虚拟项目引入创新创业实践

以符合企业需求为驱动力,以学生专业能力培养为中心,以“虚拟项目制企业”信息化项目为载体,以专业教师为虚拟企业项目导师,从低年级开始,在专业教学班内组 3 个“虚拟项目制企业”项目团队。在不同学期中,融入不同的专业主干课程的项目制教学,结合课程理论开展实践训练,完成一系列阶段性成果如各类研究论文、调研报告、实施方案、实施成果,并据此评价方案给予学习成绩评定,降低理论成绩在教学评价体系的比重。

（三）将技能比赛与创业项目融合，将创新项目引入省赛方案

具有行业特征的技能比赛项目是在仿真环境下对岗位能力的一种考核，创业项目实践是在全真的市场竞争环境下进行的，实践教学课程的开发就是在这种环境下进行的。对市场环境进行分析评估、制定战略决策、市场定位及目标人群细分等实践环节的每一个细节都从实际出发，有利于会奖旅游学生快速地适应市场与职场的要求，在专业实习和顶岗实习中能够具备较强的素质与能力。

（四）构建双创导学系统，加强“以赛促创”的实践教学

双创导学平台如图 2-3 所示。

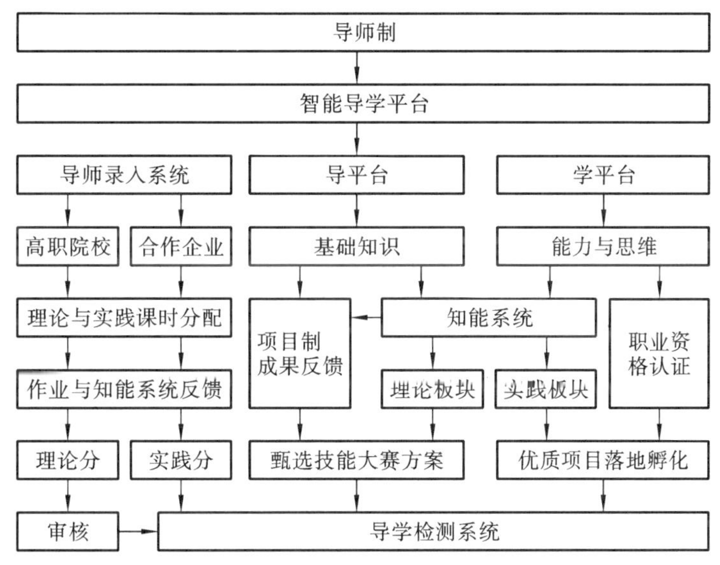

图 2-3　双创导学平台

双创导学平台是基于导师制、移动技术、社会化应用及大数据分析，为与高职院校合作的各种类型企业提供一个具备各种互动功能（基于微信端或 App）的资源载入平台，方便在校学生、企业、学校三方完成资源整合，突破传统校企合作时间与空间的局限，充分运用线上与线下资源，以“O2O 模式”实现线上与线下双创教学导学成果相结合，最终通过导学检测系统的数据反馈发现项目引入落地与创业孵化中存在的问题。

双创导学系统从主体上一共分为三个模块，分别为导师录入系统、导平台和学平台。导师来源主要分为两类：第一类导师是源于高校教师，主要帮助学生巩固掌握会奖旅游创业的基本知识、方法和技能，更侧重于对项目引入后的落地实施等认知，给予学生创业方向的引

导,激发学生的学习兴趣,增强对本专业的职业认同感。

第二类导师是源于合作企业的部门经理和主管。导师主要是在完成自己日常工作的过程中带领学生完成对实际操作、客户沟通的判读、绩效成绩的分析、各种日常工作中的文字解读训练,并负责对会奖旅游学生进行创业基础考评。

在完成导师团队组建后,高职院校应及时建立导师库,搭建导师平台,使学生可以在平台上查询到导师在教学理念、专业技能、擅长领域、工作经验、兴趣爱好等方面详尽的信息。学生可以根据个人偏好和自身情况选择相应的导师团队,建立导学关系。

导师在技能竞赛中设计实践能力考核点,并指导学生参加各级各类技能大赛,帮助学生做好选题、研究、推广,指导学生完成竞赛全过程,力争获得专利成果认定或产生优秀学生作品。在实践课程中,导师应对学生进行能力锻炼和培养,并将省赛方案进行落地和成果转化。

让学生考取由校企导师联合辅导并由劳动部颁发的创新创业(1+X)资格证书。第一类导师在导平台给予学生基础知识的学习备考辅导,线上提供备考复习资料和学习视频。第二类导师在学平台能够根据学生自身实践情况,给学生提供业务资源,开设项目实践课程,为学生的实践保驾护航,提供更多的选择和机会,也是提升学生未来择业竞争力的重要渠道和方式。

参考文献

[1] 国务院.国务院关于推动创新创业高质量发展打造“双创”升级版的意见[EB/OL]. http://www.gov.cn/zhengce/content/2018-09/26/content_5325472.htm? trs=1,2018-09-26.

[2] 国务院办公厅.国务院办公厅关于同意建立推进大众创业万众创新部际联席会议制度的函[EB/OL]. http://www.gov.cn/gongbao/content/2015/content_2929351.htm,2015-08-21.

[3] 孙豪建.杭州会奖旅游开启新经济会议目的地新篇章[J].杭州(周刊),2018(48).

[4] 黄海良.完善大学生创业教育体系的路径探索[J].中国高新技术企业,2016(17).

[5] 杨园.高职院校创业教育体系构建的导向研究[J].教育评论,2011(4).

[6] 张铁强.基于学科竞赛的创新人才培养模式研究[J].长春理工大学学报,2011(11).

[7] 郑旭.以学科竞赛为载体提升土建类大学生就业竞争力的探索[J].创新与创业教育,2016(6).

基于校企合作的会奖教学实践

·郑 维[①]·

【摘要】在立足学校会奖教学资源的基础上，深入开展校企合作，实现资源共享，以行业导师进课堂进行知识引领，以全真项目弥补教材内容短板，以社会服务和技能比赛提升学生职业素养。会奖教学以商务英语专业学生现状、主要问题和制约因素为考量，重点建构校企合作、协同创新的课程设置框架和模型，助推高校会奖人才队伍建设。

【关键词】校企合作；会奖

会奖旅游，英语简称 MICE，它由 Meetings(会议)、Incentives(奖励旅游)、Conventions(大会)、Exhibitions(展览)和 Events(节事活动)的第一个字母组成。其显著特点包括产业链长、成长性大、产业带动能力强，因此，会奖旅游毫无疑问成为当今全球旅游市场的高端产业。

近年来，杭州以打造国际会议旅游目的地为重点，大力推进树品牌、强营销、推产品、兴产业的会奖创新发展模式，会奖产业日渐成为重要驱动力。现在，杭州借着“后峰会前亚运”的红利，进一步做大做强做精做细会奖旅游，努力把“国际会议目的地城市”的品牌越做越响亮。

本文基于校企合作对浙江旅游职业学院的商务英语专业会奖方向进行教学改革探索，探讨其课程开设的意义和改革的内容，并研究其创新的举措，从而提升课堂教学改革的效果和品质，更好地为杭州本地会奖产业发展培养输送专业人才。

一、会奖方向拟解决的关键问题和阶段目标及预期成效

会奖教学开展之初，教学团队着重提出并讨论了以下几个关键问题。

---

① 郑维，浙江旅游职业学院，讲师。

(1) 杭州会奖产业不断发展升级,如何让校企结合更加紧密,人才培养如何增强实用性?

(2) 基于高职生的总体特点——自律性不是很强,学习的自觉性较差,学习习惯不够好;对学习的兴趣不浓和基于本专业学生对本门课程的认识不足——不知道要做什么,也不知道和今后的工作有哪些方面的结合,如何激发学生的学习兴趣和欲望,如何激发他们的自主性和创造力,如何让他们明白自己想做什么、能做什么,教师又如何培养复合型的会奖人才?

(3) 因为课时有限(共 4 学分,72 课时),且学生即将面向社会(开课在第四和第五学期),如何利用较少的时间达到较好的效果,这也是改革的一个初衷。

(4) 国内会奖教材寥寥,内容基本围绕会展,且案例过于陈旧。会奖是一个快速变化的行业,书本中的数据、案例都很容易过时,甚至一些理论观点也存在这类问题。如何挑选整合合适教材,如何与时俱进?

接着通过分阶段细化目标,制定发展目标和预期成效,如表 2-5 所示。

表 2-5　发展目标和预期成效

发展目标	预期成效
短期目标 (1—2 年内)	1. 会奖旅游＋本地乡土文学的教材开发 2. 自新生开始就致力于树立学生的国际化视野,灌输会奖旅游理念;对学生进行职业生涯规划和就业指导的过程中,使学生了解会奖产业的现状和未来的发展趋势,培养学生的责任意识、协作精神、社交能力和服务意识等品质 3. 积极联系安排行业人士进行专题讲座 4. 教师培训、挂职,积极参与相关大型会议,积累经验
中期目标 (2—4 年内)	1. 行业企业合作,共同制定本专业的人才培养方案,根据会奖旅游的工作内容和任务来设置相应的课程和教学模块,并使学生参与企业会奖旅游项目的创意、策划和实施等过程中去 2. 联系创建会奖实习就业基地 3. 拓展海外实习项目范围,涵盖国际会奖项目 4. 考虑中外合作培养国际会奖人才的路径 5. 教师继续挂职,参加行业培训,取得相关资质证书

续表

发展目标	预期成效
长期目标 （4—5年内）	1.优化国际化会奖人才培养方案 2.完善课程设置 3.引进会奖旅游行业相关的职业资格证书考试 4.积极联系会展公司、酒店、旅行社、旅游景区等会奖产业相关机构和单位为学生提供轮岗实习的机会，让学生对不同企业、不同岗位都有感性的认识和切身的体会 5.教师赴国内外知名会奖城市和会奖展会交流考察

二、基于校企合作的会奖实践总体思路设计

（一）力求项目全真

1. 教材编写方面

鉴于目前市面上尚未有专门的会奖教材，所以拟和杭州市会奖协会、会展会务公司、旅行社、酒店等会奖相关企业及其他高校专业教师团体联合编写更加符合杭州会奖旅游特色的专业教材。课程设计方案、所需材料和课后作业均源于企业方案，具有较强的实操性和时效性。此外，拟增编配套校本教材如《会奖术语手册（双语）》《杭州会奖资源概况》等。

2. 案例选取方面

教师部分作业和参考资料都来自企业，同时还会聘请行业导师以教学搭档或者讲座的形式来给学生上课，如遇会事，对学生进行会前培训并带上会，会后让学生反馈分享。

3. 实践教学方面

带领学生走进会奖企业观摩，并创造机会把学生直接带到会场和奖励旅游地点，由专业人士做讲解，熟悉会议流程，亲身实地感受，查看了解会议室的设施、餐厅的各种设施、嘉宾体验情况、旅游体验及相关注意事项。

（二）校企共同育人

企业导师多方参与，包括人才培养方案的制定、授课计划及内容的制订、授课过程、课程设计指导、大赛指导和毕业论文指导。另外除了企业大咖导师，专业培养出来的对口毕业生也会被请回来给学生们做讲座分享。

此外，组建会奖工作坊，开展一些基础业务，教师全程负责并实时指导。

三、基于校企合作的会奖实践执行方案——以浙江旅游职业学院为例

执行方案大致涵盖如下内容。

(一) 教学内容

(1) 行业导师讲座——励志职场、优秀校友精英汇、会奖大讲堂、会奖论坛(2018 年 4 月—2019 年 12 月)。

(2) 学生参观走访企业(2019 年 5 月)。

(3) 期中和期末一部分考试内容由企业提供,并邀请专家进行评估(2019 年 5 月—6 月,2019 年 12 月)。

(4) 行业导师指导学生毕业设计(2019 年 6 月—2020 年 1 月)。

(5) 行业导师参与实训周指导(2018 年 11 月,2019 年 11 月)。

(二) 教材

(1) 学校自编教材《会奖术语手册(双语)》(2018 年 9 月)。

(2) 浙江大学出版社《会展英语》(2018 年 7 月—2019 年 7 月)。

(3) 资源库建设——会奖书籍、期刊杂志、电子教案库、课件库、ICCA 数据库资料整理、杭州会奖地图(双语)、杭州会议手册(双语)、杭州奖励旅游手册(双语)、杭州精品酒店推介,杭州会奖产品手册(2018 年 4 月—2019 年 9 月)。

(三) 校企合作项目深化

(1) 我校外语系与杭州市旅游形象推广中心(杭州会奖协会)和杭州市外办长期合作(2018 年开始),后者主要是给予国际会奖活动的志愿者方面的资源。

(2) 组建工作室,加入杭州市会议与奖励旅游业协会线索分析组,承担国际会议线索挖掘工作(2018 年 4 月—2019 年 7 月)。

(3) 专题研讨会(2018—2020 年,每年一次)。

目前,实际构建时间进度如表 2-6 所示。

表 2-6　基于校企合作的会奖实践的时间进度

阶　　段	任　　务
第一阶段:前期准备 (2018 年 3 月—5 月)	1. 成立项目小组,明确职责和分工 2. 走访杭州各主要会展会务公司、酒店和旅行社,收集人才需求数据 3. 去杭州高校相关专业交流,了解收集会奖人才培养模式的实践情况

续表

阶　　段	任　　务
第二阶段:制定方案 (2018 年 5 月—6 月)	1. 组织召开校企会议,讨论会奖人才培养方案的可行性与实施步骤 2. 邀请杭州会奖协会相关负责人和会奖相关企业负责人进行指导
第三阶段:运行并完善方案 (2018 年 6 月—2020 年 6 月)	1. 根据实施过程中发现的问题、反馈意见和建议,加以完善 2. 定时召开教学座谈会,听取实行情况和意见建议 3. 总结经验,保持合作

四、结语

在立足学校会奖教学资源的基础上,深入开展校企合作,实现资源共享,围绕以行业导师进课堂进行知识引领、以全真项目弥补教材内容短板、以社会服务和技能比赛提升学生职业素养的建构校企合作、协同创新的会奖旅游课程设置框架和模型,助推高校会奖人才队伍建设;与此同时通过校企合作实践,使学生掌握会奖旅游方面的必要知识和技能,增强会奖意识,从而形成较有竞争力的综合会奖素质能力。

参考文献

[1] 杜萍,王素君. 项目全真 教赛融合——《会奖旅游实务》课堂教学改革探索[J]. 当代教研论丛,2017(5).

[2] 徐立毅. 杭州市第十三届人民代表大会政府工作报告[EB/OL]. http://www.hzrd.gov.cn/rdhy/rmdbdh/13j1chy/wjbg/201704/t20170408_693545.html,2017-04-09.

[3] 赵一德. 干在实处走在前列勇立潮头为加快建设独特韵味别样精彩世界名城而奋斗——在中国共产党杭州市第十二次代表大会上的报告[EB/OL]. http://z.hangzhou.com.cn/2017/ddh/content/2017-03/01/content_6479302.htm,2017-03-01.

[4] 郑维. 旅游类高校发展会奖方向的可行性分析研究——以浙江旅游职业学院商务英语专业为例[J]. 山西能源学院学报,2017(3).

[5] 周晓音. 服务杭州的会奖旅游人才培养探讨[J]. 新课程(中旬),2012(12).

“学徒制+导师制”融合下的高职会展产教融合模式研究①

·向　军②·

【摘要】本文通过分析现阶段高职会展专业产教融合开展的现状,在此基础上提出“学徒制+导师制”融合下的高职会展产教融合模式,重点突出内容研发、成果转换,实现校企双赢合作。从合作主体联盟建设、产教融合机制建设、产教融合项目内容建设、构建产教融合师资互通平台四个方面的路径为会展产业产教融合提出全新的模式。

【关键词】产教融合;高职会展;学徒制;导师制

一、研究背景

2017年10月18日,习近平同志在十九大报告中指出,要深化产教融合、校企合作。同年12月19日,《国务院办公厅关于深化产教融合的若干意见》(国办发〔2017〕95号)颁布(以下简称《意见》),《意见》指出,深化“引企入教”改革,开展生产性实习实训,以企业为主体推进协同创新和成果转化,推进产教协同育人,加强产教融合师资队伍建设,创新教育培训服务供给,强化行业协调指导,实施产教融合发展工程,开展产教融合试点。从国家高度推动

---

① 本文获2019中国(杭州)会奖旅游教育与产业发展学术研讨会学术征文三等奖。
基金项目:重庆市教育委员会2018年重点项目《职业教育专业教学资源库建设、管理研究与实践》(课题编号:J18002ZDB)、重庆财经职业学院教改项目《基于ISO 9000背景下会展专业教学质量标准化建设应用研究》(课题编号:J17011YFC)阶段性研究成果。

② 向军,重庆财经职业学院,讲师,会展专业负责人,重庆市会展策划与管理专业教学资源库建设核心成员,重庆,402160。

高职教育产教融合发展。2018 年 11 月,《重庆市人民政府办公厅关于深化产教融合的实施意见》公布。其中指出,预计到 2020 年,重庆市统筹推进产教融合的体制机制将初步形成,建设 120 个职业教育"双基地"、300 个实训基地、525 个产业急需和骨干特色专业(点)、100 个现代学徒制专业(点),建设 30 个示范性职教集团、45 所优质和高水平职业院校,预计到 2025 年,全市统筹推进产教融合的体制机制基本建立,现代职业教育和培训体系基本完善。进一步推动重庆产教融合办学模式的改革。会展作为新兴服务行业,既关系国计民生,又涉及大国方略,会展专业产教融合深度合作,培育优秀的会展专业人才势在必行。

二、会展产教融合发展的现状

职业教育发展到今天,各专业都会采用校企合作的模式进行人才培养,产教融合取得了部分成果,但总的来说还存在一些问题。

(一)合作主体单一,地域差异较大

会展专业产教融合主要是会展类企业(会展组展者、展览搭建商、会展场馆)与学校的合作,政府部门、行业协会参与度极低,没有很好地融入校企合作、产教融合体系。同时,会展专业产教融合随产业的发达程度不一样,产教融合的深度、广度也不一样。越发达的地区,对会展人才越看重,有更多的机会开展产教融合;会展发展落后的地方,会展产教融合开展难度大。主要表现在上海、广州、北京的会展专业产教融合开展较好,其他地区相对发展缓慢。

(二)粗浅服务输出,冲击职业自信

会展产教融合学校输出的主要形式是到会展活动现场进行现场服务与管理,从事门禁登录管理、会务现场管理、搭建现场巡查、会展项目现场调研、招展招商辅助,技术含量较低。对会展项目运营中的文案策划、展示设计、项目开发、宣传推广等工作接触的机会较少,导致对会展行业的认识出现偏差,影响学习激情和职业自信。

(三)合作基础薄弱,企业参与度低

一方面,会展产教融合的合作主要是作为服务的输出,在内容输出板块上相对较少。企业参与合作以把学生资源作为廉价劳动力使用,其提供的岗位主要是会展现场的服务型岗位,难以涉及核心的项目运营。另一方面,会展企业信奉"拿来主义",更希望使用成熟的会展从业者,不愿意花时间和经历培养会展专业学生,开展产教融合培养"潜在员工",因存在较大的"流失风险"而选择规避,导致企业投入较低,市场人才培养机制较差。

(四)合作体系欠缺,合作评估较难

会展产业的发展差异较大,导致产教融合形式多样,地域特色较重,可复制的难度较大,目前尚未形成统一、规范化的合作体系。同时,会展专业产教融合主要是随着会展项目的举办来确定合作事宜,随机性、不可预测性较大,作为技能养成、素养提升的产教融合模式,效果评估的难度较大。

三、“双制融合”会展产教融合的内涵

为了更好地实现校企协同育人、推动产教融合发展,我院整合现代先进的教育理念,以“现代学徒制”“导师制”作为基础,双制融合,构建了一套新的产教融合模式。

(一)现代学徒制内涵

现代学徒制旨在深化产教融合、校企合作,是进一步完善校企合作育人机制、创新技术技能人才的培养模式。是通过学校、企业深度合作,教师、师傅联合传授,对学生以技能培养为主的现代人才培养模式。注重技能的传承,由校企共同主导人才培养,设立规范化的企业课程标准、考核方案等,体现了校企合作的深度融合。

现代学徒制内涵是把传统的企业指导老师、企业导师、企业兼课教师转化为新型的“师徒制”模式,以“师傅”带“徒弟”的形式加强职业能力训练,以真实会展项目为基础,通过工作能力引导、实践工作指导、职业素养的训练,真正实现学生发展的职业目标。如图 2-4 所示。

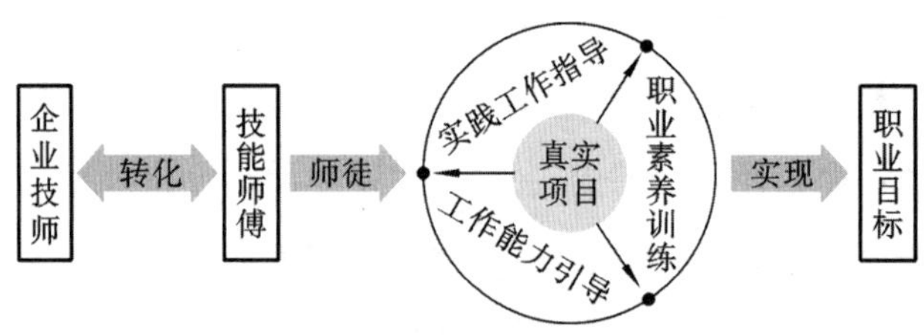

图 2-4 现代学徒制内涵

(二)导师制

导师制是师生之间建立的一种“导学”关系,针对学生的个性差异,因材施教,指导学生的思想、学习与生活,以更好地贯彻全员育人、全过程育人、全方位育人的现代教育理念,更好地适应素质教育的要求和人才培养目标的转变。导师制从制度上规定教师具有育人的责

任，使教师在从事教学科研以外，还对学生进行思想、学习、心理等方面的教育和指导。

导师制的内涵是把“课程教师”转变成“学业导师”，与学生建立导学关系，更加注重学生的个性化发展和需求，依托真实的会展项目平台从基础知识积累、职业发展规划、思维能力训练、生活能力提升等方面着手，全面提升学生能力，实现职业目标。如图 2-5 所示。

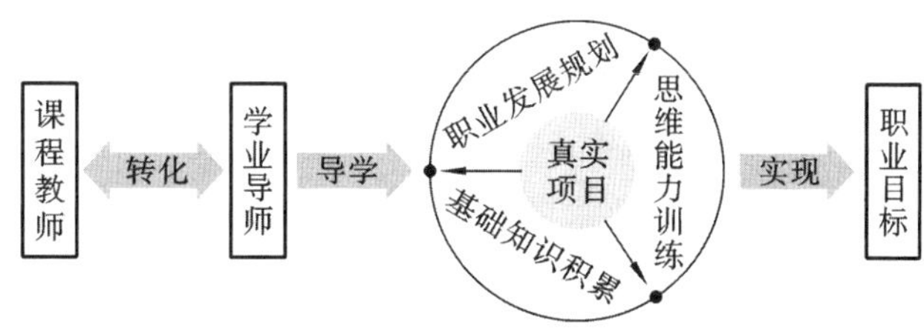

图 2-5　导师制内涵

（三）会展产教融合“双制融合”模式内涵

会展专业产教融合“双制融合”模式是在整合现代学徒制、导师制的基础上，进一步深化产教融合、校企合作，以学生为中心、真实会展项目为平台，打造一流的人才培养模式，增强学生的实践操作能力，提高学生培养的质量，缩短与用人企业的差距，真正实现“拿来就用”的育人主张。学校从原来的人力资源输出、服务输出转变为内容生产和输出，与企业共同开发会展项目、承办会展活动；企业从原来的人力资源运用、服务运用转变为内容的吸收，把学校的研究成果进行转化，直接服务于市场。

通过新型的产教融合模式，把知识积累、思维训练、发展规划、实践指导、职业培训、技能提升等核心内容进行整合，校企共同进行人才培养方案制定、校企合作课程开发、生产性实训建设、行业标准与课程标准建设、校企合作办学、“双师型”教师团队建设、协同创新与成果转化，全方位地推动校企合作、深化产教融合，提高会展专业人才培养的针对性、有效性，实现会展专业人才的有效就业。如图 2-6 所示。

四、双制融合会展产教融合实践路径

（一）产教融合主体建设，打造“政行校企”的主体联盟

产教融合主体是推动产教融合发展的核心平台机构，整合全行业的会展资源，为会展从业者搭建优质的实践学习生态系统，组建政行校企为一体的产教融合联盟，为会展产教融合

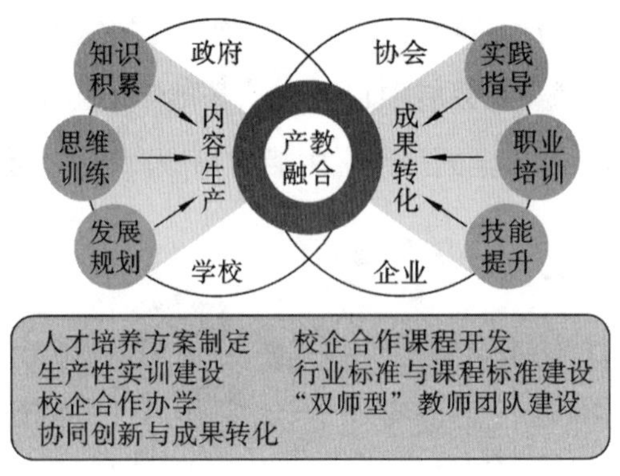

图 2-6　会展“双制融合”产教融合模式

发展提供基础保障和平台支持。政府、协会、院校、会展类企业为主体,整合会展发达地区及周边省市的会展机构,共同打造一流的合作平台组织,下设专门的秘书处运营管理,划分联盟单位的职责,推动产教融合的协同发展。产教融合联盟负责会展人才培养的顶层设计,为产教合作项目的开展提供对话平台,沟通协调产教双方的需求,做好项目对接和标准制定工作。政府部门针对会展产教合作项目协调国家行政部门,从政策制度、研究项目、资金激励、税收支持上给予帮助,在政策上引导企业的社会责任,构建“共育共享”的人才培养生态。行业协会进行市场前沿信息、企业需求信息的传递,并根据市场发展需要制定产教融合标准,保证校企合作项目平台通畅,同时肩负产教融合项目的检查监督工作,确保产教融合项目开展的质量。会展公司作为产教融合项目运营的重要载体,主要是提供合适的会展项目、安排专业的指导团队,与学院共同完成人才培养模式的创新、会展项目的研发、会展学生的职业能力培养及企业实习实训管理。会展院校作为教学的直接责任者,主要负责教学计划的制订、学生专业基础的强化、日常教学管理,为企业、协会、政府的发展决策提供科研论证。

(二)产教融合机制建设,实施“工作导向”的运营机制

产教融合机制是产教融合人才培养的重要保障。以“工作过程”为导向构建教学任务与会展项目对接、教学过程与工作过程对接、工作时间与教学时间对接、学习评价与工作评价对接的运营机制,把“真实会展项目”的策划运营过程融入整个教学过程中,有利于增强学生的适岗能力和职业素养。教学任务与会展项目对接,按照会议、展览、节事活动、展示设计四类教学任务的需要,根据企业来年的工作计划组建真实的会展项目库,学校把专业教学计划与企业项目需求进行对接,保证每一门课程都有多个真实项目支持,以真实项目为载体组织教学。教学过程与工作过程对接,课程教学以真实的项目运营组织教学,如“展览会策划与

管理”课程就从项目策划、项目筹备、项目实施、项目总结四个环节开展，让学生全面把握展览项目运营管理，提高学生的全局观、整体观。教学时间与工作时间对接，把会展工作有效融入会展课堂教学当中，充分利用学生寒暑假时间开展实践教学，大一、大二学生进行会展项目单项训练，到企业进行阶段实训；大三学生到企业顶岗实训，训练会展项目综合能力。学习评价与工作评价对接，结合会展项目工作过程评价，坚持以“成果导向”的评价模式，重点测评学生的职业综合素养和专业能力，按照会展工作的评价指标确定会展教学的评价指标体系，增强学生职业素养的综合评定。

（三）产教融合内容建设，组织“产教共赢”的合作项目

产教融合是新时代高素质技能型人才培养的核心手段，构建企业参与度高，实现产教共赢的项目库尤其重要。根据会展行业的特殊属性，结合会展产业链的核心构成，建设以会议项目、展览项目、节事项目、展览设计、场馆管理、大型活动为主的项目库，为学生培养提供有效的项目载体。一方面是企业自身现有的会展活动项目，按照工作的发展，把部分工作内容以承包的形式承包给校内工作团队，在企业师傅的指导下，学业导师带领学生团队完成相应的项目工作，以项目成果作为课程考核指标，显示学生的学习成果；另一方面是学院结合企业的需要进行会展项目的研发，为企业开拓新市场、新项目，根据开发的实际情况，融入学生团队进行项目运营，搭建可持续的“内容孵化”平台，实现科研成果转化。

（四）产教融合师资建设，打造“校企互通”的师资渠道

师资保障是产教融合发展的重要基础，打造“校企互通”的师资渠道，有效整合教师团队、项目资深经理，构建“双师双能”的教学团队，是产教融合发展的重要保障。利用会展产教融合联盟平台的基础，把优秀的会展教师、企业资深经理进行有效整合，构建一种互聘机制，让会展教师能够直接到会展企业担任项目经理，直接负责会展项目的运营管理。企业资深经理可到学校课堂进行专业教学，提高知识的及时性、有效性，培养学生的专业素养；还可以每年由学校和企业根据当年的工作任务，排出学校教师、企业员工的工作日历，避开工作“高峰期”进行岗位互换，确保教师团队知识结构的前沿性。最后是建立师资培训体系，定期开展校企人才培养座谈会，把最新的产业信息、教育理念进行融合研究，确保教学理念、教学技术的先进性，共同提高教师队伍、企业员工的业务能力和水平，为各自工作岗位带来新的突破。

总之，“学徒制＋导师制”会展产教融合模式从合作主体、合作机制、合作内容、师资团队等方面进行全面的梳理，构建“政行校企”一体化的联盟主体、实施“工作导向”的运营机制、组织“产教共赢”的合作内容、打造“校企互通”的师资渠道，从新的视角下解决了会展专业产

教融合开展的难题,为会展专业人才培养提供了新的模式。

参考文献

[1] 吴夏楠.会展专业校企合作问题与对策研究[J].时代经贸,2018(6).

[2] 吕筱琼.校企合作框架下的会展专业情境实践教学研究[J].内蒙古师范大学学报(教育科学版),2017(10).

[3] 韩宪文.校企合作模式下的新型高职会展实践教学体系研究[J].教育现代化,2016(34).

[4] 韦文杰.基于供给侧改革理念的会展专业产教融合发展模式研究——以重庆第二师范学院会展专业为例[J].赤峰学院学报(自然科学版),2016(17).

[5] 金晗,覃聪.产教融合的高职会展策划与管理专业实践教学模式探究[J].当代教育实践与教学研究,2015(12).

[6] 赵宁.会展管理专业校企合作中存在的问题与策略探析[J].企业导报,2015(17).

基于ACSI的杭州智慧会展创新服务路径研究[①]

·费圆苑[②]·

【摘要】本研究基于ACSI研究模型，选取会展之都杭州的九大场馆之一——浙江世贸国际展览中心馆进行观众对智慧会展服务的感知分析研究，找出杭州智慧会展存在的问题，在此基础上探讨杭州智慧会展服务模式创新、场馆互联网技术更新、大数据信息采集等问题，并提出应对措施，构建可持续运营的智慧会展生态圈。

【关键词】智慧会展；ACSI；创新服务

一、智慧会展对杭州发展的重要性

在《中共浙江省委关于建设美丽浙江创造美好生活的决定》(浙委发〔2014〕14号)、《浙江省人民政府关于加快发展信息经济的指导意见》(浙政发〔2014〕21号)等决策部署下，杭州市委、市政府提出了发展智慧经济和信息经济的战略决策，结合自身特色摸索出一套相对独立的智慧会展建设体系。2015年3月底，国务院印发了《关于进一步促进展览业改革发展的若干意见》，文件中明确提出将会展业的信息化建设作为重点推进的工作之一。

根据党的十七届五中全会精神和国家发展战略性新兴产业的部署要求，为落实《杭州市"十二五"信息化发展规划》提出的"智慧杭州"建设目标，充分发挥信息化的带动引领作用，将杭州打造成一座能够自我调节、与人互动的城市，对杭州市未来5年的智慧城市建设目标任务、基础设施、应用推进、产业带动等进行全面、系统的科学规定。本规划根据《国务院关

---

① 本文获2019中国(杭州)会奖旅游教育与产业发展学术研讨会学术征文一等奖。

② 费圆苑，浙江经济职业技术学院，工商管理学院讲师，fyy8585@126.com，浙江杭州，310018。

于进一步促进展览业改革发展的若干意见》《浙江省人民政府办公厅关于进一步促进展览业发展的实施意见》《杭州市国民经济和社会发展第十三个五年规划纲要》、市委十一届十一次全会精神等文件精神编制,规划范围为杭州市域九区四县(市),规划期限为2016—2020年。

目前,对智慧城市各个环节的建设已成为我国重点推进的项目。杭州还是“入网”最深的城市、一座不折不扣的智慧城市。2016年6月,中山大学发布的《“互联网+政务”报告(2016):移动政务的现状与未来》显示:杭州以1.58的高渗透系数排名全国第一。2016年12月,中国互联网协会、新华网和蚂蚁金服发布的《新空间·新生活·新治理——中国新型智慧城市·蚂蚁模式白皮书(2016)》中,杭州市以383.14的高分成为最智慧城市,“互联网+”社会服务总指数全国排名第一。智慧会展是会展信息化的系统化延伸,也是智慧城市的重要组成部分,具有重要的研究意义。

(一)推动杭州智慧城市建设,促进杭州经济发展

会展业属于现代服务业的范畴。智慧会展是建设智慧城市的需要。从“智慧会展”视角探讨杭州会展的服务创新,对推动杭州“智慧城市”也具有极其重要的意义。

从理论的角度看,智慧经济为杭州会展业提供了丰富的题材,而智慧会展也为智慧产业发展提供了平台,会展促进智慧的产业化,智慧提升会展的品牌化。智慧会展是智慧经济的重要组成部分,更是杭州塑造会展城市的优势所在。

从技术层面上说,根据智能化信息网络掌握展位布置、人群分布、配套需求,对信息具有安全、高效的处理和整合能力,并能科学地进行监测、分析、预测、预警、决策,以及处理会展区域的观众数量、交通状况、安保状况等情况,为会展活动主体提供专业化、个性化的服务,推动智慧会展与智慧城市建设的对接,从而推动杭州“智慧城市”建设,为杭州智慧城市建设奠定坚实的基础,促进了杭州智慧经济发展。

(二)推进杭州会展创新发展,加快产业转型升级

在全球信息协同化大背景下,展会供应链上的各方参与者对资源管理协同和信息化管理需求日渐强烈。我国物联网技术的应用为会展业的创新发展带来新的机遇。移动互联网的发展加快了会展产业转型升级的进度,推进了杭州会展的创新发展。一方面,移动应用的开发使用,改变了人们参展时对传统会展的观念,以及创建、使用和共享信息的方式,为智慧型展会提供了更多的推广机会;另一方面,移动互联网络信息呈现碎片化、即时化、场景化等特点,使主办方、参展商和观众等会展主体通过手中的智能设备,随时随地参与会展活动,提高会展信息化水平及会展服务水平。

(三)提升杭州会展服务质量,增加观众满意度

一方面通过大数据、移动互联网等新一代信息技术运用于会展组织管理、参展参观及营

销推广中，推进杭州会展服务创新发展，使展览会的服务功能获得显著提高；另一方面充分利用各种现代科技成果创新服务方式，为参展商和观众提供更优质、更完善、更便捷的配套服务，以满足会展观众对杭州各展会越来越高的需要和期望，从而提高杭州展会的服务质量，增加观众满意度。

二、杭州智慧会展观众 ACSI 分析

ACSI 科学地利用了观众的消费认知过程，将总体满意度置于一个相互影响、相互关联的因果互动系统中。该模型是由科罗思咨询集团的创始人兼董事长费耐尔（Fornell）等人在瑞典顾客满意指数模式（SCSB）的基础上创建的顾客满意度指数模型，顾客满意度是最终所求的目标变量，可解释消费经过与整体满意度之间的关系，并能指示出满意度高低将带来的后果，从而赋予了整体满意度前向预期的特性。

选取会展之都——杭州作为调研地点，杭州市 2017 年展览数量为 310 个，约占全省展览数量的 32.6%，展览面积约为 310 万平方米，约占全省总展览面积的 32.88%，占全省首位。

本研究以构建智慧会展观众服务创新体系为测评因子，以参与智慧会展及其相关服务的观众为调研对象，分析杭州举办展会的智慧会展观众服务满意度情况。

（一）调查问卷描述性统计

本课题组在浙江世贸国际展览中心馆内外共发放问卷 300 份，回收 291 份问卷，其中有 7 份问卷存在答案填写不完整的问题，最后的有效样本为 284 份。

1. 受访者性别与年龄构成

在收集的 284 个有效样本中，男性会展观众为 149 人，占 52.46%，女性观众为 135，占 47.54%。年龄在 25—50 岁的占据了 70%以上，50 岁以上群体由于年龄层的原因，对智慧会展的新技术难以接受，对其提供的服务接受程度不高。这与当前智慧会展活动参与观众及接受智慧会展服务的年龄分布比较相符。

2. 受访者的参会目的

在收集的 284 个有效样本中，以出于商务目的参与展会的中青年群体为主，达 172 人次，占 60.56%。这些观众大多数属于具有采购能力的专业观众。

3. 经济收入与购买力

根据有效样本显示，所调查的会展观众中，收入在 3000 元以下的 48 人，占 16.90%，这一群体一般为 25 岁以下的观众，他们参与会展活动积极性高，但展会购买力较低。3001—

5000 元的 176 人,占 61.97%,这一群体一般为杭州本地的普通观众,会购买 5 件以内的产品;5001—8000 元的 54 人,占 19.01%;8000 元以上的仅 6 人,占 2.11%,但是收入 8000 元以上的观众是具有大批量产品购买力的专业观众。

(二) 信度和效度检验

在对问卷的智慧会展观众服务感知测评分析前,要对样本数据的信度和效度检验。根据 SPSS 22.0 进行可靠性分析得出表 3-1 的结果,从表可知,Cronbach 的 Alpha 的指数为 0.905,基于标准化项目的 Cronbach 的 Alpha 为 0.902,两者都大于 0.90,表示问卷内部的一致性较好,可信度较高。

表 3-1 信度与效度检验

Cronbach 的 Alpha	基于标准化项目的 Cronbach 的 Alpha	项目个数
0.905	0.902	15

另外,对问卷中每个变量的信度分别进行检验,结果如表 3-2 所示。从表 3-2 可以看出,除对观众抱怨量表 Cronbach 的 Alpha 系数为 0.426 比较低以外,其他因子量表的 Alpha 系数均在 0.5 以上。由信度检验的结果可知观众抱怨的测量指标信度远低于 0.7,因此观众抱怨因子的数据没有通过信度检验,以下不再将其纳入模型运行。

表 3-2 各变量信度检验

<table>
<tr><th colspan="3">可靠性统计量</th></tr>
<tr><th>潜变量</th><th>测量变量指标</th><th>Cronbach 的 Alpha</th></tr>
<tr><td rowspan="2">观众期望 EXPE</td><td>会展智慧服务总体水平的期望 EXPE1</td><td rowspan="2">0.536</td></tr>
<tr><td>对场馆旅游产品满足其需求程度的期望 EXPE2</td></tr>
<tr><td rowspan="9">感知质量 QUAL</td><td>能与我使用的其他平台好友联动 QUAL1</td><td rowspan="9">0.871</td></tr>
<tr><td>不侵犯用户个人信息 QUAL2</td></tr>
<tr><td>快速进入展会现场 QUAL3</td></tr>
<tr><td>特色产品推介 QUAL4</td></tr>
<tr><td>智慧服务的趣味性 QUAL5</td></tr>
<tr><td>用户界面的可操作性 QUAL6</td></tr>
<tr><td>更快捷地获得展会信息 QUAL7</td></tr>
<tr><td>获得折扣优惠 QUAL8</td></tr>
<tr><td>能疏导客流避免拥挤 QUAL9</td></tr>
</table>

续表

可靠性统计量		
潜变量	测量变量指标	Cronbach 的 Alpha
感知质量 QUAL	能快速对我反馈的意见做出反应 QUAL10	0.871
	通过虚拟技术实现虚拟参展和观展 QUAL11	
	快速地进行购票 QUAL12	
	智慧停车导览服务 QUAL13	
	智慧会展的现场讲解服务 QUAL14	
	WI-FI 覆盖场馆 QUAL15	
感知价值 VALU	相对于普通场馆的服务水平,请评价对智慧服务的认可度 VALU1	0.682
	相对于您所付出的价格,对智慧服务质量的认可度 VALU2	
场馆观众满意度 CSD	与您预期的智慧服务相比,该展会的智慧服务总体表现如何 CSD1	0.737
	与您预期的智慧服务相比,该展会的智慧服务模式的便捷性如何 CSD2	
	与您预期的智慧服务相比,该展会的智慧服务方式的可接受性如何 CSD3	
观众抱怨/投诉 COMP	您在体验展会线上智慧服务中会有抱怨吗 COMP1	0.426
	您在体验展会线下智慧服务中会有抱怨吗 COMP2	
观众忠诚 LOYA	会再次参与会展智慧服务吗 LOYA1	0.617
	会向亲朋好友推荐会展智慧服务吗 LOYA2	

（三）模型运行结果分析

模型分析如图 3-1 所示。

观众期望和感知质量之间的路径系数为 0.4576,说明观众期望与感知质量之间具有较高的相关性。调查结果中观众期望指数值高于感知质量指数值,说明观众期望过高而引起了感知质量方面的不满。

观众期望和感知价值之间的路径系数为 0.2862,这说明场馆应当适当调整旅游产品价格,同时提高会展智慧服务质量从而获得观众更高的感知价值。

从观众期望与观众满意度之间的路径系数来看,路径系数仅为 0.0352,说明观众期望过

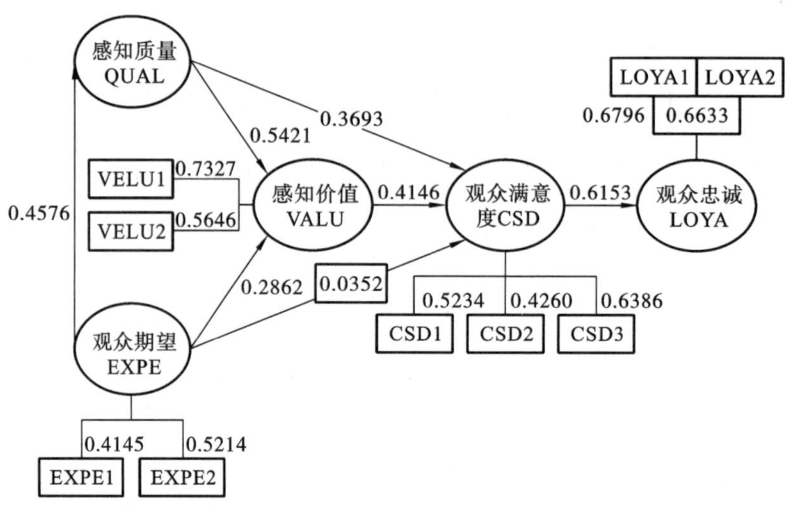

图 3-1　模型分析

高对观众满意度的影响不是很大。因此观众满意度指数低的原因还应该综合考虑感知质量对观众满意度指数的影响和感知价值对观众满意度的影响两方面。

感知质量与观众满意度之间的路径系数为 0.3693,说明两者之间的相关性较大,因此,主办方在今后的工作中应当重视场馆的智慧服务质量的提升。感知价值指数也比观众满意度指数高,并且两者之间的路径系数为 0.4146,说明两者具有较强的相关性。

观众满意度与观众忠诚之间的路径系数为 0.6153,这也说明两者存在着很强的相关性,因此,主办方应当重视观众期望、感知质量和感知价值之间的平衡性发展,以期获得观众满意度的提升,进而提高观众忠诚,即提高再次参与会展智慧服务和正面口碑宣传。

(四)观众期望与感知质量分析

结合相关问卷的实际统计情况,分析观众对展会提供的智慧服务期望与感知质量的分析(见表 3-3)。

表 3-3　变量描述性统计

变　　量		极小值	极大值	均　值	标准差
观众期望 EXPE	EXPE1	4	5	4.49	548
	EXPE2	4	5	4.03	619

续表

变　量		极小值	极大值	均　值	标准差
感知质量 QUAL	QUAL1	2	4	3.22	864
	QUAL2	2	4	3.17	866
	QUAL3	2	5	3.76	843
	QUAL4	2	4	3.67	828
	QUAL5	1	3	2.49	803
	QUAL6	2	5	3.79	803
	QUAL7	2	5	3.90	808
	QUAL8	2	5	3.92	776
	QUAL9	2	5	3.91	830
	QUAL10	2	5	3.73	907
	QUAL11	2	5	3.69	860
	QUAL12	2	5	3.97	809
	QUAL13	1	3	1.87	641
	QUAL14	3	5	4.06	746
	QUAL15	3	5	4.26	907
感知价值 VALU	VALU1	2	5	3.79	826
	VALU2	2	5	3.50	666
观众满意值 CSD	CSD1	2	5	3.90	709
	CSD2	2	5	3.37	590
	CSD3	2	5	3.41	719
观众抱怨 COMP	COMP1	1	5	3.22	875
	COMP2	2	5	3.56	743
观众忠诚 LOYA	LOYA1	2	5	3.65	783
	LOYA2	2	5	3.71	780

由表 3-3 可知,15 个满意度感知项的平均得分在 1.87 至 4.26 之间,被访的会展观众认为智慧会展观众服务满意度最为突出的几个特征项为“QUAL15:WI-FI 覆盖场馆”(平均得分＝4.26)、“QUAL14:智慧会展的现场讲解服务”(平均得分＝4.06)分数较高。“QUAL13:智慧停车导览服务”(平均得分＝1.87)、“QUAL5:智慧服务的趣味性”(平均得分＝2.49)这两项特征的平均值较低。

结果表明,杭州智慧会展在对观众的现场服务上受到观众好评。智慧会展开发者应该继续保持现场智慧服务上的优势。当前,由于智能手机的普及,移动互联网应用正处于开发的热潮。在大众服务领域,独立开发移动终端上的会展服务 App,再配合社交软件——微信进行联动的、系统的智慧会展服务是当前线上会展服务最成熟的模式。

感知质量各显变量指数如表 3-4 所示。

表 3-4 感知质量各显变量指数

排 序	变量	相 应 指 标	指数	载荷
1	QUAL15	WI-FI 覆盖场馆	82.75	0.2330
2	QUAL14	智慧会展的现场讲解服务	80.05	0.4366
3	QUAL12	快速地进行购票	74.25	0.5310
4	QUAL8	获得折扣优惠	73.00	0.5511
5	QUAL9	能疏导客流避免拥挤	72.75	0.5864
6	QUAL7	更快捷地获得展会信息	72.50	0.5685
7	QUAL11	通过虚拟技术实现虚拟参展和观展	68.45	0.5766
8	QUAL6	用户界面的可操作性	68.25	0.4869
9	QUAL3	快速进入展会现场	67.03	0.5879
10	QUAL10	能快速对我反馈的意见做出反应	65.25	0.5936
11	QUAL1	能与我使用的其他平台好友联动	64.00	0.4898
12	QUAL4	特色产品推介	63.75	0.4857
13	QUAL2	不侵犯用户个人信息	62.50	0.4701
14	QUAL5	智慧服务的趣味性	60.75	0.4539
15	QUAL13	智慧停车导览服务	59.25	0.2016

本研究也测量了被访观众对 15 个智慧会展观众服务的感知指数和载荷系数。按照感知指数的排名先后在表 3-4 中显示了测量结果,在感知质量中,指数最高的为覆盖场馆的 WI-FI(QUAL15)为 82.75,其次为智慧会展的现场讲解服务(QUAL14)为 80.05,最低的是智慧停车导览服务(QUAL13)为 59.25。

由表 3-4 可以看出,观众对展会的覆盖场馆的 WI-FI 和对智慧会展的现场讲解满意度较高,对购票、获得折扣优惠、现场疏导和快速获得展会信息也较满意,停车场服务尽管满意度指数最低为 59.25,但是其因子载荷仅为 0.2016,因此这方面的工作可以延后,但是也不能忽略停车场的服务工作。同时数据也反映了停车场服务尽管在模型中的因子载荷较小,但是满意度指数低也能反映出游客在这方面的不满,说明智慧服务在这方面的工作也有所欠缺。从场馆现场管理人员处了解到的实际情况也是这样，目前虽然有专门的停车场地，但没有专门的人员进行车辆的承载量和存放数据的即时管理，这个结果与从场馆管理人员那里了解到的事实正好相符。

"能与我所使用的其他平台好友联动""特色产品推介""不侵犯用户个人信息"在观众心中的感知质量得分较低。说明观众既对利用智慧会展技术进行社交还不熟悉，也不满意当前的会展社交服务。这是由于当前的智慧会展服务在社交功能上存在信息孤岛现象，观众仍利用原有的社交软件进行社交造成的。会展服务提供者应该增强智慧会展与社交软件的联动，观众对个人信息保护的意识增强，但对个人资料的安全性表现出了担忧。

三、杭州智慧会展的发展现状及存在问题

（一）主办方对智慧平台设施的投入力度不足，权衡投入产出

杭州公共信息化程度较弱，纸质化数据转移到线上储备的工作刚刚起步。场馆及会展承办方由于对展会服务数据处理、资源进行线上的系统的管理与调度产生较大的技术支持，因此，现阶段的智慧会展服务更多停留在主办方对展会信息的发布，参展商与观众之间的信息双向交流较少。在盈利模式方面，是有了盈利再去收集数据，还是在数据的收集之后再去挖掘数据的其他使用价值，是很多会展经营方面临的问题。由于投入巨大，无论是场馆方还是组织方只有比较有实力的企业才可以考虑在智慧平台上进行投入。

（二）参展商对平台数据的分析能力不足，重采集轻分析

观众建立方式以传统的名片收集、贸易洽谈、向主办方购买等方式为主，大数据观众数据应用不足。智慧平台上提供的有效数据大多是半成品，还需要使用者根据自己的需要通过采集指标后再进行分析，做出具体数据报告。对于大数据，分析技术和能力要求很高。会展业内目前有一种趋势即过度关注数据采集技术和大数据使用的意义，缺少对数据分析的能力，更缺乏通过挖掘数据反映会展场馆运营中的实际问题。对于目前大多数技术企业而言，能夯实地做好对传统数据的分析也是一个挑战。所以在对传统数据的挖掘和分析上，很多技术企业专业化程度较弱。

（三）观众对智慧平台的运用能力不足，担心数据安全

智慧会展建立在移动互联网的基础上，互联网的兴起在给会展带来便利的同时也带来诸多隐患，制约着会展交易的实现：一是个人隐私有被泄露的风险。网络漏洞病毒容易被利用，窃取用户隐私，使用户面临恶意扣费和垃圾信息袭击的风险。二是移动互联网建设不完

善。由于各式应用的大量运用,移动数据流量迅速增长,需要扩展移动宽带业务的无线频率资源。三是会展各主体观念受限。会展企业的观念没能与时俱进,无法突破观念局限,参展商对网络传播营销手段怀有疑虑,并对成本较高的智慧会展高新技术望而却步。

(四) 线上会展与线下会展未实现融合,缺少互动功能

展示交易会未采用"O2O"的线上线下模式;采用的是传统的现实展会展览方式,只有一个现实平台使展会展出期间的影响力具有地域局限性;展会交流贸易时间紧张,展后交流贸易不足;从线上方面来看,大部分展会中都运用了互联网技术、官方网站、手机 App 和微信公众号等新媒体技术,在信息服务方面以信息发布为主,缺少参展商、嘉宾和普通参观者之间的即时互动功能,未真正地对参展商和专业观众进行数据统计及分析。从线下方面来看,在实体展会中,大部分参展商及主办方并没有鼓励观众拿出手机将资源引流到线上,则线上展会与线下展会不能实现同步服务,观众不能体验更多的智慧化应用技术。所以如何将线下资源转化为线上展会的流量则是杭州展会实现线上展会与线下展会融合的一大难题。

(五) 智慧服务 App 运用手段不断提升,开发水平有待提高

智慧服务贯穿于展会的展前、展中和展后运营中,随着智能服务的兴起,手机应用程序与展会服务紧密糅合,通过展会服务 App 应用程序提供个性化服务。由于微博和微信设有的小程序足以满足现场的智慧服务交流,大多数观众基本不会使用场馆及主办方独立开发的运营展会 App,由于技术企业开发水平有限,同时伴有 App 开发成本较高的原因,大多数技术企业还处于观望阶段。

四、杭州智慧会展建设体系优化方案

(一) 杭州智慧会展建设优化方案

1. 加强智慧场馆服务的建设

政府应加强与技术企业在智慧场馆服务开发建设上的联动,推动智慧会展在个性化功能上的开发,加速无纸化政务的办事流程。在政府主导下,引导各高校科研机构应通过科研手段积极开展智慧会展相关技术科学的研发及构建智慧会展领域的评价标准。在政府的政策扶持下,鼓励技术企业参与并投入智慧会展项目的具体实施中,使政府和技术企业能在基于会展的移动互联网应用上实现紧密对接,充分运用研发成果,将智慧会展技术成果转化为会展场馆现场服务和后台数据统计(展览数据统计、观众满意度调查、参展商满意度调研等)

的能力。

2. 提升数据运用和分析的能力

将参展商、专业买家的数据资料整理成册，通过数据分析结果将参展商与专业买家进行合理匹配。虽然数据平台分析存在成本高、信息利用率低及匹配误差较大等问题，一旦将搭建“主办＋展商＋观众”的云数据系统技术平台用户数据采集，对智慧会展现场及展后运营策划的难题便能迎刃而解。如参展商想获得专业买家的数据分析，目的是开发定制化会奖旅游产品，之后再以数据分析成果为基础展开精准营销。

3. 增强场馆服务主体数据的保护

大数据能为会展行业的政策制定、商业运营、市场推广、公关营销、设计搭建、项目管理等提供决策依据、数据支持。为做好展会的市场营销，主办方收集了大量观众数据，对于这些数据，要遵守世界各国有关邮件和直邮营销的适用法律，其专业市场营销人员，必须正确地使用这些数据，明确合法与非法的界限。政府应设立第三方组织机构，监督企业对大量观众数据的维护，建立公平的数据维护制度，保证公众与企业隐私权。

4. 巩固参展商与观众之间的联系

针对参展商服务，通过“产品发布”App 发布产品与跟踪反馈，同时导入平台产品与二维码管理搭建“产品微展厅”服务。针对观众服务，观众可通过手机定位找展商、展品，以及对展商的可持续关注，通过建手机网站与捆绑公众号，实现掌上个性化找货功能。

5. 强化智能化技术研发的手段

RFID 产业在物联网的带动下呈现爆发式发展趋势，RFID 技术结合“互联网＋”理念是会展业向智慧化转型的低成本快速建设的技术基础。借助 RFID 展会运营统筹平台，承办方可以在展会结束后快速地对展会各项数据进行统计和总结。例如，可以统计出不同展区、不同展览内容之间不同观众流量分布，将观众流量分布转化为内容吸引度统计、展区布局数据统计、展区流量引导规划建议等不同的板块数据分析，有利于展会承办方为后期展会的举办提供决策性建议。参展商可以借助 RFID 展会运营统筹平台提高洽谈的明确性、效率、灵活性和响应速度，从根本上改变意向客户信息采集方式，为参展商提供一个会后展示效果统计平台和综合营销辅助决策平台。

（二）构建可持续运营的智慧会展生态圈

如图 3-2 所示，智慧会展是基于云计算、移动技术、社会化应用及大数据分析，为各种类型的展会提供一个具备各种互动功能(基于微信端或 App)的资源载入平台，方便会展中心、主办方、参展商、观众四方完成资源整合，突破传统会展时间与空间的局限，紧密结合线上与线下资源,以“O2O 模式”实现线上与线下相互转化,从而构建可持续运营的智慧展览生态圈。

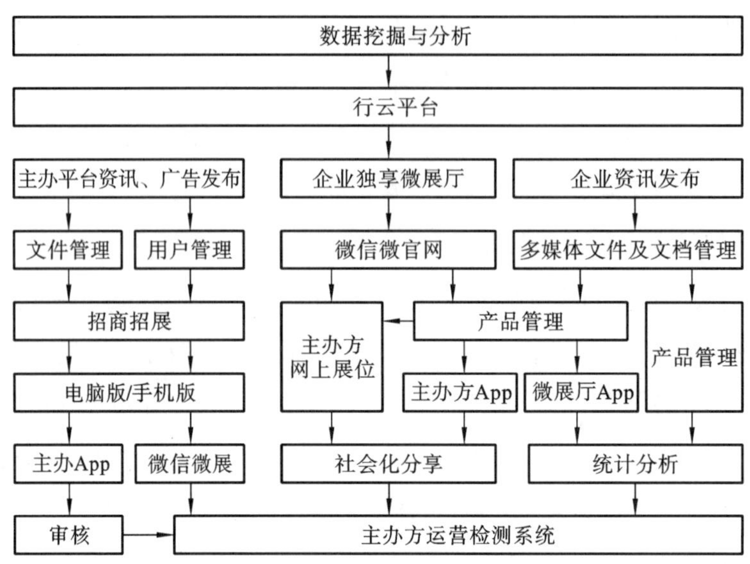

图 3-2　智慧会展生态圈

智慧会展不是各种的 ICT 技术的简单堆砌,智慧会展的各项技术之间并非孤立分散的,而是紧密关联且有机集成的,其集成的核心关键在于主办方、展商和观众三类受众的数据流向。从多元化的受众需求角度分析杭州智慧会展建设体系存在的问题,即主办方对智慧平台设施的投入力度不足,权衡投入产出;参展商对平台数据的分析能力不足,重采集轻分析;观众对智慧平台的运用能力不足,担心数据安全。智慧会展的实现,既依赖 ICT 技术上的开发,也依托其受市场推动所进行的业务、技术创新。其价值核心在于创建一个可持续运营的智慧会展生态圈,使主办方、展商和观众三类受众实现资源共享与管理、信息的汇总与预测。

通过“互联网+”行动计划驱动,对策展、场馆运营、设计工程、服务和运营,以及公共安全、环保、配套服务、相关活动等在内的全产业链上的各种资源做出智慧配置,对公众、组委会以及参展商做出智慧响应。加快会展服务由传统服务向智能场馆运营服务、信息化组展服务及展会增值信息服务转变。智能场馆运营服务通过全方位 WI-FI 覆盖场馆,为参展者提供快速上网及定位导航,提高观众的体验感,促进宣传推广。信息化组展服务通过采用云计算、大数据等信息技术,实现会展数据的收集、管理、分析、筛选,提高展会管理水平。展会信息服务通过加强统计分析、展后跟踪、多渠道线上营销，推进线上沟通和宣传推广。

参考文献

[1] 施永胜，沈杨根．杭州市发展智慧会展的实践与思考[J]．杭州(周刊)，2015(1)．

[2] 韩邵．后 G20 效应持续放大会展活动精彩纷呈——2017 年杭州市会展业发展报告[J]．杭州(周刊)，2018(10)．

[3] 杜奕霖，龙维珍，覃宏秋．基于 RFID 的智慧化展会综合运营管理平台应用研究[J]．企业科技与发展，2017(5)．

附件 1：问卷调查

您好，这是一份关于杭州智慧会展观众服务的问卷，主要反映您在会展服务中所感受到的服务模式、服务手段、服务方式、服务创新的评价。您的回答，将推进杭州智慧会展的建设发展，请您回答以下问题：

基础部分

1．您的性别

A．男　　B．女

2．您属于

A．普通观众　　B．专业观众

3．请问您的年龄

A．25 岁及以下　　B．26—40 岁　　C．41—54 岁　　D．55 岁及以上

4．请问您来此次展会的目的

A．参观　　B．淘宝　　C．商务　　D．其他

5．请问您的经济收入

A．3000 元以下　　B．3001—5000 元　　C．5001—8000 元　　D．8000 元以上

6．请问您愿意在此次展会上购买的产品数量

A．1—5 件　　B．6—10 件　　C．11—50 件　　D．50 件以上大批量购买

满意度测评

一级指标	二级指标	非常满意 5分	满意 4分	一般 3分	不满意 2分	非常不满意 1分
观众预期 EXPE	EXPE1 会展智慧服务水平的期望					
	EXPE2 对智慧服务满足您需求的期望					
感知质量 QUAL	QUAL1 能与我使用的其他平台好友联动					
	QUAL2 不侵犯用户个人信息					
	QUAL3 快速进入展会现场					
	QUAL4 特色产品推介					
	QUAL5 智慧服务的趣味性					
	QUAL6 用户界面的可操作性					
	QUAL7 更快捷地获得展会信息					
	QUAL8 获得折扣优惠					
	QUAL9 能疏导客流避免拥挤					
	QUAL10 能快速对我反馈的意见做出反应					
	QUAL11 通过虚拟技术实现虚拟参展和观展					
	QUAL12 快速地进行购票					
	QUAL13 智慧停车导览服务					
	QUAL14 智慧会展的现场讲解服务					
	QUAL15WI-FI 覆盖场馆					
感知价值 VALU	VALU1 相对于普通场馆的服务水平，请评价对智慧服务的认可度					
	VALU2 相对于您所付出的价格，对智慧服务质量的认可度					
观众满意值 CSD	CSD1 与您预期的智慧服务相比，该展会的智慧服务总体表现如何					
	CSD2 与您预期的智慧服务相比，该展会的智慧服务模式的便捷性如何					
	CSD3 与您预期的智慧服务相比，该展会的智慧服务方式的可接受性如何					

观众抱怨：

E1. 您在体验展会线上智慧服务中会有抱怨吗？

A. 会　　B. 不太会　　C. 不会　　D. 不确定

E2. 您在体验展会线下智慧服务中会有抱怨吗？

A. 会　　B. 不太会　　C. 不会　　D. 不确定

观众忠诚度：

F1. 会再次参与会展智慧服务吗？

A. 会　　B. 不太会　　C. 不会　　D. 不确定

F2. 会向亲朋好友推荐会展智慧服务吗？

A. 会　　B. 不太会　　C. 不会　　D. 不确定

杭州建设国际会议目的地的策略分析[①]

·华 钢[②] 叶 茂·

【摘要】文章首先简单论述了会议业及国际会议目的地的概念,从国际会议目的地建设指标体系出发,据此评价杭州建设国际会议目的的水平,以及存在的缺陷和问题,提出一系列可操作的优化对策。旨在通过对杭州建设国际会议目的地的策略分析,在杭州市的整体发展进程中,提高杭州的城市形象,提高杭州在旅游市场上的竞争力,为杭州带来直接和间接的经济效益与社会效益。

【关键词】国际会议目的地;策略分析;杭州市

一、引言

中国会议产业的发展开始于 2000 年,到今年已有了整整 20 年的时间,在这几年里,会议产业发展突飞猛进。会议的软硬件及各类配套设施已经逐步完善,专业会议组织者及会议提供方的专业水平也正处于逐年增长的态势,服务质量也不断提升。近十年来,尤其是在一线城市,以及各大沿海城市成绩尤为显著,产业发展的势头一直非常高涨,这与几年来中国经济的飞速发展,国际的文化、学术等各项交流活动的开展是密不可分的。

杭州,作为浙江省的省会城市,位于长江三角洲地区,属于该区域重要的中心城市之一。随着行政区划的改革,杭州城市的面积和管辖的范围得到了扩大,产业内容不断丰富,在全国各大城市中的经济地位不断跃升。2016 年的 G20 峰会,对杭州会展业发展影响深远。

---

① 本文获 2019 中国(杭州)会奖旅游教育与产业发展学术研讨会学术征文二等奖。

② 华钢,杭州师范大学钱江学院旅游管理系,系主任,讲师,浙江杭州,310016。

G20峰会使杭州的城市影响力扩大,会议接待能力大规模提升,基础设施得到极大改善,会议服务、会议产业也日趋完善,向着更加专业化和多元化的方向良性发展。凭借良好的国际化基础、丰富的国际会议办会经验和独特的资源禀赋,杭州越来越受到国际组织的青睐,在各大城市和地区中脱颖而出。根据全球最大的国际大会及会议协会(ICCA)发布的2018年度的全球会议目的地城市排行榜榜单上显示,杭州凭借28个国际会议,位列全国第3,亚太第21,全球第97,国内仅次于北京、上海,连续3年跻身全球百强行列。近10年来,杭州举办了214个国际会议,2018年所举办的国际会议数量相比2009年增长了20个;十年参会者总数达到了近6万人次,2018年较2009年增长了5734人,发展尤为显著。

顺势而为,市政府提出将杭州建设成为"国际会议目的地""赛事之城、国际会展之都"。因此,如何实现这一目标,需要政府、业界和学界多方面发力,寻找杭州建设国际会议目的地的短板和不足,提出杭州建设国际会议目的地的路径和方法。因此,从国际会议目的地建设指标体系出发,据此评价杭州建设国际会议目的地的水平,以及存在的缺陷和问题,提出一些可操作的优化对策。

二、相关概念界定

(一)会议的概念

关于会议的概念的界定,目前被大众广泛接受和认同的是世界旅游组织(World Tourism Organization,缩写:UNWTO)的定义解释。所谓"会议"就是"一群人有组织有目的地聚集到某个具体的地点,共同商议某件事项或者举行某项活动",会议作为人类社会的一种社交、公关、政治、意见交流、信息传播及沟通的活动,需要由两位或多位人士参与。

在英文中表示会议的词语众多,主要包括Gathering(集会),Meeting(大会、会议),Convention(年会、代表大会),Congress(定期会议),Forum(论坛)等,这些词语均拥有共同的特点,即用于拓宽业务,激励参会者交流沟通分享各自的学术观点。

(二)会议产业的概念

会议产业是指通过规模化、集中化、现代化的手段开展会议及相关活动的行业,属于第三产业,其活动主体主要包括了专业会议组织者(PCO)、会务服务提供者、场地提供方(DMC)、会议主办方等。会议产业能够通过各种形式的会议创造巨大的直接和间接经济效益和社会效益,如带动酒店、运输、饮食、购物、旅游和文化交流项目的发展,是一个能够带动上下游相关产业的并且与其他行业关联度极高的综合性龙头行业。

(三)国际会议目的地的概念

所谓目的地,即想要到达的地方,这个地方可以是一个场所、一块区域,也可以是城市甚至国家。“会议目的地”通常可以指参会者需要通过旅行的方式到达的地方,并在此地入住酒店且在会议以外空闲时间里进行游玩和参观。而其又具有较强的“不固定性”,绝大多数大型的商业性会议、学术会议流动性高,每年都会选择在不同的国家或者城市举办,不仅希望在不同的地方举办从而提升其在各地的影响力和知名度,且希望不同的地方能够带给参会者新鲜感,满足他们闲暇时间游览的需求。“会议目的地”的范围由大及小,首先是指“国家”,也可以是该国家的某个重要城市或者某块区域。因此形成了“会议城市”,会议市场竞争的内容之一就是会议城市之间的相互竞争力。

而要打造“国际会议目的地”,就要放眼于国际大型会议,自身城市是否具备较强的国际影响力和城市吸引力,会议设施是否具备高端会议的召开条件,是能否成为高端国际会议的首选城市的重要因素。

三、国际会议目的地建设的指标体系

(一)主流指标体系概述

由于国际会议目的地的建设情况的指标众多且复杂,所以先收集和归纳以往国内外学者的研究中普遍使用的指标作为参考。国内学者王素洁(2010)在分析中国作为国际旅游目的地的评价时引入了购物、历史文化遗迹、自然景观、气候、食物、住宿、服务质量、会议与展览设施、安全保障等 19 个因素。由于与会者在参会期间也会参观游览景点,故旅游与会议有一定的关联性。而学者方萍(2013)在城市会议目的地的评价指标构建中针对会议层面的指标进行了列举,包括会议中心设施、会议中心的人员服务质量、餐饮及宴会服务、饭店客房供应数量等指标。刘海莹(2014)在如何打造成功的会议目的地中也认为安全、可进入性、旅游资源、基础设施、会议专业组织、服务质量这 6 个要素是会议目的地不可缺失的。

(二)指标构成分析

通过上述对国内学者研究成果提及的关于会议目的地建设的各指标可行性的整理和考量,结合杭州本身的特点和区位优势,最终选定了以下共 21 个指标,大致可分为两类,一类属于城市公共服务层面的宏观指标,另一类属于专业会议层面的微观指标。

1. 宏观指标

共 15 个相关指标(见表 3-5),作为目的地,首先就要考虑环境、气候、餐饮、住宿、旅游景点、交通便利性等旅游六要素，另有城市文化、民众素养，同时根据马斯洛的需求层次论，作为低级别需求的安全需求也是选择会议目的地的关键因素；同时，杭州会议目的地必须兼备“国际”方面的指标，包括国际航班的数量、语言沟通、预计城市对外友好度。为了能够吸引足够多的国际参会者和嘉宾，国际性的指标也是不可忽视的。

表 3-5 杭州国际会议目的地宏观指标

宏 观 指 标		
环境整洁度	气候适宜性	安全保障
餐饮条件	住宿条件	旅游景点可玩性
城际间的交通便利性	市内交通便利性	国际航班数量
城市文化	民众素养	语言沟通
城市对外友好度		

2. 专业会议层面指标

作为国际会议目的地，当地 PCO/DMC 的专业度是能够大大提升会议产业的整体专业性的，同时 PCO/DMC 也需要大量的、专业的会议相关人才的培育和引入，以及政府方面政策的扶持力度，故会议人才规模、政府扶持力度也是两个关键性的指标。在会议场地方面，是否拥有大型会议场地，能否容纳国际性会议参会者的人数，以及场地各项基础设施能否匹配国际会议的要求，会议服务质量能否跟进，会议服务人员素质是否足够高都显得非常重要。并且杭州作为电子商务中心之一，会议引进先进的高新技术，使得会议流程智能化，这也是杭州与其他国际会议目的地错位发展的优势点。综上所述，共引入 8 个指标（见表 3-6）。

表 3-6 杭州国际会议目的地指标（专业会议层面）

专业会议层面指标		
当地 PCO/DMC 的专业度	会议场地规模	会议场地设施
会议品牌化	会议人才规模	会议服务质量
会议流程智能化	政府扶持力度	

四、杭州国际会议目的地的建设情况分析

(一)数据来源

为了分析杭州国际会议目的地建设情况的优劣势,研究杭州国际会议目的地建设的问题与不足,通过收集业界人士对杭州国际会议目的地建设情况各项指标的满意度和重要性的评价,开展问卷调查。针对本次调查,设计了前文列明的共21项指标。

研究数据是通过网络分发给各会议相关企业(包括会议公司、会展公司、旅行社、高校教师等),于2019年11月11日至11月18日进行了为期一周的问卷调查所得。共收集调查问卷116份,其中114份问卷回答了问卷所述问题,2份问卷视为无效问卷作废。最后得出以下研究结果。

在本次调查中,以会议活动公司和会展活动公司为大多数,分别是39人和27人,共占比约58%。其次是旅行社的受调查者有16人,高校师生10人。酒店的受调查者最少,只有1人。在职位方面,其中受调查者以基层工作人员为主,占比约半数。30%为中层管理人员,11%为高层管理人员,另有高校的10位教师参与本次调查。具体相关信息如表3-7所示。

表3-7 受调查者社会特征

	项　　目	人　　数	百分比(%)
所在的单位/机构	会议活动公司	39	34.2
	会展活动公司	27	23.7
	政府相关部门	8	7.0
	行业性社会组织	6	5.3
	旅行社	16	14.0
	酒店	1	0.9
	高校(旅游会展等相关专业)	10	8.8
	其他单位	7	6.1
职位	基层工作人员	56	49.1
	中层管理人员	30	26.3
	高层管理人员	11	9.6
	高校教师(旅游会展相关专业)	10	8.8
	其他	7	6.1

（二）研究方法

这里使用重要表现程度分析法(IPA分析法)对杭州国际会议目的地的建设情况进行评价分析。该方法对提升项目满意度,提高项目的整体质量有较大的帮助,在会展和旅游等众多领域有广泛的应用。通过对重要性和满意度的均值作为交会点,满意度和重要性分别作为X轴、Y轴,形成一个简单明了、清晰直观的象限图(见图3-3)。

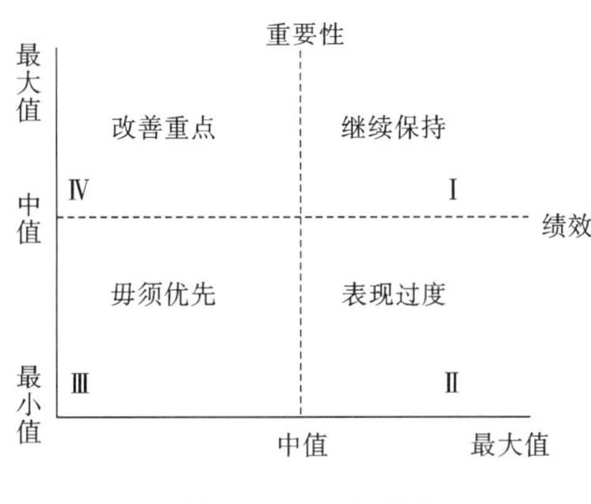

图3-3　IPA象限图

（三）分析结果

1. 杭州国际会议目的地建设情况满意度排序

根据对调查结果的分析,杭州国际会议目的地建设情况满意度的排序分别是安全保障、城市文化、城际间的交通便利性、民众素养、住宿条件、旅游景点可玩性、会议场地规模、环境整洁度、会议场地设施、餐饮条件、气候适宜性、当地PCO/DMC的专业度、会议服务质量、政府扶持力度、城市对外友好度、语言沟通、国际航班数量、会议流程智能化、市内交通便利性、会议品牌化和会议人才规模(见表3-8)。

表3-8　杭州国际会议目的地建设情况满意度和重要性排序

满意度排序	名　　称	满意度均值	重要性均值	重要性排序
1	安全保障	4.44	4.64	1
2	城市文化	4.28	4.14	21
3	城际间的交通便利性	4.26	4.56	8

续表

满意度排序	名　　称	满意度均值	重要性均值	重要性排序
4	民众素养	4.24	4.46	12
5	住宿条件	4.24	4.38	15
6	旅游景点可玩性	4.24	4.28	18
7	会议场地规模	4.22	4.58	4
8	环境整洁度	4.2	4.46	13
9	会议场地设施	4.16	4.58	5
10	餐饮条件	4.16	4.36	16
11	气候适宜性	4.14	4.2	20
12	当地 PCO/DMC 的专业度	4.08	4.6	3
13	会议服务质量	4.06	4.64	2
14	政府扶持力度	4.04	4.58	6
15	城市对外友好度	4.04	4.47	11
16	语言沟通	4	4.24	19
17	国际航班数量	3.98	4.36	17
18	会议流程智能化	3.94	4.46	14
19	市内交通便利性	3.92	4.5	9
20	会议品牌化	3.92	4.48	10
21	会议人才规模	3.84	4.58	7

2. 业界人士对杭州国际会议目的地建设情况的评价

根据杭州国际会议目的地建设情况的 IPA 散点图结果(见图 3-4)可知:

第一,安全保障、城际间的交通便利性、民众素养、会议场地规模、环境整洁度和会议场地设施位于“继续保持”象限,该象限是重要性和满意度都很高的区域,表明这些因素对国际会议目的地的建设非常重要,而业界人士对杭州这些方面表现出很高的满意度,可见未来只需要将这些指标继续保持或者稍作优化。

第二,城市文化、住宿条件、旅游景点可玩性、餐饮条件、气候适宜性位于“过度重视”象限,该象限属于满意度高但重要性低的区域,意味着这些指标业界人士评价都较高,但对国际会议目的地的建设并不那么重要。

第三,位于“次要改进”区域的有语言沟通和国际航班数量两个指标,该象限指标的满意度和重要性均偏低,业界认为语言沟通和国际航班数量表现一般,但其对杭州国际会议目的

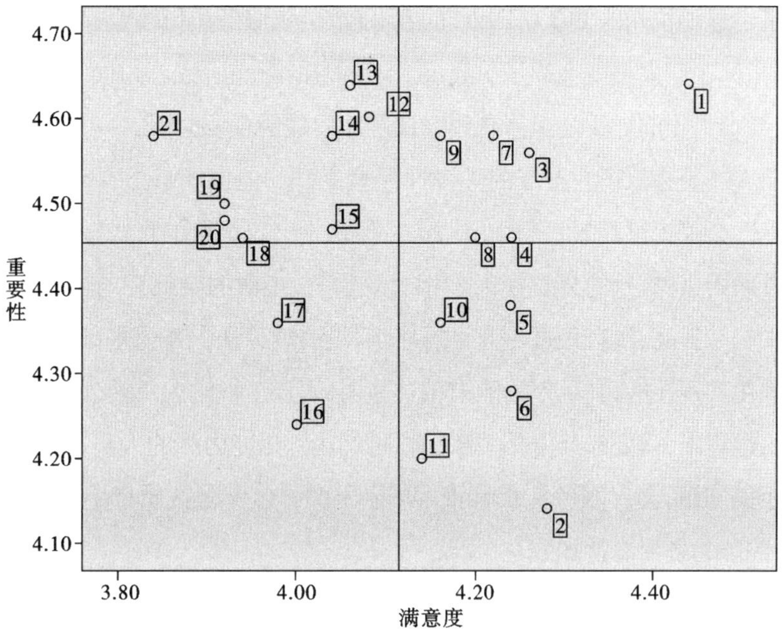

图 3-4 业界人士对杭州国际会议目的地建设情况的评价的 IPA 散点图

1. 安全保障；2. 城市文化；3. 城际间的交通便利性；4. 民众素养；5. 住宿条件；6. 旅游景点可玩性；7. 会议场地规模；8. 环境整洁度；9. 会议场地设施；10. 餐饮条件；11. 气候适宜性；12. 当地 PCO/DMC 的专业度；13. 会议服务质量；14 政府扶持力度；15. 城市对外友好度；16. 语言沟通；17. 国际航班数量；18. 会议流程智能化；19. 市内交通便利性；20. 会议品牌化；21. 会议人才规模

地的建设重要性不高，影响并不大。

第四，当地 PCO/DMC 的专业度、会议服务质量、政府扶持力度、城市对外友好度、会议流程智能化、市内交通便利性、会议品牌化、会议人才规模位于“重点改进”象限，这一象限具有重要性高，但是业界满意度较低的特点，可以说这几个因素对于杭州国际会议目的地的建设具有很大的重要性，而业界人士认为杭州在这几个因素的表现并不好。

（四）问题分析

根据上述研究分析结果可知，当地 PCO/DMC 的专业度、会议服务质量、政府扶持力度、城市对外友好度、会议流程智能化、市内交通便利性、会议品牌化、会议人才规模共 8 项指标是现阶段杭州国际会议目的地后续建设的关键因素，并需要重点优化提升。以下将深入解读各项指标，分析杭州国际会议目的地建设存在的问题和缺陷。

1. 会议高端人才缺失,服务质量参差不齐

分析结果中显现杭州的 PCO/DMC 的专业度、会议服务质量在业界的口碑都不尽如人意,而这 2 项指标在很大程度上都是受会议人才规模的影响所致。归根结底,会议人才规模的不足,会议高端人才的缺失是阻碍杭州会议产业发展的重要原因。

会议高端人才是会议产业发展的关键性因素之一。他们能够为本土的区域性会议、学术会议及国际性会议提供高效率的优质服务。但由于会议产业的形成较晚,政策不完善,界定模糊等多方面因素,杭州的会议型人才相对缺乏,大多数的会议公司员工都是现学现做,其专业化水平有待提高:没有经过专业化的培训,没有理论知识作为基础,没有从策划、管理到服务的流程化实践技能,并且外语能力相对薄弱,工作上很难为重要外宾等服务。在对接国际性项目的过程中,需要向其他相关部门临时调用外语能力强的人员,但由于临时调用人员缺乏会议相关知识、会议服务礼仪标准,从而导致了会议服务质量不高现象的出现。可见,会议人员的能力发展有待加强。

没有充分发挥好市场与大学的积极作用,缺乏相应的人才培养体制。目前杭州有十二所院校开设会展专业,并有多所高校在旅游管理专业下开设会展管理方向。但由于缺少企业与学校之间实质的沟通与对接,人才培养后只具备专业性的理论知识,缺乏相关企业的实践能力,导致了人才的流失。

2. 政府职能定位不明确,产业管理体制不完善

分析中业界对政府扶持力度的满意度不高,体现了政府对会议相关产业重视程度不高,职能不够明确,产业管理不够完善等问题,主要可总结归纳为以下两个方面。

首先,会议产业概念界定模糊。许多人通常对会议产业的概念不清晰,把会展业简单地看作展览业。国务院 2015 年 15 号文件《关于进一步促进展览业改革发展的若干意见》就只针对展览业,而通篇没有出现与会议业相关的文件内容。杭州现虽拥有“杭州市打造国际会议目的地城市专业委员会”,但每年定期召开会议、活动较少,对建设中出现的重大问题没有做到及时的解决和沟通。缺少会议促进局或会议局这样的政府官方职能部门。

其次,缺乏会议产业顶层设计。市会展办、市文化广电旅游局在会议方面都有相关涉及,业务范围、职能交叉重叠,专项管理部门人员稀少,无法集中统筹规划、协调处理,与其他相关部门联动,行使机构功能。仅一部门之力,很难做到对相关资源的整合。正因如此,会议产业至今没有针对性的对相关会议数据的年度统计,统计数据分散不详尽,难以查阅。

3. 缺乏专业的会议品牌及发展战略

在 G20 峰会的助推下,杭州在国际上的知名程度得到了极大的提升,虽拥有了“峰会杭

州”的会奖品牌，但分析中显示杭州会议的品牌化并没有得到高度的赞扬，且随着时间的推移，峰会的辐射力度大大减弱，杭州需要及时推出更具专业化、符合自身特点的杭州高端会议品牌。

杭州目前拥有的国际会议场所硬件设施具备举办国际大型会议的条件，但配套酒店住宿数量难以容纳参会人员，参会人员需要分批入住不同的酒店。此外，相应的PCO、DMC公司数量、规模相对于一流国际会议城市，例如国内的北京、上海依旧稀缺，且相应专业化程度并不高，暂时难以匹配较大型的国际会议。杭州缺少会议人才培养方案、相应的会议产业发展战略及国际化大型会议的引入，尤其是缺少受ICCA官方认证的会议的引入。杭州现由市文化广电旅游局对目的地进行推广和宣传，但这还远远不够。没有专业人才使用专业的方法，很难高效率优质地进行推介。

4. 城市交通便利性、对外友好度不足

分析中业界对于杭州市内交通便利性和对外友好度的满意程度居于较低水平，通常这两项指标与公共设施建设有较大关系。

G20峰会的成功举办，已经极大地推动了杭州城市国际化的进程，但仍存在公共服务水平低下，交通枢纽（如萧山机场、杭州东站、客运中心等）、道路、旅游景区等公共场所多语导航指示标识、道路指示牌不明显，外语翻译不规范、错误多且明显等误导与会者的情况，并且交通枢纽附近（如杭州东站、城站）道路有较为严重的堵车现象，尤其是在早晚高峰时间段，通行能力极差，导致与会者通过打车、开车等方式前往会议地点时浪费了较多时间与金钱，给参会者造成很多不必要的麻烦。

根据高德地图发布的《2019年Q1中国主要城市交通分析报告》显示，杭州在全国处于垫底行列，通行速度仅为41千米/时，平均每天会有6小时处于拥堵或严重拥堵状态。因此交通拥堵的治理刻不容缓。

在会议信息方面，大部分政府门户网站及会议相关网站仅拥有中文一种语言，即使有外语翻译的网站，网站新闻数量较少，年份较早，信息严重滞后，外语信息类网站缺少人员的管理和维护，极大地增加了参会者对会议资料、目的地会议相关信息了解的困难程度。此外，外语网站的相关信息存在翻译语句语意与中文意思不一致的情况，导致浏览者不能理解，因此杭州国际化城市的进程需要加快脚步推进。

5. 流程尚未智能化，高新技术有待引入

分析中还有一项会议流程智能化的指标业界认为有待提升。传统的会议签到流程繁琐，即需要去签到台翻阅与会者名录，然后签下姓名，领取会议资料。也有部分会议采用二

维码签到的方式,通常在寻找姓名环节和二维码扫描会花费一定的时间,同时也浪费了大量的人力资源。基本没有会议能够做到无纸、无人,或只需要会议志愿者引导辅助完成会议快速通关流程。杭州国际博览中心虽已具备二维码扫描闸机,但仍有诸多问题存在,有待解决。

杭州作为高新技术聚集地,人脸支付等支付方式及物联网技术已经走在国内城市前列。但杭州的会议公司并未引入相关智能化技术,用以提升会议流程效率及会议效果,提高与会者的体验。

五、杭州建设国际会议目的地的策略分析

(一)深化产教融合,提升会议人才素质

将产业与教育进行深度融合,积极开展校企合作,产业与教学之间相互支持,相互促进,让学生在学校学习理论知识的同时,又能够去会议的相关企业进行实践学习。此举能够大大提升会议产业的人才质量,并且能够向会议企业输送大批量对应的会议型高端人才。2019 年 11 月,浙江省教育厅表示将系统实施深化产教融合工程,培育 100 家产教融合型试点企业。

会议产业作为朝阳产业,急需抓住这次机会,将会议融入校园。在这样的机遇下,杭州现在所拥有会展专业的十二所高校,尤其像浙江大学城市学院、浙江经贸职业技术学院等这样有办学经验、师资力量雄厚的会展类专业优势院校,更应该承担起会议产业的使命。重点关注产教融合,与市内知名会议公司,例如杭州远成会议服务公司、杭州鑫桥会展有限公司促成校企合作,同时优化会展专业的人才培养方案,使其能够与企业进行紧密的结合。加大力度培养会议类专业人才,提升各 PCO/DMC 的专业度,以及服务整体质量对现阶段杭州国际会议目的地的建设至关重要。

(二)成立会议促进局,提升扶持力度

杭州现阶段的会议产业仍处于发展阶段,急需有专门的会议促进部门引导其快速、稳定的发展。故成立会议促进局,对杭州会议目的地建设具有深远影响。

第一,通过其来协调相关单位,整合政府、企业、高校等所有能够利用的资源,统筹各级相关部门的资源,统一制定行业标准、相关政策,对外衔接高规格的国际型会议,使其成为一个可依赖的统一的协调组织。

第二,会议局的成立在很大程度上提高了政府在资金上的支持,以及各项扶持制度的细

分,通过确立会议资金的使用管理标准,将资金使用情况记录在册,统一管理,能够很大程度缓解政府划拨资金没有用到实处的问题。并实行奖励扶持制度,按照规定,对相关表现突出的会议企业进行奖励,带动整个行业的成长。

(三)打造专业会奖品牌,推进优势产业融合

致力打造专业的会奖品牌。杭州作为国内最具幸福感的城市之一,拥有优美的风景和悠久的历史文化,将旅游与会议相融合,让参会者在工作之余,能体验城市之美,享杭州之魅力。杭州应充分利用自己的区位优势,拓展新的城市利用空间,在西湖群山、西溪湿地开设会议小镇,形成会议集群和旅游景区联动,主打文化休闲类高端会议,结合智能、物联网、云技术等高新技术产业,提升会议品格和质量,在服务中保证自身的服务标准,形成具有自身特点的模式,提供人性化、有特色的服务。远期则辐射桐庐、富阳、千岛湖等地,加快交通便利性设施建设,带动整个杭州会议产业的发展。

继续推进会议品牌的营销。制订详尽的推广计划,邀请其他城市乃至国家的机构、企业、高校来杭进行考察、体验,开发奖励旅游,向各行各业的精英介绍、推荐。通过流行的网络平台如抖音、今日头条、微信公众号等渠道,介绍杭州会议产业,制作大型杭州会议产业宣传片,并配以多种外语字幕,便于外国人士了解。让会议产业品牌带动会议产业发展,形成高端化、专业化、国际化、定制化的会议品牌集群,提升会议产业品质,提升杭州会议市场的影响力。

加快各产业与会议产业的融合。会议作为产业链上紧密的一环,能够带动大部分的产业,各产业的发展也离不开会议。通过与会议融合能够形成产业优势,为杭州的会议产业打下坚实的基础。例如,杭州的互联网等高新技术企业就能够吸引在该领域的大型区域性会议乃至国际性会议落户,并能够借此打造独创品牌。同时,将会议与会展业中的展览、节庆活动结合,进行理念的创新,打造“展中有会,会后有展”,能够成为杭州国际会议目的地建设中的一大亮点。

(四)治理拥堵,提升对外友好度

发挥“城市大脑”作用,提升城市交通通行力。杭州作为首个探索“城市大脑”的城市,需要借助其在交通领域的作用,引入物联网、大数据,整合相关数据。比如,通过道路监控,测算车辆行驶速度,通过推算车辆通行效率,以此优化车辆在高峰期、非高峰期时段的红绿灯时间,局部主要道路设置绿波带,通过交通信号的配时优化,可以大大缓解交通拥堵情况。

完善杭州国际化的大环境,提高杭州的对外友好度。开设外文电视频道,外文媒体杂志,增加会议产业相关网站的外语板块,规范旅游外语翻译标识,提升公共服务水平,搭建与

国际相关的服务类基础设施和机构。由此鼓励和吸引国内、国际的会议协会及组织机构能够在杭州设立分支部门,引入国际型企业,诸如会议公司和奖励旅游公司在杭州设立分部,使得会议长时间留驻在杭州。

(五)利用新技术、新思路,优化会议流程

杭州作为中国电子商务之都,阿里巴巴企业的总部所在地,拥有一大批高新技术的企业,互联网领域的技术一直走在全国各大城市的前列。杭州作为智慧城市,拥有与阿里政企合作的城市大脑,整合交通、城管、文旅等各项资源。同样在会议服务领域,也可进行相应的资源传递整合,对其进行优化和集成。

在会议签到方面,应用智能3D人脸识别签到技术,并采用大数据分析,简化和优化繁杂的纸张签到,提高参会效率,节省与会者和工作人员的时间,更能够有效防止其他会议无关人员的进入和会议现场意外的发生;在现场管理方面,采用智慧流程管理,对会议流程、PPT演讲等环节进行批量整理,快速展示会议资料,简化PPT播放步骤,能够有效控制会议时间,避免会议进程拖延导致与会者行程上的耽误;在会议用车方面,全市建立会议服务用车系统,有效记录车辆使用次数、会议接送人数,降低会议用车成本,解决繁琐的开具发票流程,并提供行程和用车记录;在住宿方面,利用人工智能技术与人性服务的特性,优化和补足人性化服务的短板,提升与会者参会全程的满意度。

通过与市内优势企业的合作,运用全新的互联网技术、大数据技术、5G+等先进技术与会议相结合的模式,不仅可以升级会议服务的硬件设施,提升会议效果,还能给来杭州参会的与会者带来更好的体验,从而形成会议业的新模式。

参考文献

[1] 胡平.商务旅游目的地游客满意度的实证研究——以上海徐家汇为例[J].旅游科学,2008(1).

[2] 王素洁,胡瑞娟,李想.美国休闲游客对中国作为国际旅游目的地的评价:基于IPA方法[J].旅游学刊,2010(5).

[3] 朱峰.城市会议目的地竞争力评价指标体系研究——以中国沿海17城市为例[J].旅游学刊,2011(2).

[4] 王起静.基于协会会议参会人角度的国际会议目的地竞争力研究——以北京为例[J].旅游学刊,2011(10).

[5] 周娟.学术会议目的地评价因素研究[D].上海:华东师范大学,2011.

[6] 方萍.城市会议目的地评价体系构建及满意度研究[D].上海:上海师范大学,2013.

[7] 刘海莹,许锋.如何打造成功的会议目的地[N].中国贸易报,2014-07-22.

[8] 文艳.后峰会时期杭州会展业发展策略研究[J].经贸实践,2016(14).

[9] 段金梅,万方秋.基于会议旅游目的地选择标准的珠海竞争力研究[J].现代商贸工业,2016(25).

[10] 吴丹,霍云云.上海会议目的地传播竞争力评价体系[J].新闻研究导刊,2016(18).

[11] 艾安鑫,陈思宇.产业链视角下的杭州会议产业发展问题与对策[J].现代商业,2019(20).

[12] 陆立军,陈丹波.杭州40年:走创新驱动之路 铸创新活力之城[J].杭州(周刊),2018(40).

[13] 孙豪建.杭州会奖旅游开启新经济会议目的地新篇章[J].杭州(周刊),2018(48).

[14] 杭州市人民政府办公厅.杭州市人民政府办公厅关于印发杭州市加快推进会展业发展三年行动计划(2018—2020年)的通知[J].杭州市人民政府公报,2018(8).

[15] 金佳媚.基于政府视角打造高端国际会议目的地对策研究[D].杭州:浙江工业大学,2018.

[16] 林丽青.基于钻石模型的国际会议目的地城市竞争力研究[J].品牌研究,2018(8).

[17] 任聪,王琼英."互联网+"背景下会议产业创新发展研究[J].现代商业,2019(16).

[18] 李知矫.打造国际会展会议目的地之城——专访杭州市商务局党组成员、巡视员张铭[J].中国会展,2019(15).

[19] 薛莹.国际会议目的地的城市竞争优势:杭州案例研究[J].江苏商论,2019(1).

[20] 刘逸,徐晓静,赵莹.基于TSE和IPA模型的城市旅游形象感知和差异研究——以广东省为例[J].旅游论坛,2019(6).

[21] Jung M. Determinants of Exhibition Service Quality as Perceived by Attendees[J]. Journal of Convention and Event Tourism,2005(7).

[22] Judith Mair, Karen Thompson. The UK Association Conference Attendance Decision-making Process[J]. Tourism Management,2009(3).

“杭州国际日”如何发挥城市国际化品牌效应[①]

· 陈堉昕[②] ·

【摘要】杭州国际日是杭州设立的永久性节日。其目的是为了充分整合国际化资源,策划举办多层次、多领域的国际交流活动,合力推进杭州城市国际化。本文介绍了“杭州国际日”设立的缘由及往届举办活动概况,通过国内外经典案例进行对比分析,最后展望“杭州国际日”的未来发展,探讨如何使“杭州国际日”成为具有国际影响力的活动。

【关键词】杭州国际日;城市品牌国际化

一、“杭州国际日”设立缘由及前期活动

(一)设立缘由

2018 年 4 月 27 日,杭州市十三届人大常委会第十一次会议通过了《关于提请审议设立“杭州国际日”的议案》,并在《杭州市城市国际化促进条例》中以立法形式规定设立每年的 9 月 5 日,也就是 G20 杭州峰会的闭幕日为“杭州国际日”,旨在讲好杭州故事,进一步展示城市国际化和对外交流成果,分享杭州在数字经济、文旅经济等领域的发展经验,让世界了解杭州、让杭州贴近世界。杭州也成为国内第一个立法设立“国际日”的城市。“杭州国际日”的设立,是对杭州过去十年活动建设成果的肯定,是杭州品牌意识与品牌输出的强化,同时也是杭州进一步实现城市国际化的战略体现。

---

① 本文获 2019 中国(杭州)会奖旅游教育与产业发展学术研讨会学术征文三等奖。

② 陈堉昕,浙江越秀外国语学院,本科生,浙江绍兴,312069。

杭州在城市营销过程中，围绕着“生活品质之城”的城市品牌定位，构建了系列城市品牌活动：生活品质市民体验日，生活品质国际体验日，生活品质行业点评，生活品质视觉点评（摄影大赛），生活品质全民饮茶日，生活品质总点评发布等。其中，杭州生活品质总点评、杭州市民体验日和杭州国际体验日已成为杭州三大标志性品牌活动。其中，推出杭州国际体验日活动，其主旨即希望在杭州的外国朋友通过接触活动体验杭州现代治理新模式与成果，自发为杭州进行城市宣传，树立杭州城市口碑。

早在 2008 年，杭州就以“东西方生活文化交流”为主线，以体验活动的方式，开始邀请外国人来感受杭州氛围。立足于杭州城市品牌国际化的高度，让国际友人感受和体验杭州的生活品质建设成果，目的是让杭州向世界打出“生活品质之城”这张漂亮的牌。作为“杭州国际日”的原型，杭州生活品质国际交流日定在每年 4—5 月举办。活动精心安排了“茶与咖啡”“中医与西医”“国画与油画”“民乐与西洋乐”等东西方生活方式的现场体验活动。自 2008—2012 年举办以来，活动邀请了来自欧美几十个国家和地区的国外媒体、国外政界、学界、行业代表，以及在杭外企高管、在杭高校外教等近 600 位国际嘉宾，体验具有杭州特色的 100 多个生活品质体验点。嘉宾们纷纷表示非常愿意来杭做客、生活、创业，并在随后的生活品质国际日座谈活动中表达了对杭州的由衷赞美。

据统计，2008—2017 年，已有 30 多个国家，3000 多位驻沪领事、文化参赞、商会代表、外籍教授、外企高管、国际艺术家等国际嘉宾，参加了 100 多个专题体验交流活动，为世界了解杭州，也为杭州了解世界打开了一扇窗。

（二）目的和意义

杭州的人才流入率和海归人才净流入率居全国城市首位，入选“外籍人才眼中最具吸引力的中国城市”前三位；入境旅游人数、旅游外汇收入均列全国副省级城市前三位，成为“一带一路”地方合作委员会牵头城市、全球首个可持续发展试点城市，入选全球 52 个最值得到访的旅游目的地。杭州也是国际标准化组织会议基地，中国国际茶叶博览会、世界工业设计大会、世界旅游联盟总部永久落户，成功举办了金砖国家 5 个部长级会议等国际性会议活动。中国国际动漫节、杭州西湖国际博览会、休博会、文博会、云栖大会、国际人才大会等会议活动的国际影响力不断扩大。

2016 年 9 月 4 日至 5 日，举世瞩目的 G20 峰会在杭州召开，把杭州推向了世界舞台中央，在杭州发展历程上具有里程碑意义，为杭州提升城市国际化水平带来了千载难逢的机遇和丰硕成果。将 9 月 5 日设立为杭州市的永久性节日，有利于巩固扩大 G20 杭州峰会带来的丰硕成果，使全市上下保持和弘扬服务保障 G20 杭州峰会的理念、作风和精神，成为杭州当好新时代干在实处、走在前列、勇立潮头排头兵的强大精神动力。

杭州市人大常委会有关负责人在对此议案作出说明时建议,以“杭州国际日”为主框架,充分整合国际化资源,进一步调动杭州市有关部门、在杭高等院校、新闻媒体、行业企业、社会组织、广大市民等各方的积极性、主动性、创造性,策划举办多层次、多领域的国际交流活动,营造齐心协力推进杭州城市国际化的浓厚氛围,使全市上下心往一处想、劲往一处使,合力推进杭州城市国际化进程。

(三)往届回顾

“杭州国际日”设立至今共举办过两届。

1. 2018年“杭州国际日”

2018年9月5日上午,以“促合作创新,建世界名城”为主题的“杭州国际日”活动拉开帷幕,来自29个国家和地区的驻沪领事、国际友人、国际高端人才等106位外籍人士参加大会,逾360位中外嘉宾济济一堂,共话美好未来(见图3-5)。

2018年“杭州国际日”活动主要有“人才与城市国际化”论坛、2018年“驻沪领事杭州行”、2018年“杭州民营企业牵手‘一带一路’沿线国家”对接洽谈会、“一带一路”沿线国家及海外青年走进大创小镇主题活动、“我在杭州学手艺——十大外国人喜爱的访问点”发布活动、“爱杭州”城市外宣品牌活动、“我为亚运赋能”活动——2018杭州国际创业马拉松等。

图3-5 2018杭州国际日活动

2. 2019 年“杭州国际日”

2019 年“杭州国际日”期间，来自 38 个国家和地区的驻沪领事、国际友人、国际高端人才等外籍人士齐聚杭州，共话合作发展未来。

2019 年“杭州国际日”的主题为“杭州联通世界”(见图 3-6)。主要活动有市民中心国际日主题展(杭州馆 9 个，外国国家馆 20 个)，2019 杭州国际友城市长论坛，发布《创新型城市杭州倡议》，推出首份全英文报纸《Hang Zhou Feel》(韵味杭州)，国际“友谊林”植树等活动，并安排外宾参观阿里巴巴集团、良渚遗产监测管理中心、良渚古城遗址等地，以及品鉴“知味杭州”美食文化。杭州友城掠影如图 3-7 所示。

图 3-6　“杭州联通世界”外国国家馆

图 3-7　杭州友城掠影

二、国内外经典案例分析

在中国,比较有名的城市节日要数“世界城市日”了,设立源起 2010 年上海世界博览会,以“城市,让生活更美好”作为总主题,每年根据不同情况设置不同的年度主题。举办地点也不仅仅局限于上海,如 2019 年“世界城市日”由河北省唐山市承办中国主场活动,全球场活动在俄罗斯叶卡捷琳堡举行。将主会场和分会场交融贯通,既提高了中国在其他国家心中的国际形象力,也使国内民众对其他国家有了更好的了解。在国外,城市节日举办成功的案例不少,涉及艺术、音乐、动漫、文化等多方面,不但民众参与度高,影响力大,而且具有愈久弥香的魅力,吸引了国内外民众的眼球,成为城市宣传的一张名片。例如伦敦动漫展、欧洲文化之都项目、威尼斯双年展项目等。这些相对成熟的城市节日,都具有一些相同的特征。

(一) 拥有成熟的运作机制

要举办一个城市节日,通常需要地方政府立法决定,并由会展公司、资讯策划公司、旅游公司等相关机构运作和实施,以及有关部门单位的后期安全保障支持。以上海为例,为了举办世界城市日,专门成立了事务协调中心,全面负责上海世界城市日的活动及相关事务。

(二) 清晰的目标定位

充分发掘城市节日的内涵价值,重视创新,精心设计,有序组织,全民参与,提高国际知名度和散发城市独特魅力。1893 年,威尼斯市议会通过了策划艺术双年展的提案,为威尼斯带来了活力与创新。威尼斯艺术双年展由政府负责统筹,充分发动居民参与,如居民参与展示活动,给予适当补贴。

(三) 明确的品牌影响

大多城市节日的宣传塑造方向,以品牌打造为主,凸显其权威价值,影响范围广,群众认同程度高。欧洲文化之都项目是欧盟文化建设的重要内容,已成为世界著名的文化品牌,目前已有 40 多个城市举办过长达一年的欧洲文化之都活动。威尼斯艺术双年展是世界三大艺术展之一,已是非常有名的品牌。

“杭州国际日”是杭州品牌意识与品牌输出的强化,也是杭州进一步实现城市国际化的战略体现。阿里巴巴作为中国“新四大发明”之一的网购,其载体电商平台是近年来中国发展势头最迅猛的交易平台,而作为电商平台的代表,阿里巴巴不仅在国内家喻户晓,更是在国际上享有不小的知名度,通过其发展历程,可以向参观者们展示中国创新进取的时代精神和艰苦奋斗的优秀品质,为中国精神和杭州的城市宣传助力。

（四）活动形式多样，内容引人注目

在互联网信息交流时代，丰富的内容就是宣传的永动机，当民众参与进来，会自发成为活动的宣传者。如2003年欧洲文化之都格拉茨（奥地利），这一年举办了6000个活动和108个项目，迎来300万游客，当地旅馆客房使用率比上年上升25%，吸引了大量民众的参与，使整个城市充满了浓厚的节日氛围。

在活动的组织方面，“杭州国际日”也在不断摸索进步中。2013年开始，杭州的旅游运营、营销与服务标准日趋国际化，以观光、休闲为主体的多元化城市产品体系基本完善，因此“杭州国际日”进行了成体系的方案策划与节日模块的丰富设计。2013年的“杭州国际日”以寻找杭州“国际元素”、启动仪式、东西方生活文化体验活动为三大板块。通过“国际交流使者”活动积极寻找在杭留学生、学者、中文俱乐部成员等能较为熟练介绍杭州的外国友人，作为国际日每条特色体验线路的交流使者，介绍、引导人文历史和体验活动，加强国际日的交流互动。

2014年的“杭州国际体验日”由“国际日主题体验”“居住（驻站）体验”“走出去”三大部分及其他有关配套活动项目组成。该节日及系列活动以“让我们生活得更好”为理念，以体验交流、对话研讨、展示表演为主要形式，从全市群众推荐的体验点中，产生一批凸显杭州特色的国际体验点，通过国际体验线路体验交流、国外传媒记者杭州游、生活品质国际日座谈活动等子项目，让国际嘉宾在感性体验与理性对话中深刻体验杭州的品质生活。2015年的“杭州国际日”特意甄选了20项“2015杭州国际体验点”，入选的国际体验点将作为杭州活动东西方交流的体验点，为来自世界各地的嘉宾带来既具杭州特色，又有国际范的体验项目，使国际友人充分感受中西文化高度融合的品质杭州。2019年，杭州牵手万里之外同为“爱情之都”的维也纳，在2019年8月7日，中国农历的“情人节”，即七夕节，杭州专门开辟了“1314路”“WE1314路”两条“中意巴士”。“1314”是“一生一世”的谐音，“中意”一语双关，既有中意、喜欢的意思，也是中国与意大利名称的缩写，体现两国友好邦交。

在2019年的威尼斯双年展领奖台上，立陶宛出乎意料斩获金狮奖，凭着这独具一格的作品，在一楼的人工沙滩，一群人在沙滩上嬉戏、休闲、自拍，仿佛身临其境（见图3-8）。来来往往的艺术爱好者、艺术家、观众驻足停留，一静一动，似乎在繁杂中找到一丝宁静（见图3-9），这便是这个作品的魔力。一个吸引人的活动，旨在唤醒人心中的共鸣，哪怕平凡至极，也能传递情感。

（五）走“杭州国际日”的专属道路

从人口、气候、文化、资源、气候等多个维度来考量，每个城市发展的道路都是独特的，其

图 3-8　人工沙滩

图 3-9　人工沙滩前观众驻足停留

他城市的城市日活动方式并不完全适用于杭州。杭州要调整传播战略,把握 5G 时代到来的机遇,讲述独特的杭州故事。现在的杭州,正向着世界名城昂首阔步,2022 年又将迎来第十九届亚运会的盛大召开,“杭州国际日”无疑是杭州提升国际化形象的一个重要举措,应抓住机遇,努力塑造“杭州国际日”品牌,营造节日氛围,进一步促进杭州与世界的联通互动。

杭州近十余年来的飞速发展与瞩目成就,使得杭州城市国际知名度稳步提升,尤其是在 2016 年 G20 峰会召开后,为这个充满江南韵律的中国现代大都市打开了通往世界舞台的一扇窗。按照规划杭州将培育一批国际知名创新型领军企业、打造产业高地,成为“互联网+”国际引领城市。挖掘传统文化精髓,发挥西湖、大运河、良渚“三世遗”带动效应,成为东西方文化国际交流的重要城市。建设国际性区域交通枢纽、杭州空港国际及地区通航点达到 40 个左右,打造亚太地区重要的国际门户。随着各项规划实施完成,杭州的“国际范儿”也将逐步练成。越来越多的外国朋友们听说杭州、谈论杭州、体验杭州并了解杭州。当北京、上海、广州不再是外国朋友谈及中国城市的固定答案时,杭州也愈发受到国际舆情的瞩目。

三、“杭州国际日”未来设想

(一)融入高新科技

在今后的“杭州国际日”活动举办中,以实际行动落实“创新、活力、联动、包容”的杭州共识，可以考虑一年一个主题，有规划、成体系地加强社会参与程度、项目形式丰富度、交流体验深入度及活动本身的知名度，结合杭州最新的科技成果，让成熟的数字产品走出去，把外面高水平的科技引进来，开放杭州的数字科技之窗。向所有的参加者展示杭州及中国的魅力，以促进杭州在国际上的贸易与交流。

近年来，科技革命和产业变革风起云涌，数字经济发展方兴未艾。杭州是中国数字经济发展先行城市，在电子商务、云计算与大数据、人工智能、数字内容、信息安全等领域打造了若干有国际影响力的产业中心；“城市大脑”在重点行业领域的系统建设基本完成，达到世界领先水平；拥有阿里巴巴、网易等名企，IT 人才流入率占中国首位。从科技因素方面分析，“改变人类命运最戏剧化的因素之一是技术”，社会的发展，离不开技术，没有技术和产品创新，就没有社会的成长与进步。接下来几年的国际日可以以科技为导向，利用互联网技术对目标受众群体进行分析，了解不同群体的需要，并为之量身打造，提供精准服务的活动。提出包含“5G”的主题，将最先进的科技融入“杭州国际日”的展示与展览中，利用网络系统，向办展会一样，推进展会规范化、流程化、智能化和管理自动化。应用最新的二维码签到、移动互联网 LBS、人脸识别技术，提升完善现场服务。论坛与科技有关，各项活动更是与科技紧密相关，应用 3D 技术如 VR/AR/MR 等再造活动现场互动游戏、虚拟 AI 表演、智能灯光秀与音乐喷泉、全息投影表演、投影窗等，在科技创新的基础上开展创意活动。

（二）采用新媒体传播方式

愚者筑墙，智者开窗。在新媒体多渠道的融合背景下，中西方对非官方组织与关键意见领袖对民众意志表达的需求与日俱增，媒介技术的提升也将各种宣传渠道的传播范围与方式不断更新丰富，为提升杭州城市国际日的质量奠定良好的基础。

我们可以学习国外媒体融合发展的经验，它们主要是在技术创新、市场运作、管理体制等方面下了功夫。基本的媒体融合模式是依靠大数据、云计算等信息技术深层挖掘信息内容，将不同媒介形态集中到一个多媒体数字平台上，实现报纸、广播、电视、电脑、手机等信息终端的功能一体化，并且各有特点。有的公司主要是依靠多平台推广与使用 AR 技术，有的公司更加注重利用自身的社交平台围绕用户的人际关系网络展开信息传播，有的则是依靠全打通的新闻采编室来协调和统筹报道事务。

国内媒体融合发展虽然尚处于起步阶段，但也有部分率先实现转型的优秀媒体的成功经验和前沿性探索可以借鉴。比如“人民直播”坚持移动优先战略，在运用中央厨房机制、把握用户中心、积极探索平台化战略方面的经验值得借鉴。新华社将现场云与媒体大脑

Magic“双剑合璧”,使得Magic将来自现场云的直播素材实时转化成短视频,这是新华社在媒体融合和智能化应用上的一次前沿性探索。

(三)共享共建共赢

美好的城市生活是共享的,共享经济增长的成果,共享平等的社会权利,共享均质的公共服务。共享要求共建,要充分调动和发挥各方面的积极性、主动性、创造性,集聚促进城市发展的正能量。

可以说,在城市化这一极具变革性的澎湃潮流中,我国城市发展波澜壮阔,取得举世瞩目的成就。当前,我国城市已进入新的发展时期,以人为核心的新型城镇化正在推进,努力把城市建设成人与人、人与自然和谐共处的美丽家园,实现城市让人民生活更美好的目标。

政府、社会、市民是城市建设的三大主体。无论过去还是未来,在城市发展和建设的过程中,政府始终是主导,提高各方积极性、尊重并鼓励公众更多地参与城市决策和建设,这是城市发展思路的重大进步,是“以人为本”精神的重要体现。只有政府、社会、市民同心同向行动,政府有形之手、市场无形之手、市民勤劳之手同向发力,才能切实提升城市的管理和运营水平,才能真正实现美好城市的共建共享。

这在城市国际传播中具有很强的操作性与可复制性。整个“杭州国际日”的策划理念与主题都是围绕美好城市共建共享的宗旨,期望通过国际嘉宾的参与体验,切实实证杭州国际化的方方面面,并提升杭州的国际口碑与城市美誉度。

(四)坚持绿色发展理念

正如习总书记所提出的“绿水青山是金山银山”的国家生态发展要求,要在活动策划理念、资源整合、活动场馆运作、活动参与行为、活动区块链接和活动信息管理等方面真正实现生态化。生态发展是大势所趋,环境所迫,发展所需。随着环境问题的不断突出,生态优先发展将会越来越受重视,是趋势也是必然。从自然因素方面分析,绝大多数的生产生活活动不可避免地要破坏自然环境,而如今从联合国到世界各国政府都对环境的污染给予了足够的重视,并制定了相关的法律予以制止,这既是保护地球环境的客观需要,同时又是“人与自然和谐共处”的大势所趋,对会展行业来说,其与环境的因素是极为相关、不容忽视的。展会所产生的垃圾,既难以收集又难以分类,所以“互联网+垃圾分类”也是今后几年可以尝试的。通过现场设置分类垃圾桶,或在杭州特色馆中特别设立杭州垃圾主题馆,为参观者介绍杭州在垃圾分类上做出的努力与创新。

参考文献

[1] 张卫良.城市品牌与城市节日[J].杭州(周刊),2019(33).

[2] 章湧.杭州:注重国际交流扩大全球“朋友圈”[J].杭州(周刊),2019(33).

[3] 佚名.一个更精彩的“杭州国际日”值得期待——专家建言城市国际化[J].杭州(周刊),2019(4).

打造钱塘江文化创意旅游示范区的对策研究

·叶　虹　杨保福[①]·

【摘要】浙江省作为中华五千年文明史的实证地和江南文化发源地,拥有异常丰富的文化和旅游资源,其中钱塘江流域文化是浙江人民弄潮儿精神的典范和标志。在长三角一体化融合发展中,浙江如何找准定位,发挥资源优势与其他省市差异化发展,走出属于自己的创新路径值得探讨。本文以创建钱塘江文化创意旅游示范区为题,从理念创新、产品创新、品牌创新等角度入手,提出思考和路径。

【关键词】钱塘江;文化创意旅游;整合营销

钱塘江是浙江的“母亲河”,作为一条承载着华夏文明悠久历史的文化大江,具有“海纳百川、兼容并蓄”的特性,江南文化、钱塘文化、富春文化、严州文化、西湖文化等多元文化共同汇聚成璀璨的钱塘江文化体系,为发展钱塘江流域旅游提供了丰富的素材。进入新时期,钱塘江流域发生着日新月异的变化,已成为“中国样板、浙江实践”的标志性区域。打造钱塘江文化旅游创意示范区,形成与“西湖、运河、良渚”齐名的世界级文化旅游品牌,对于提升浙江省旅游品质和国际竞争力,全面推进“文化兴盛”,具有深远意义。

一、“文化浙江”建设和钱塘江流域文旅的现状及对标先进案例存在的问题

浙江是中华五千年文明史的实证地,吴越文化、江南文化的发源地,文化和旅游资源丰富,种类多样,自然景观与人文遗产交相辉映。2017 年,浙江省发布《中共浙江省委 浙江省

---

① 叶虹,杭州市旅游形象推广中心(杭州市商务会展旅游促进中心)主任,浙江杭州,310001;杨保福,杭州市旅游形象推广中心(杭州市商务会展旅游促进中心)副主任,浙江杭州,310001。

人民政府关于推进文化浙江建设的意见》，提出实施文化浙江工程，打造文化新标识，着力提升浙江文化的引领力、创造力、传播力、竞争力，把浙江建设成为在全国具有重要影响的文化高地。2018 年，长三角区域一体化发展上升为国家战略，浙江省文旅融合发展面临新的机遇和挑战，如何找准定位，差异化、创新性发展，值得深入探讨。

2017 年以来，杭州市"拥江发展"战略的实施有力推动了钱塘江流域旅游经济的发展，但对标国际一流旅游目的地还有较大差距，主要存在的问题包括以下几方面。

（一）文化资源整合不足、呈散点分布，尚未形成体系

钱塘江流域有上百处省级以上文物保护单位、多项省级以上非遗项目及百余位省级以上非遗传承人。文化资源丰富、星罗棋布，但区域各自发展，未能形成合力，缺少系统性、持续性的提炼整合，点线面联动的整体效应不明显，对于数字化先进技术手段的应用不足。对标先进案例，钱塘江流域在运用数字化管理，对文化和旅游资源进行系统的保护和开发未完全跟上国际领先步伐。例如，加拿大就运用虚拟博物馆构建其文化遗产的数字王国，该馆由官方机构加拿大文化遗产信息中心负责，博物馆网络中心连接了全国上千个文博机构，且有效整合了文博专业人员的力量，包括博物馆从业人员、志愿者，以及来自艺术品展览中心、植物园、天文馆、名人故居、历史遗迹等单位的专业人士。

（二）文化和旅游产品缺少创新，同质化竞争较为严重

创意旅游强调对各类资源的多维度整合，特别是将传统旅游资源之外的各类资源运用创意的手法转化为旅游场景，在彰显目的地文化特性的同时，创造出全新的文化旅游体验。目前钱塘江流域旅游产品以自然山水、江南村落、风情小镇、滨水休闲四大类型为主。相似的自然景观、建筑风貌、文化渊源，相似的宣传营销思路、开发运营模式，导致钱塘江流域旅游出现了同质化竞争的现象，到访游客难以感受到独特的体验，更缺少深刻的记忆。如何通过创新思维、创意手段彰显钱塘江流域文化特色，是文旅产品开发面临的新挑战。对标先进案例，近年来，阿姆斯特丹、巴塞罗那、伦敦、悉尼等老牌旅游目的地纷纷通过打造"创意旅游目的地"完成产业升级，德国通过打造"浪漫大道"将世界文化遗产古城(镇)创意串联，形成全长 460 公里的文化旅游区块，西班牙瓦伦西亚通过举办"法雅节"让游客和市民共享传统文化的魅力。

（三）钱塘江文化品牌认知度、影响力不够，国际化程度不高

在浙江省特色的品牌形象认知中，钱塘江的认知度远低于西湖、京杭大运河等世界级文化遗产，也低于龙井茶和丝绸等特色物产，缺乏与钱塘江文化相关联的特色文创产品，也未较好地构建国际化的标识、色彩、口号等传播体系。对标先进案例，加拿大旅游合作组织的口号"唤醒海的旋律"(Awaken to the Rhythm of the Sea)，由新不伦瑞克、新斯科舍等四省

名字的缩写构成。视觉设计凸显四省海洋资源,采用加拿大国旗和四根青蓝相间飘扬的线,直观生动地传递出区域特点。以色列特拉维夫和耶路撒冷在统一的旅游营销口号“两座城市,一次周末游”(Two City,One Break)基础上,设计统一的标志、网站宣传版面,清晰直观地展现各自的旅游资源特色。

二、打造钱塘江文化创意旅游示范区的对策和建议

(一)应用数字化管理,构建钱塘江文化虚拟博物馆

面对丰富的文化遗产及地方优秀传统文化,借鉴国际成功案例,以前瞻性的思维构建钱塘江文化虚拟博物馆对于文化资源的整合、保护和利用意义深远。虚拟博物馆不仅仅是钱塘江文化的数字管理平台,也为公众提供一条全方位、多渠道了解、参与钱塘江文化保护与发展事业的路径。钱塘江文化虚拟博物馆应具备四项基本职能:一是建立钱塘江流域文化资源数据库。与沿线相关部门、博物馆建立数据共享,形成多层级、多类别的钱塘江文化遗产保护体系,实施文化遗产动态化监控和保护。二是举办虚拟展览。研发富有创新特色的在线产品,吸引对钱塘江历史和文化遗产感兴趣的游客。三是复刻人文记忆。包括支持流域区县(市)收集人文历史珍贵素材,帮助中小型博物馆举办在线展览,抢救文化记忆,激活无形遗产。四是发布媒体产品。包括国家级藏品的三维展示图像,为学校、研究机构提供多媒体学习资料库等。

(二)扩宽国际化视野,打造“钱塘江文化创意旅游示范区”金名片

钱塘江文化最大的特色是根植于生产实践,根植于民间,人们依江而住,与江潮共生互动的生产生活是钱塘江文化的灵魂。打造钱塘江创意旅游示范区,应当突出钱塘江流域文化特色,结合浙江省发达的数字经济、文化创意产业基础及一流的艺术院校,以国际视野、艺术眼光和创新思维开展创造。以多个文化资源集聚、文化特色彰显的亮点项目作为引领,串珠成线,形成钱塘江星罗棋布、亮彩纷呈的空间格局。根据钱塘江文化与旅游资源特色,建议首推三大具有国际影响力的品牌产品。一是打造“海上长城”古海塘文化遗址公园。明清古海塘达 280 公里,其规模之宏大,构造之精细,被誉为与长城、大运河并称的中国古代三大伟大工程。定位“世界级文化遗址公园”,高起点规划遗址博物馆、遗址公园,串联中国水利博物馆、钱塘江观潮点等景观资源,结合主题实景演出、3D 灯光等艺术形式,生动展现古海塘伟大工程和浙江人民“弄潮儿”精神。二是创建中国蚕桑丝织技艺文化创意体验区。中国蚕桑丝织技艺作为人类非遗项目,也是钱塘江文化的金字招牌。丝绸是浙江主推的文化品

牌之一，在产业（凯喜雅、万事利）、院校（浙江理工大学）、研究（中国丝绸博物馆）领域均处于国内一流水平。打造中国蚕桑丝织技艺文化创意体验区，活态再现钱塘江流域蚕桑丝织文化与民风民俗，深度推进丝绸文化与当代艺术、非遗传承、国际学术交流、旅游体验多维度融合发展，打造国际一流丝绸文化旅游示范区。三是推出“世界诗歌大会”国际品牌节庆。以钱塘江诗路为核心，每年举办全球诗歌大会，打造国际级诗歌盛会。同时结合当下流行的“汉服”潮，整合服饰、美食、音乐、雕塑、大地艺术、书法、彩绘、演出等元素，以多元化、年轻化、国际化的艺术形式表现中外诗歌的独特魅力，助力打造国际民间文化交流平台。

（三）开展整合化营销，多维度打响钱塘江区域品牌

塑造钱塘江文化旅游品牌，提升国内外认知度，除了创新产品，应进一步构建钱塘江文旅标识、色彩、口号等传播体系，分区域、分层次开展整合化营销。一是凝练文化，国际表达。通过科学化、专业化的梳理和调研，凝练出具有鲜明在地文化特色的钱塘江宣传口号和视觉形象。充分考虑国内外受众的文化差异和特点，强调情感共鸣，采用年轻化、国际化的语言生动表达。在主形象的基础上，根据区域文化特点统筹规划衍生丰富的子品牌形象。二是搭建平台，构建矩阵。借力浙江、杭州的宣传平台，促进海内外、流域内城市媒体深度合作交流。通过整合社交媒体、传统媒体资源，运用多样化的传播手段，共同搭建钱塘江文旅宣传平台，构建海内外传播矩阵。三是营造氛围，创新融合。在国内，可分阶段推出“钱塘江文化十景”“夜十景”“最美潮汐”等主题活动，提升参与性和知名度。在国外，主动与知名文化江河形成联盟，开展跨文化交流活动。在打造特色鲜明的文化 IP 时，引导、鼓励人们将钱塘江元素融入体育竞技、游戏动漫、影视创作、文学作品、艺术表演、休闲美食、时尚服饰之中，全方位、多角度提升钱塘江流域文创的知名度和影响力。通过构建具有江南底蕴、中国文化、世界风范的钱塘江国际文化交流平台，助推浙江成为东方文化交流中心。

参考文献

[1]　郑奕．博物馆教育活动研究[J]．中国博物馆，2015(1)．

[2]　厉无畏，王慧敏，孙洁．创意旅游：旅游产业发展模式的革新[J]．旅游科学，2007(6)．

[3]　辛欣．文化产业与旅游产业融合研究：机理、路径与模式[D]．开封：河南大学，2013．

杭州打造新经济国际会议目的地路径研究

· 杨保福　甘媛恬　王晓燕　陆彦莹① ·

【摘要】随着经济社会的高速发展,会议产业已逐步成为一种高端服务业态,在作为支持信息传播的媒介和载体的同时,也成为促进各项产业融合发展的有力推手。我国会议产业诞生于经贸环境逐步优化的背景下,进而发展壮大。随着大型国际会议举办的日益频繁,规模日趋扩大,如何实现高质量发展成为会议产业可持续发展的重要话题。本文旨在梳理目前杭州会议产业、优势产业发展现状,深入研究二者的内在联系、推进的主要做法和经验,并通过借鉴国内外其他会议业发达城市的发展模式,提出杭州打造"新经济会议目的地"的提升建议、发展举措等,为决策提供依据。

【关键词】新经济会议目的地;会奖旅游路径

会议与城市密不可分。城市为会议的成功举办提供必要的硬件设施、专业服务、产业及学科支持、文化与旅游体验;会议能提升城市美誉度、拉动城市消费、推动城市优势产业发展。近年来,杭州会议产业的发展正从资源优势向产业优势转变。会议产业与优势产业互为依托、相互成就之势逐步形成。杭州拥有发展会奖旅游得天独厚的 3 处世界遗产、4 项非物质文化遗产代表作、9 个会议酒店集群等资源禀赋,拥有发展势头强劲的数字经济、金融科技、生物医药、文化创意、新零售、新能源等新经济产业优势。双重优势作用,为杭州带来大批新经济产业领域重量级会议,成为杭州会议业发展的新蓝海、新引擎,赋予了杭州国际会议目的地的 "新经济"特性。在 ICCA(国际大会及会议协会)发布的 2018 年全球会议城

① 杨保福,杭州市旅游形象推广中心 (杭州市商务会展旅游促进中心) ,副主任,浙江杭州,310001;甘媛恬,杭州市旅游形象推广中心(杭州市商务会展旅游促进中心)会奖旅游部工作人员,浙江杭州,310001;王晓燕,新华社中国经济信息社,北京,100052;陆彦莹,杭州市旅游形象推广中心(杭州市商务会展旅游促进中心)会奖旅游部工作人员,浙江杭州,310001。

市排名中，杭州跃居全球第97，亚太第21，中国内地第3。

今日的杭州，数字经济作为新经济业态，被写入“一号工程”成为杭州重点发展产业；国际金融科技中心和全国新金融创新中心正在如火如荼的建设中；“新零售策源地”优势进一步拓展；新能源产业发展稳步推进；生物医药前沿领域布局加速，国内生物医药高地加快争创；文化创意产业的发展正提升城市第二、第三产业转型……新经济产业发展势头强劲，带动了新经济会议的旺盛需求，新经济会议对会议产业的拉动作用日益彰显。基于此，杭州适时提出并致力于打造“新经济会议目的地”城市，切实推动会议业与优势产业融合发展，促进新经济会议更多地落地杭州。

一、杭州打造“新经济会议目的地”的创新实践

杭州以推进旅游国际化为抓手，以营销国际会议目的地品牌、引进国内外高端会议为目标，抢抓机遇、谋篇布局、精准发力，开创了树品牌、强营销、推产品、兴产业的会议目的地发展模式。同时，全面联合本地优势产业，提出赋予杭州国际会议目的地打造工作以“新经济会议目的地”为属性，开启了杭州 MICE 新时代。

（一）理念新突破，强化会议产业顶层设计

1. 建立工作机构

杭州市文化广电旅游局(原杭州市旅委)于2003年成立杭州市旅游形象推广中心，2009年在推广中心内设立会奖旅游部，进行会奖旅游的营销工作；2011年，为整合会奖旅游资源，充分发挥杭州会奖旅游的整体优势，牵头成立了杭州市会议与奖励旅游业协会，涵盖会议中心、高星级酒店、会议服务商、旅行社、车船礼品公司、会展院校等206家会展产业链单位(截至2019年9月数据)；2015年，市旅游形象推广中心增挂杭州市商务会展旅游促进中心，承担全市会展、奖励旅游和商务旅游产业发展促进工作；2017年6月，组建了杭州国际会议竞标服务中心，发挥会奖企业主体作用并合力产生联动效应，承担国际会议的竞标工作。机构保障促进了大型会奖项目落户杭州，为来杭举办会奖项目提供了强有力的政府支持。

2. 强化顶层设计

2011年，杭州市文化广电旅游局(原杭州市旅委)加入国际大会及会议协会(ICCA)组织，并委托国际会议专家就杭州作为会议目的地的市场定位开展专项调研。明确了杭州以亚洲市场为重点，拓展欧美远程会议市场的目标和发展策略。2016年，《中共杭州市委关于

全面提升杭州城市国际化水平的若干意见》的文件,提出通过打造国际会议目的地城市,带动城市国际化水平发展,明确了会议产业地位。

(二)定位新品牌,持续推进营销推广精准度

1. 定位城市会奖品牌

2016 年,杭州 G20 峰会后,杭州会奖旅游业发展迎来了新风口,国内首个城市会奖品牌“峰会杭州”正式发布,用先锋视野、尖峰品质、巅峰体验、丰硕成果构建诠释品牌内涵,成为杭州的城市商务名片。2018 年,杭州市文化广电旅游局深入剖析城市优势产业与会议产业之间的关联,提出“新经济会议目的地”这一品牌特质,联合杭州优势产业,提出打造“新经济会议目的地”,进一步丰富“峰会杭州”会奖品牌内涵。业界认为,从推出全国首个会奖品牌“峰会杭州”,到打造具有国际视野和影响力的亚洲会奖旅游目的地,再到深耕城市自身优势产业,精准定位新经济会议目的地,杭州会奖旅游走出了一条属于自己的特色发展道路,且逐步攻破行业细分市场,塑造差异化优势。

2. 创新营销事件

2017 年 9 月 12 日至 13 日,杭州举办了“会在风景中——杭州 · 全球会议开发者发现新机遇”事件营销活动,邀请了多位具有亚太地区办会需求的国内外知名会议组织者及专业会奖媒体人士来杭州进行一系列资源体验和趣味竞技活动,充分体验杭州会奖的特色,并与杭州本地会奖企业进行创意的碰撞。活动首次设立海外第二现场——巴黎,设置了“杭州移动会议室”和“杭州会客厅”。向全球会议采购者展示了杭州丰富独特的会奖资源,传递了杭州会奖行业及服务的创造力和创新力。2018 年“会在风景中——杭州 · 新经济会议目的地”事件营销活动中,通过发布新经济会议案例评选榜单、新经济办会金融服务产品、新经济会奖旅游产品等系列活动,在业界第一次明确提出杭州打造“新经济会议目的地”的目标,赋予了杭州 MICE 更鲜明的特色。2019 年,实施“杭州 · 领创未来会议”事件营销活动,招募全国新经济领域企业代表担任“48 小时首席未来产业体验官”,来杭体验杭州的产业和会议资源,整合汇聚新经济产业小镇、产业集聚区等集群化平台,借助高科技呈现一场充满科技感与前瞻性的沉浸式会议体验,打造一场前所未有的“未来会议”模板,并首次推出十大“杭州新经济会议小镇”。

3. 实施“杭州会议大使”计划

“杭州会议大使”计划于 2011 年启动,每年挖掘符合杭州重点发展行业内的领军人物,以杭州市人民政府的名义聘任其为“杭州会议大使”。截至 2019 年,杭州先后聘任过 9 批共 58 位来自医学、理学、工学、教育学、艺术学、农学、管理学、法学、历史学九大学科领域的行

业精英担任“会议大使”一职。市文化广电旅游局推出14项包括提供竞标资料、协助制作竞标文件、联合阐标等服务，协助会议大使成功引进大量国际性、全国性、地区性学术会议。其中，2009—2018年，杭州共引进了214个符合国际大会及会议协会(ICCA)标准的国际会议，参会者总数达近6万人次。这些会议的引进，不仅为杭州带来可观的经济效益，还通过其在各自行业中所具有的影响力，为杭州带来产业先进技术和成果交流，推动杭州相关产业发展。这项由杭州创新实施的“会议大使”计划，已成为会议业与城市优势产业跨界融合的新典范。杭州在实现环境达标、技术达标、学术达标、人才达标、情感达标等办会硬件指标后，依靠专业领域的“会议大使”收集会议线索、协同开展会议竞标，则是杭州能够跃居ICCA全球会议城市榜单第97位、中国内地第3的晋升之阶。

4. 招会引会成效显著

(1) 特惠年引会：出台促进会议与奖励旅游项目引进的专项政策，实施“会奖旅游特惠年计划”，对来杭会奖项目实施政府、企业双重补贴的政策，吸引会奖项目落地。2013年至2018年末，共补贴1257.8万余元，引进各类会议项目200多个，参会人数超过10万人，直接会议消费2.03亿元，补贴和会议消费拉动比达到了1∶16，经济拉动作用显著，财政资金“四两拨千斤”的导向作用得到了充分的体现。

(2) 交易会引会：举办了三届中国(杭州)会议与奖励旅游产业交易会，搭建会奖资源展示和会议目的地品牌推广的优质平台，增进长三角地区旅游部门、酒店、旅行社、会议公司之间的交流与合作，邀请国际国内专家分享产业发展经验及前沿趋势。通过交易会共计引进会议918个，实现会议消费5.47亿元。

(3) 参展促销引会：组织超过280家会奖企业参与国内外专业会奖展会，如国际商务及会奖旅游展览会(IBTM World)、法兰克福国际会议及奖励旅游展(IMEX)、中国(上海)国际会奖旅游博览会(IT&CM)等，并开展新加坡、北京、广州、深圳、海口、南宁等国内外重点会奖城市促销活动，为企业搭建更宽广的营销平台；邀请20余批次超过700人次专业会议采购商来杭踩线考察，实地体验丰富的会奖旅游资源。

5. 构建推广矩阵

梳理杭州市会议酒店、展馆、特殊场地的信息，整合全市独具体验特色的资源，包装出适合会奖商务客群体验的150余个奖励旅游产品。在此基础上编制《杭州奖励旅游产品手册》《杭州会议手册》《杭州会议地图》等专项宣传品，为会议举办者提供详实有效的基础信息。通过整合杭州会议旅游领英(Linkedin)账号、官网、微信、微博等平台，开发会议App，发送会奖电子期刊等手段，构建起会议目的地营销矩阵。

(三)拓展新空间,实现与城市优势产业跨界融合

大力拓展资源和空间,推动会议业与新经济产业进一步融合。

1. 开拓产业会议设施新空间

近年来,杭州的特色小镇崛起,发展势头喜人,涉及数字经济、科技金融、时尚文创、健康医疗、新零售等多个产业领域。这些产业特色鲜明的小镇,通过引进龙头企业入驻发挥集聚效应,并且依托在小镇专业会场举办产业内有影响力的会议活动,成为杭州会议业发展的新引擎。为促进杭州优势产业与会议业的融合发展,宣传推广特色小镇新功能,助力杭州打造新经济会议目的地,杭州市文化广电旅游局从杭州特色小镇中优选云栖小镇、梦想小镇、大创小镇、玉皇山南基金小镇、艺创小镇、医药港小镇等十个"杭州新经济会议小镇",涵盖多个新经济产业领域,树立标杆,创新实施跨领域合作。并编制《杭州新经济会议小镇》手册,图文并茂地介绍各小镇详细的会场信息,列举各小镇曾举办过的标志性会议,切实服务会议服务商、办会企业及参会人员。

2. 整合推出奖励旅游产品体系

为提升会议目的地城市核心竞争力,在文旅融合、全域旅游的大背景下,带有杭州文化印记的会奖产品应运而生。杭州市文化广电旅游局已挖掘包装出"品文化、享生活、乐休闲、拼团建、筑梦想"5 大类 150 余个奖励旅游产品,涵盖传统文化、市民生活、团队建设、夜间休闲、商务考察等多个方面。"最忆是杭州""宋城千古情"等文艺演出享誉海内外,新引进的太阳马戏是在亚洲地区的唯一驻场演出项目;篆刻、制扇、雕版印刷等一批成熟的非遗技艺已被纳入奖励旅游产品体系中,成为可供商务团队选择的丰富文旅体验项目。

3. 选树新经济会议案例

面向全国范围由新经济领域企业主办的在杭举办的会议活动,推出"新经济会议精选案例"评选,从会议内容先锋性、会议在所属行业影响力、会议形式创新性、会议辐射面及出席嘉宾与专家量级等多个维度进行考量。经过线上征集和线下调研,并由会议专家、营销专家及经济领域专家构成的专家评审组评选,最终产生 1 个综合大奖(1 个获奖案例)和 5 类单项奖(10 个获奖案例),并通过这些获奖案例的解析与宣传,突出杭州强势产业的引会优势及会议活动对产业发展的辅助作用,为杭州新经济会议发展提供宝贵经验,为会议产业从业者提供行业洞察与真实素材。

(四)搭建新平台,构建公共服务平台提升服务水准

1. 首创竞标服务中心

联合会议大使、航空公司及会议产业链相关企业,共同组建杭州国际会议竞标服务中

心，瞄准国际协会会议市场，制订竞标计划、开展竞标培训、协调竞标支持、提供竞标服务，形成政府搭台、企业参与、共同决策、科学营销的良性机制。竞标中心每月面向其成员发布会议竞标线索及报告，并成功协助杭州会议大使申办2022年亚太催化大会。

2. 制定行业标准

起草了会奖行业标准《会议服务机构管理和服务规范》，并于2017年通过杭州市质量技术监督局发布，经过两年多的企业宣贯及评定工作的开展，已有17家优质企业获评达标认证。2019年又组织开展了杭州市首批会议服务示范机构评定工作，并创新性地在评定工作中增加了企业路演推广环节，目前已评出5家示范机构。此举措有效提高了会议服务质量管理水平，促进了产业服务专业化、规范化、品牌化发展。2018年，在全国范围内创新性发布了《奖励旅游服务和管理规范》地方标准，规范本地企业在操作奖励旅游项目中的服务要求。

3. 加强人才培养

连续举办四届“中国(杭州)奖励旅游产品创意策划大赛”，培养会奖旅游应用型专业人才。实施“MICE英才培训计划”，为旅游业、会奖业等发展提供强有力的人才智力支撑。

二、杭州打造“新经济会议目的地”的经验借鉴

会议产业或者会议经济并不是传统意义的会展产业或会展经济，从严格意义上讲，会议产业是以高质量会议设计和品牌推广为核心的产品，交流展示、会奖旅游、酒店服务、餐饮等是会议产业的相关产品。会议不仅带动航空、酒店、旅游及其他相关产业的发展，而且通过举办大型的国际会议，还可以向世界宣传举办城市的民俗文化，并活跃地区经济。在杭州，通过会议活动不仅驱动了城市发展，放大了会议的价值，同时有效带动了相关产业发展，促进了产业优化调整、转型升级。会议活动成为杭州引资、引智、引流等不可多得的有力工具，引资即带来资金；引智即带来人才、引进技术；引流即引起关注、形成流量、带来新的资源。

（一）会议活动多元化驱动城市提级是发展要义

会议活动的多元化举办驱动了城市发展。通过打造会议目的地这个品牌能够提升城市品牌形象；会议中融合的文化魅力、地域特色能够推动城市的发展；产业的吸引、学术的交流也能带动城市的发展。

1. 驱动城市品牌形象提升

“办好一次会，搞活一座城”。G20杭州峰会加速了杭州国际化进程，带动了国际通达水

平,改善了生态环境,弘扬了城市特色文化,提高了城市综合管理水平,提升了市民国际人文素养,为建设国际会议目的地夯实了必备基础,同时快速提升了城市的影响力。

“全球看中国,中国看浙江,浙江看杭州”,杭州已成为信息经济发展的风向标,城市综合竞争力和人才吸引力显著提升。G20峰会的召开成为进一步推进杭州国际化最好的“催化剂”,杭州城市能再上一个台阶,吸引龙头企业和高层次人才“纷至沓来”。阿里巴巴、海康威视、华三通信等全国性,甚至全球性的大型龙头企业和行业标杆企业会聚杭州,以网易、华为、百度、中国电科等为代表的非本土性巨头纷纷入驻。除了龙头企业,更重要的是杭州对人才吸引力的优势正在形成且不断增强。“要回国,去杭州”已经是硅谷华人圈的流行语。

2009—2018年,杭州全市共举办了符合国际大会及会议协会标准的214个国际会议,参会者总数达近6万人次。在国际大会及会议协会(ICCA)2018年发布的全球会议城市排名中,杭州跃居全球第97,亚太第21,中国内地第3,仅次于北京和上海。同时,杭州市已多次摘得中国十大魅力会议目的地、年度最佳国内会奖旅游城市、年度最佳MICE目的地、中国最具创新力国际会奖目的地等行业殊荣。因此,以会兴城,是杭州塑造城市品牌、提升城市影响力的快捷方式。

2. 驱动文化旅游融合发展

杭州的清丽妩媚、旖旎风光与现代化的城市风貌、丰富的会奖产品为杭州的会议产业锦上添花。杭州有着8000年文明史,是中国的“七大古都”之一。拥有西湖、中国大运河(杭州段)和良渚古城遗址3处世界文化遗产,是中国第三座拥有三项以上世界遗产的城市;拥有“金石篆刻”“浙派古琴”等4项非物质文化遗产代表作;“最忆是杭州”“宋城千古情”等文艺演出享誉海内外,还引进了太阳马戏在亚洲地区的唯一驻场演出项目。同时,璀璨的茶文化、丝绸文化、中医文化、宗教文化等多元文化在这碰撞融合,成就杭州历史文化名城的冠冕。杭州市文化广电旅游局积极响应全域旅游,深挖文化领域的体验性产品,大力推进文化旅游融合发展,一批被刻上“杭州文化”印记的会奖产品应运而生。目前,杭州共有“品文化、享生活、乐休闲、拼团建、筑梦想”5大类150余个奖励旅游产品,篆刻、制扇、雕版印刷等一批成熟的非遗技艺被纳入到奖励旅游产品体系中,成为商务团队能够参与的体验项目。

3. 驱动学术研究成为新高地

杭州人才净流入率排名连续三年全国第一。杭州深厚的学术土壤培育了众多行业领军人物,为“杭州会议大使”计划的实施打下了坚实的人才基础。目前,杭州市文化广电旅游局聘请了共计9批58位“杭州会议大使”,覆盖医学、理学、工学、教育学、艺术学、农学、管理学、法学、历史学九大学科领域。这些会议大使成功为杭州引进大量国际性、全国性、地区性学术会议。高层次学术会议的举行，吸引了领域内大批尖端人才落户杭州，人才集聚又促成了智力集聚，极大推动了学术的发展，驱动杭州学术研究上新台阶。2018 年 5 月 26 日，“第二十届中国科协年会”在杭州举办，引发了全球科技界的头脑风暴。135 位院士、113 位国外嘉宾、49 位港澳台嘉宾，以及来自全国各地的精英智者聚会杭州，分别参加智库聚才、学术引领、科普示范和群团改革共四大板块的 20 多项活动。如此尖端的年度科技创新盛宴的成功举办，是杭州会议业专业性、权威性和思想性的共同体现。这类国际高端学术会议的举办，不仅可以为杭州带来可观的经济效益，还可以推动相关产业的革新和技术进步，提升城市的知名度和影响力，驱动城市快速发展。

此外，杭州正在着力打造长三角南翼“人才特区”、辐射全省的科技孵化器、人才高地和公共服务平台，通过支持浙江大学、西湖大学、之江实验室、阿里达摩院等“名校名院名所”建设，强化重大创新平台对人才的吸附效应。比如，成功引入了西湖大学校长施一公，聘任了哈佛大学教授乔治・丘奇、诺贝尔奖获得者阿龙・切哈诺沃等国际知名科学家。之江实验室、西湖大学是浙江省委、省政府着力重点打造的两大国家级科技创新平台，在集聚人才、创新研究、体制机制创新和对产业支撑引领等方面发挥了重要的作用，也为杭州学术会议的举办提供了扎根的土壤。

（二）会议业与城市优势产业融合共进是发展根本

会议是产业链条上的关键一环，与产业发展相辅相成，各类会议、会展活动是交流经验、观点和技术的平台。当城市成为产业高地，聚集了产业集群与先进的产业技术，将对国内甚至国际的从业者和专家形成强大吸引力，同时，有效的会议组织、行业大会和相关研讨会也应运而生。行业会议所推动的创新、知识、技术交流等又将进一步运用于本地产业中，推动产业进一步发展。

1. 产业会议目的地背后有很强的产业基础

产业会议目的地需要扎根于肥沃的产业土壤，不断从蓬勃发展的产业中汲取办会动力源泉和创新活力。雄厚的优势产业能为产业会议目的地提供旺盛的办会需求、新颖的办会主题、丰富的办会内容、吸引到极具影响力的演讲嘉宾和大规模的产业参会人员，为产业会议的成功举办保驾护航。

杭州是创新活力之城，数字经济、金融科技、生物医药、文化创意、新零售、新能源等优势产业发展迅速。杭州提出打造“数字经济第一城”的城市发展目标，阿里巴巴、网易、海康威视、大华技术等数字经济龙头企业集聚，推动 5G 商用，聚焦城市大脑，杭州已经成为新技术和新商业模式的试验田。在金融科技方面，杭州是七大全球金融科技中心城市之一，被誉为

“全球移动支付之城”,蚂蚁金服位居金融科技全球百强榜第一。杭州致力于打造具全球影响力的生物医药创新城市,全球七大医药巨头集聚,医药港小镇被视为新一轮技术革命中“皇冠上的珍珠”。在文化创意方面,杭州的数字内容、影视、动漫游戏、创意设计、现代演艺五大文创产业引领全国,华策影视、咪咕数媒等一大批国际化的文创企业孕育而生。杭州是“新零售策源地”,率先建成全国“新零售示范城市”,湖滨新零售示范街集聚新零售业态,推进线上线下融合发展。杭州正绘制新能源金名片,新能源产业集群蓄能绿色产业发展,吉利新能源多线发展成中国样本。

产业优势对于吸引产业会议落户杭州具有强大的号召力和内在需求。杭州的优势产业吸引了一大批相关领域重量级会议花落杭州。云栖大会、2050 大会、Money20/20 全球金融科技创新大会、淘宝造物节、中国国际动漫节、世界工业设计大会等都成为行业标志性的品牌会议,对带动产业发展和会议业创新起到重要的拉动作用。

2. *产业小镇成为会议与产业融合的集聚区*

杭州的产业小镇在规划设计及运营管理理念上与传统的产业园区有所不同,除了常规产业园区应该具有的“产业”元素之外,还加上了“小镇”“生态”和“会展”等新元素。如果说“小镇”“生态”和“会展”是杭州各家小镇的共同特征的话,那么定位于不同的产业领域则是它们之间的主要差异。比如,云栖小镇的云计算、梦想小镇的互联网等。在园区内建设一个会议中心、展览中心,主要服务于园区的产业和企业,这种情况并不多见。更不多见的是,杭州的各个小镇举办会展活动的积极性特别高,而且有能力将会议品牌的影响力做到全国甚至全球。会议、活动品牌与小镇品牌相互借力,一起成长,共同奏响了会议与产业融合发展的交响曲。以云栖小镇为例,近年来,云栖小镇不断集聚高端要素资源,逐步成为重大科技创新的策源地。截至 2019 年 9 月,小镇引进各类企业 1275 家,其中涉云企业 950 家,产业覆盖云计算、大数据、App 开发、游戏、互联网金融等领域,已初步形成较为完善的云计算产业生态,越来越多的产业大会永久落户云栖小镇。2018 年,云栖小镇成功举办 2050 大会、云栖大会、空天信息大会、Tech Crunch 国际创新峰会等大型会议活动 20 余场。其中,2018 年的云栖大会吸引了全球 6 个大洲 81 个国家及地区 7 万余名科技精英,超 12 万人参与,海外嘉宾 5000 余名。2050 大会,吸引了全世界 287 个城市的近 2 万余名青年参与,进一步扩大了小镇的国际影响力。在梦想小镇举办的 2019 年全国大众创业万众创新活动周、玉皇山南基金小镇的“山南论法”系列会议活动、运河财富小镇的首届中国产业金融峰会、艺创小镇的第十五届中国国际动漫节——2019 青年动画创投大会暨青年动画导演扶持计划发布仪式、龙坞茶镇的中华茶奥会、医药港小镇的 2019 中国 · 杭州医药港健康产业峰会、萧山机器人小镇的第二届中国人工智能创新峰会、临安微纳智造小镇的浙江省工业互联网平台推广现场会等产业小镇特色会议，都是产业小镇促进会议与产业融合的有力佐证。

从会议目的地建设的角度看，杭州产业小镇充分发挥会议、展览及活动在信息传播、交流与互动、业务合作、招商引资等方面的作用，通过建设会议展览中心、举办产业会议活动的方式，在更高的层面上推广园区，吸引企业入驻，进而又通过会议、展览及活动的平台优势，为入驻企业带来更多更为深入的交流与业务发展机会。这种产业与会议活动的深度融合、协同发展更具效率，更具可持续性，使得整个杭州作为新经济会议目的地的影响力持续提高。

（三）会议与展览、活动、节庆等多种形式有机结合是发展方向

会议活动就像一面镜子，折射出的是人与人、人与社会经济之间的互动关系。我们正处于社会经济发展变化的重要历史时期，会议、展览、活动的变革势在必行，目前的很多会议活动已经开始落后于时代前进的步伐，但杭州的会议活动给我们树立了生动的榜样，让我们看到了会议活动创新突破的各种可能性。

淘宝造物节从 2016 年开始至今已成功举办四届，是继“双十一”全球购物狂欢节之后，针对“90 后”年轻人推出的大规模线下活动。在淘宝造物节中，可以看到全球最顶尖的高科技、明星偶像网红“造音造艺”、精灵古怪的淘宝店……众多喜欢潮玩、运动的年轻人群体还将以“部落”的形式展示自我。淘宝造物节实现了会议活动的形式创新，将会议、展览、活动、节庆等多种形式有机结合，将其提升到一个新的高度，创建出引领时代发展潮流的全新活动品牌，为会议活动做出了开创性的贡献。2050 大会，是由杭州市云栖科技创新基金会与志愿者共同发起的一场关于“年轻人因科技而团聚”的非营利性活动，2018 年首次举办，颠覆了传统会议的概念，给了年轻人自己发声的平台。同时融合科技体验，为年轻人和科创人才提供发挥才能和创意的机会，扶持优质人才和项目，是一次培养科技创新力量的精英盛会。2050 大会的创新主要体现在参与者与会议活动之间的互动关系上。它是一个只有“志愿者和参会者”、没有“组织者”的会议，每位参与者都可以发起一个活动，并成为这个活动的主导者。

淘宝造物节、2050 大会等会议活动的理念之新、改变之大，远超大多数人的预期。不仅对互联网、云计算、新零售等新经济领域的线下群体互动方式产生着重要影响，也在很大程度上改变着杭州作为会议举办地的内在特质。使会议这一重要载体与展览、活动、节庆等融合发展，其特征更具综合性，是杭州新经济会议发展的宝贵经验。

(四)多元精准会议目的地营销推广是必由之路

精准营销是会议目的地扩大影响,阐释目的地文化,表征目的地魅力的重要手段和方法,是提高会议目的地知名度和影响力的必由之路。

杭州市文化广电旅游局开创了打造"国际会议目的地"的"杭州模式",通过树立国内首个会奖品牌、实施多年持续而创新的公关营销事件、包装独具地域特色的奖励旅游产品、发挥产业优势和产业精英优势竞会等举措,细分学术会议、企业会议和奖励旅游三大目标市场。多元精准推广杭州,让杭州在会议界树立起了良好的口碑,取得了显著成效,先后获得了"中国最佳会议目的地""最受欢迎国际会奖旅游城市"等荣誉,并在国际大会及会议协会发布的 2018 年度全球会议目的地城市排行榜中,杭州排名中国内地第 3 位,亚太第 21 位,全球第 97 位。会议活动市场营销是一项专业性很强的工作,要将复杂的目的地服务体系与同样复杂的境内外会奖活动市场有机结合起来,在策划人、采购人的脑海中形成深刻记忆,吸引他们来到目的地,并最终获得超出预期的会议体验,而多元精准目的地营销推广是不断提升会议目的地影响力的有效途径。

三、国外会议目的地城市和国际行业组织经验借鉴

(一)新加坡:亚洲最佳会议城市之一

新加坡被国际大会及会议协会(ICCA)连续 14 年评为亚洲最佳会议城市,并被世界银行连续 9 次评为"世界最容易经商之地",是商务会议行业的先驱和推动者。在商务和休闲创新的最前沿,新加坡为成功举办会议提供了多种可能性。新加坡作为亚洲小型城市在国际会议产业上取得骄人成绩,与政府的支持引导和营销推广密不可分,其主要特点如下。

1. 设立国家级会议管理机构,形成完善的会议管理体制

为统筹管理新加坡的会议产业,新加坡政府于 1974 年设立新加坡会展局(SECB),将会议产业纳入旅游业的管理体系下,运用市场手段对会议项目资源、市场资源、公共资源与社会资源进行有效整合。新加坡政府在会议举办期间提供全方位支持,如全球营销、邀请演讲嘉宾、签证和通关、VIP 接待及财务补助等,同时配合服务供应商推广优惠信息,并针对不同会议项目和会议规模辅以政策优惠与费用补贴,将政府资源合理配置、利用最大化。新加坡政府高度重视知识产权的保护,对违法者采取严厉打击,以此保障了会议市场的健康运行。

2. 不断加大投资与扶持力度,形成优越的办会硬件条件

新加坡政府扶持建设了一批五星级酒店、会议中心、会议场地和功能性建筑,新加坡旅

游局官网列出了可供会议举办的超过1000个各类场所，将其分为会议场所、环保场所、独特空间三部分，可针对不同层次的会议需求提供世界顶级的服务。新加坡拥有便利的交通网络，旅客能够从60个国际目的地300个城市搭乘航班轻松抵达新加坡。每周有近7000次航班停降于樟宜国际机场，为商务旅客提供了便捷高效的接待服务。新加坡政府规范整治了路标、地标的设置，做到合理清晰且大部分采用英文标注，为国际人士的出行提供了极大便利。

3. 出台新加坡会展旅游优势计划对组织者和参会人员提供相应奖励

该计划适用于2025年12月31日之前发生的在新加坡举办的会奖活动。适用范围为至少100名外国参与者的公司会奖旅游、至少700名外国参与者的世界大会和协会会议，以及至少有1000名国外访客的新加坡首展或从之前在新加坡举行的展览中至少增加200名国外访客。对于符合条件的活动，提供以下奖励。

对组织者和主办方：新加坡樟宜机场所有航站楼的广告空间折扣，新加坡樟宜机场免费迎宾台，欢迎活动与会者抵达；新加坡航空公司的免费机票，最低消费现场检查的折扣或免费机票；新加坡航空公司的旅游运营部门安排的长达14天的灵活旅行窗口；精英码头高级机场航站楼提供多达5次免费的单向码头服务，码头场地租赁的首选价格。

对参会人员：新加坡航空公司、丝绸航空公司和速克达公司到新加坡的折扣机票；所有旅行级别的额外托运行李限额为10公斤；通过新加坡航空公司的常旅客计划赚取常旅客里程；专为50人以上团体发布的特别车载公告；新加坡樟宜机场购物和用餐的樟宜购物券。

4. 运用整体营销的发展战略，将城市打造成吸引会展业的“整体产品”

新加坡高度重视会展宣传营销，但并非单纯地宣传会展这一单一产业，而是以旅游带会议，借助电视、网络、电子出版物等多种手段进行联合营销，如新加坡旅游局展览会议署每年都有计划地向世界各地介绍新加坡会议和旅游方面的情况，并在世界各地举办新加坡会议经济方面的研讨会，积极宣传和推广新加坡在会议和旅游方面的优势。另外，新加坡每年都要根据市场需要，推出多种多样的促销计划，如“再来一次”活动和“再次造访”活动，在刺激游客增加停留时间和重访新加坡等方面都起到了极大的推动作用。

5. 产业优势吸引相关会议集聚新加坡

新加坡是全球最大的经商便利之地，有着超过150个新加坡国际组织和超过7000家在新加坡运营的跨国公司。新加坡的重点产业包括航空航天与物流、高端制造业、应用健康科学、设计、金融服务、创新、媒体与数字内容，以及旅游业，产业优势吸引着相关会议集聚。

以制造业为例，制造业是新加坡经济的重要支柱，政府致力于通过采取措施，如投资先进制造技术,并推动采用先进制造技术来确保该行业处于有利地位。新加坡政府推出“制造业的未来”计划,从 2014 年到 2018 年,新加坡政府已投资约 5 亿新元支持此计划,目标是成为全球领先的先进制造业活动中心,同时与行业中更多的国际品牌合作。目前,在新加坡举办过的制造业活动包括新加坡 3D 打印展览会和新加坡国际机器人博览会(Singapore International Robotics Expo)。新加坡 3D 打印展览会是世界规模最大的 3D 打印行业盛事。新加坡国际机器人博览会是由新加坡工业自动化协会与新加坡机器人协会联合主办,展览会两年一届,是新加坡唯一专用于机器人的产业平台。在金融服务领域,新加坡是亚洲及全球顶级金融中心之一。根据 2019 年全球金融中心指数报告显示,全球十大金融中心新加坡排名第 4。新加坡已经建立了一个享有国际声誉的繁荣金融中心,其完善的商业基础设施、稳定的政治和经济环境、稳健的监管和公司治理框架,以及活跃的资本市场,继续吸引着世界领先的金融机构在新加坡建立区域性业务。举办过的金融服务类会议活动,如 2018 年举办的第三届新加坡金融科技节,共吸引上百个国家近 45000 名参与者,已成为世界上最大的金融科技节。又如 Money20/20 Asia 新加坡峰会,作为全球范围内支付和金融服务业内最权威的大会,吸引全球顶级金融、支付、互联网和技术企业的参与。此外,还有新加坡国际智能卡、支付与零售展览会(Seamless Asia)、未来金融峰会和新加坡国际再保险大会等国际盛会的成功举办。

(二)欧洲城市营销组织

欧洲城市营销组织是由欧洲旅游委员会、会议局及欧洲的城市营销组织组成,是一个非营利组织,其目的是提高欧洲主要城市的竞争力和绩效。欧洲城市营销组织的成员包括旅游局、会议局和城市营销组织的首席执行官、经理和专家,会员包括 39 个国家和地区的 120 多个主要城市。欧洲城市营销组织致力于为来自首都、欧洲领先和较小城市的会员提供同等的利益和形象。欧洲城市营销组织是唯一把休闲、会议行业和城市营销联合在一起的组织。在关注城市的同时,促使国家旅游局、国家会议局和区域性实体建立永久性联系,共同推进城市营销工作。每年发布的《欧洲城市营销组织会议统计报告》,就是欧洲城市营销组织会议行业研究小组与其城市成员共同合作的成果,报告汇集了资源、收集了数据、共享了信息,同时还包括案例研究,旨在帮助会议行业专业人士寻求会议活动的未来趋势。因此,欧洲城市营销组织对各城市发展会议业带来了积极的作用:一是共建品牌引进更大的国际会议项目;二是与其他欧洲城市建立关系并分享、交流经验。

(三)全球最佳会议城市联盟

全球最佳会议城市联盟诞生于 2007 年,是国际知名的会议城市合作组织,由柏林、波哥大、开普敦、哥本哈根、迪拜、爱丁堡、休斯顿、马德里、墨尔本、新加坡、东京和温哥华 12 个会议目的地的政府发起成立，旨在为会议产业提供一流的会议服务。成立以来为会议城市在品牌创建、标准化服务体系的建立等方面做出了重要贡献。

四、对杭州打造“新经济会议目的地”发展举措的建议

（一）充分利用大数据提升会议产业的价值

未来杭州政府需要从战略层面建设会议目的地大数据工程，以数字化技术为依托，以会议目的地营销策略为手段，以温暖的人文关怀，打造杭州文化特色品牌会议项目模式，吸引更多的国际会议参会者。

目前，全国会议产业的统计、分析和研究处于盲区。对会议产业链中资本的占有情况、市场主体的结构和分布、产业的收益和效益、对其他行业的影响和带动情况，缺乏研究和了解，也缺少应有的重视。杭州作为国内外会议城市典范，且有着在“互联网＋”和智慧应用方面的天然优势，更需要挖掘和利用大数据，对会议的相关数据进行完善，建立统一的统计、调查体系，成立专门的“会议产业大数据研究中心”，建立权威的、口径一致的统计调查体系，进行会议相关数据的统计及分析研究，定期发布杭州会议产业、融合产业、城市主导产业的市场趋势分析报告，指导会议产业链各个环节的管理与运营工作，研究国际国内会议产业、会议市场的发展趋势，为政府、企业的决策制定提供参考。

此外，从知名国际会议城市发展经验来看，打造国际水准的高端会议目的地必须具备完整的服务体系。未来杭州需要在场地设备设施、软件服务、营销推广、产业融合等环节上充分和有效地利用大数据，服务于高端会议模式创新，对于瞄准新经济目的地的战略方向精准发力。在运用大数据、云计算收集和积累的同时，发挥杭州在“互联网＋”和智慧应用方面的优势，探索智慧旅游发展模式，整合会议信息资源，建立国际会议项目资源库、行业专家资源库，以及开放公共信息服务等面向公众的智能化信息运用，挖掘大数据的潜在价值，实现对会议产业发展方向的引导和会议产业增值服务。

（二）在营销推广等方面给予重点支持

对于城市而言，“会议”不仅仅是一个可以带来更多消费的手段，更是城市发展的一个不可或缺的重要抓手。对于现阶段的地方政府而言，重要的政府间国际会议可以提升城市的影响力，进而吸引更多投资，促进城市经济增长；重要的国际国内行业或专业会议，不仅能扩大城市的知名度，还能够起到推动支柱产业发展的作用；数量巨大的企业会议及活动、社团

会议等,除了可以带来可观的收入之外,还可以推动旅游业升级换代等等。杭州是一个潜力无限的城市,无数的新经济力量在此积蓄,无数的新经济会议落户于此,为杭州带来了新机遇、新挑战,也让杭州收获了不少目光与称赞。未来杭州市政府要高度重视会议业的发展,具体可以从营销推广、品牌形象、产品服务、政策支持等几大体系给予支撑。

(三)梳理资源完善会议产业服务体系

1. 梳理设施资源

杭州会议设施数量很多,特点各不相同。但对于国际或全国级别的会议和活动买家(专业策划人)而言,信息量巨大,难以有效甄别做出最优决策,这不利于杭州会议目的地名片的打造和宣传。未来需要杭州政府主导,协调杭州本地会场产业链中的相关企业和机构,从会议目的地竞争力视角,持续性地对这些资源进行梳理,挖掘战略性资源和会议目的地优势能力,将有效信息精准地送达国际和国内买家,方便会议活动策划人、采购人根据自己的需要查阅、选择、购买。在此基础上,再把有利于新经济领域会议活动成功举办的因素提取出来,并加以说明。

2. 梳理服务项目及内容

根据会议活动策划人、采购人的实际需要,将杭州各种相关的服务项目及其价值梳理出来,并不断地更新完善,以便被查阅、选择和使用。这些服务项目主要包括以下几点。

政府服务,包括激励政策、协调服务及主要内容等。目前看来,各个城市区域、小镇等都有自己相关的会议支持政策,而且各不相同,因而及时梳理并介绍给办会者特别重要。可以把与新经济相关的激励政策提取出来,予以特别说明。

专业服务,杭州提供不同类型会议活动专业服务的机构特别多,而且各有特点,但这些服务及其他特点只有让会议活动策划人、采购人了解到、采购到才有价值。这些既包括会议活动的不同门类——会、展、节、赛、演,也包括服务的不同节点——策划、服务、搭建、设备租赁、交通、旅游等。此外,还可以对服务于新经济会议的企业进行年度排名,树立典型。

3. 完善配套服务体系

未来杭州应进一步提升国际会议硬件基础设施水平。在现有布局中,合理规划和建设具有国际品牌的“会议酒店+配套服务”集群;在配套服务上,还需要提升城市的国际通达性和准入性;完善旅游集散中心体系建设,增开国际远程航线,提高签证办理等手续的效率,优化高铁、地铁、公交线路的网络化换乘体系,为部分高端国际会议提供“绿色通道”。同时,通过引进、转型、重组来培育专业化的会议服务企业,完善国际会议人才产业链,建立杭州会议从业人才库,提升公安、工商、消防、海关、卫生等会议服务与安全保障水平。

参考文献

[1] 裴超.服务新时代——解读中国会议产业高质量发展方向[J].中国会展(中国会议),2019(4).

[2] 华高莱斯德国研究中心.会议产业“实干家”德国如何缔造“会议王国”[J].中国会展(中国会议),2019(4).

[3] 金佳媚.基于政府视角打造高端国际会议目的地对策研究[D].杭州:浙江工业大学,2018.

[4] 王青道.杭州的特色小镇与会议业到底是谁带动了谁?[J].会议,2019(7).

[5] 李虹,冯翔.跨越:杭州旅游国际化的探索与实践[M].北京:中国旅游出版社,2013.

[6] 隋晴晴.香港会议业发展潜力研究[D].上海:上海师范大学,2012.

后 G20 时代杭州国际会议目的地发展策略研究

·华 钢[①] 曹晨迪·

【摘要】杭州要建设成为具有吸引力的国际会议目的地,不仅需要具备国际会议目的地的普遍特征,还需建立具有特色、符合市情的旅游目的地要素。因此,笔者从实地考察出发,深入了解杭州会议目的地的形象、资源、设施、产品和市场等方面的基本情况,同时分析面临的机遇和挑战,最后从形象、营销、设施和服务四个方面为杭州国际会议目的地的发展提供对策。

【关键词】会议旅游;后 G20 时代;国际会议目的地;杭州

一、引言

近年来,随着我国经济的极速发展,旅游行业取得了前所未有的成绩。这其中,作为专项旅游形式的会奖旅游,借助着大环境的不断利好,呈现出欣欣向荣的态势。会议旅游是由各种会议举行而发生的一种旅游产品,它是一种新型的主题式专项旅游产品,具备客户消费能力强、出行人数多、停留时间长等优点。对于一座城市而言,一个重要的国际会议不但能够给一座城市带来巨大的经济效益,而且能够快速提高城市的知名度和影响力。随着"地球村"概念的出现,人们通过会议对话的形式越来越密集,会议产业已经成为会展业最为重要的一部分。会议旅游作为国内新兴的旅游形态,取得了十足进步,国内主要城市都制定了相应的发展政策,杭州在这方面也尤为重视。

---

① 华钢,杭州师范大学钱江学院旅游管理系,系主任,讲师,浙江杭州,310016。

杭州是中国七大古都之一，有着悠久的历史，同时杭州也是国务院确定的重点风景旅游城市和历史文化名城。作为浙江省的省会及国际知名度较高的旅游城市，旅游业已成为杭州国民经济的支柱性产业，会议旅游业也是其中较重要的业态之一，其实力和发展前景不容小觑。随着G20峰会的顺利闭幕，后G20时代，杭州国际会议目的地的品牌形象深入人心，"会展之都，赛事之城"的重新定位已经成为杭州实现城市国际化的重要路径和根本面向之一。因此关注后G20时代，杭州如何继续突围，寻求会议旅游经济持续快速增长，成为产业界和政府部门关注的焦点，同时也为学术研究带来积极的现实意义。

二、基本概念的界定

（一）会议旅游

会议旅游就是政府、公司、科研机构和民间团体等组织的人员因参加不同类型的会议而派生出来的一项特殊旅游活动。① 会议举办地和组织方为了更好地实现会议的目标和效果，就会提供优质的会议服务和完善的会议场所、设施和设备等，同时，辅以一定量的休闲旅游活动，提高会议的品质和吸引力。会议旅游是随着商务、科技、文化等交流需求的增加，及市场竞争态势的加剧而发生壮大的，它的消费层级、花费总额远远高于一般的观光活动。

会议旅游最早开始于欧美地域等经济发达的地区和国家。到20世纪70年代中期为止，欧美地域经济发达国家举行的各种国际会议一度占据着全世界国际会议总数的85%以上。随着社会的发展，如今一个国家和城市召开国际会议的数量俨然成为该国和城市发展程度的标识之一。会议旅游作为一个综合性极强的新型旅游方式，因为它影响力大，游客逗留时间长、消费能力强，所以被称为"城市经济助推器"。

（二）后G20时代

后G20时代是相对于前G20时代而言。从时间的维度而言，后G20时代的发展是指G20举办后较长的一段时间内，G20峰会的各种效应对杭州各方面发展持续影响的一个时期。对会议目的地建设而言，即杭州如何发挥峰会带来的综合效应，以更高的水准持续推动会奖旅游的发展。

（三）国际会议目的地

国际会议目的地，是指某个地区以组织、召开会议为主要目的，吸引参会者进行短暂停

① 汪希芸.南京工业遗产旅游开发初探[J].江苏教育学院学报(自然科学版)，2012(6).

留,并提供参观游览的地方。简单来说,即会议与旅游相结合的一种模式,在参与会议的同时,也可以在会议举办地欣赏风光旖旎的大自然景色,领略当地特有的风土人情。

国际会议目的地能聚集大量的高端人流,是重要的高端信息传播平台,对于目的地良好形象的塑造与传播有着十分重要的意义。国际会议目的地具有很强的“选择性”,只有具备“比较优势”者才能胜出,个性特色至关重要。

三、杭州国际会议目的地的建设概括

(一)国际会议目的地的形象分析

随着G20峰会的顺利闭幕,杭州在国际上的知名度大幅提高,“国际范”成为杭州向世界递出的新名片。杭州也曾一度被英国广播公司BBC大篇幅的报道过,受到海内外民众的广泛关注。不过一次峰会的成功举办,将杭州快速推到国际舞台,“国际杭”的形象逐渐创立。此外,杭州多年来的磨砺打造,创新、生态、休闲的形象也已深入人心。传统上说,杭州的美主要表现为山水风光和休闲氛围,如西湖成为会议组织者联想杭州的首位形象载体,但随着阿里巴巴的快速崛起,以及马云的个人魅力,今日的杭州城除了山水西湖的休闲形象外,更多了一份现代、科技、创新的城市形象,且这一形象也逐渐立体饱满,成为城市联想体的重要元素。这一切,都为国际会议目的地的建设打下扎实基础。

(二)国际会议目的地的资源分析

1. 旅游资源

杭州素有“鱼米之乡、丝绸之府、文明之邦”之称。旅游资源相当丰厚、城市吸引力强,是一个以西湖山水为中心、吴越文化为代表的国内风景旅游城市和历史文化名城。杭州市区有2个5A级景点,并称为“两西”,即西湖景区和西溪湿地。除此之外,杭州的湘湖、白马湖、河坊街、南宋御街、京杭大运河及郊县的千岛湖、富春山居等均已成为全国知名旅游景点,受到海内外游客的追捧喜爱。旅游业是杭州市的支柱性产业,杭州市会议旅游配套设施较为健全,斑马线礼让行人等行为规范体现了杭州市民的整体素质较高,优美的西湖风景和独特的江南水乡特征吸引了无数会议旅游者争相前往。

2. 商业资源

杭州原有的商业资源主要集中于武林路、湖滨路和南山路等一带,而现在,庆春银泰、杭州大厦501城市广场、湖滨银泰、钱江新城万象城、来福士,以及龙湖天街、宝龙广场等综合商业体的竣工,让杭州的商业版图进一步扩大。杭州市正在从传统的“西湖时代”向更为现代化的“钱江时代”跨越。杭州的商业资源为杭州在竞争激烈的长三角地区站稳了脚步。而富阳和临安相继并入杭州，让杭州的建成区面积再次扩大，也已成为华东地区最大的城市。随着居住人口的进一步增长，未来几年，杭州的商业建设速度将更快。商业资源的丰富同样吸引着参会人员来到杭州，人们在参加会议的间隙，可以轻松体验杭州便利购物、休闲娱乐的乐趣。

3. 科技资源

近年来，杭州市科技资源总量的特点表现为，杭州市科技投入不断增长，人才储备持续增加，科技资源规模不停扩充，为杭州的经济社会发展提供了良好的支撑作用。最近几年，杭州市以推动高新技术产业化、提高技术创新才能为重点，时时提高区域科技资源配置能力，杭州市的科技实力和创新能力不断得到提高，促进了经济社会的发展。最为世人熟知的便是位于杭州城西的阿里巴巴科技园区。在淘宝、支付宝大楼附近，有大大小小数百家科技软件公司坐落于此。因科技产业带动的会议旅游项目，因科技公司商业活动而吸引的会议旅游者呈现井喷式增长，2017 年的云栖大会共吸引参会者近 6 万人次，而未来还有巨大的增长空间。

4. 文化资源

杭州市有其独特的文明特质，自古热闹非凡，马可·波罗曾称誉杭州为世界上最富丽高贵的城市。已有 4000 多年历史的西湖，融人文景观与天然景观为一体，其造园艺术在世界造园史上独树一帜，唐代白居易、宋代苏轼等文人墨客都写有赞誉西湖的诗篇，使西湖具备了极高的历史文化含量，也为杭州增添了不少色调。苏小小、许仙和白娘子，以及断桥、雷峰塔这些无人不知晓的形象创造了杭州更多的文化资源财富，这些耳熟能详的故事成为杭州的文化代表。杭州的良渚文化则证明杭州在几千年前就在世界有了自己的文明，杭州的历史文化积淀深厚，这些都恰恰是杭州文化资源“软实力”的体现。

（三）国际会议目的地的设施分析

1. 会议场地

根据《杭州市会展中心布点规划》，为完成杭州作为国际会议目的地的需求，杭州市采取“两主四副九场馆”的规划，使得各个场馆得到充沛的应用，分工明确，各司其职。举办 G20 峰会的场馆位于萧山钱江世纪城奥体中心的国际博览中心，而举办 B20 工商业会议的场馆则在钱江新城的国际会议中心。这两个主要的场馆为杭州市成为国际风景旅游城市提供了坚实的基础。另外还有和平国际会展中心、杭州东部国际商务中心等场馆，这些场馆可容纳大大小小各类国际标准的展位，能满足举行国际性高规格的会议标准的需求。除了专业的展览场馆外,杭州具有庞大数量的会议型、度假型和商务型酒店,是会议承办的重要场地。

2. 住宿

杭州在2016年9月承办G20峰会之后,大大提高了酒店举行会议活动的能力。由于国际会议逐渐南移,杭州在国内会议目的地中的地位日益提升。最近的排名上,杭州会议举办次数已经仅次于上海和北京。在国际会议旅游不断兴起的大背景下,各类中高端的品牌星级酒店不约而同地建设会议型酒店,它们有的改造现有的会议厅资源,有的更新会议设备设施,强化酒店的会议服务水平来抢占杭州的会议市场。在G20峰会召开期间,各国政要与元首下榻西湖景区周边的5星级酒店,例如黄龙饭店、西湖国宾馆、凯悦酒店等豪华酒店。杭州的5星级酒店正在呈现几何倍数的增长。据相关统计部门的统计,杭州已开业或准备开业的酒店数量已经达到30余家。杭州逐步形成的巨大会议市场为会议酒店发展描画了广大的前景。庞大的市场需求吸引着越来越多的投资进入会议酒店,而国际品牌酒店看好日渐兴起的杭州会议市场,大举进军杭州市场,这也为杭州的会议酒店增添了实力和吸引力,比如悦榕庄、万豪等一系列国际品牌酒店都已相继开业。

3. 交通

杭州的交通网络四通八达,地理位置极其优越。杭州火车东站是亚洲最大的动车站之一,从杭州始发可以到全国各大城市。而萧山国际机场是华东地区第二大国际机场,这里每天起落的飞机航班数量仅次于上海浦东机场。萧山国际机场可直飞全国各个省份的主要城市和中国主要的入境旅游国家。杭州位于中国东部经济最为发达的长江三角洲地区的南翼,与上海这个国际化大都市只有1个小时以内的车程,这样发达的交通网络极大地方便了杭州会议旅游的发展。

(四)国际会议目的地的产品分析

杭州现有西博会、休博会、云栖大会、动漫节、文博会等品牌会议,G20峰会和亚运会效应则将进一步加快杭州迈向国际化大都市的步调,也将吸引一些国际组织的区域总部或分支机构选址在杭州,从而极大地加快了杭州会议业的升级。

1. 杭州西湖国际博览会

第一届西博会于1929年举办,当年浙江省政府为纪念统一,奖励实业,复兴文化,决议操办西湖博览会。首届西博会前后历时长达137天,参观人数总计达2000多万人次,盛况空前绝后。西博会深远的影响使之与历史上著名的1893年“芝加哥世界博览会”、1900年“巴黎世界博览会”和1927年“费城博览会”并称为国际性庆典。1999年6月重新开办,至今已成功举办19届,不仅会期加长,内容也更加丰富,经济效益、社会效益十分显著。

2. 杭州世界休闲博览会

杭州世界休闲博览会由世界休闲组织、国家有关部委、浙江省人民政府、杭州市政府等联合举办。主要内容包括杭州世界休闲博览园和世界休闲风情园展示、世界休闲研讨和培训及中国杭州西湖国际狂欢节、西湖情玫瑰婚典等,是融休闲、旅行、文娱、会议、展览、大型交流活动为一体的国际盛会。

3. 杭州云栖大会

杭州云栖大会前身可追溯到 2009 年,并于 2015 年正式更名为云栖大会。会议定位为全球开发者的大会,不断突破现有的技术,创新发展云计算行业,成为引领行业的标杆。云栖大会不仅仅是一个简单的大会,更是一个大数据、大平台,它折射出云计算这个行业蓬勃兴起的一面。同时,大会并不是死板的开会、演讲,还会邀请各大媒体进行追踪报告并网络实时直播。2016 年、2017 年的云栖大会更是邀请了朴树、李健等知名艺人,以及马云先生登台表演献唱,真正把大会办成了一个充满科技、娱乐、挑战并存的大会。

(五)国际会议目的地的市场分析

1. 市场客源

长三角地区一直以来都是中国经济交流最频繁的地区,杭州又是该地区重要的南翼中心,拥有大量的会议需求。同时国内国际企业相继入驻杭州。随着浙江及杭州经济的强劲增长,以及上海等一线城市会务成本的增加,杭州作为成本合适的商务会议、培训和团队建立国际会议理想目的地,其会议客源需求相对北上广等一线城市较为理想。

2. 市场规模

2016 年 9 月,G20 峰会首次在中国杭州举办,为杭州这座城市带来了更多的会议客源。作为全国经济发展最快、拥有民间资本最雄厚的省会城市,越来越多的商务会议给杭州带来了强大的发展前景,使得杭州摆脱旅游观光城市的老面貌,其会议行业拥有了众多商机。每年的西博会,让杭州成为向北京、上海、广州无限靠拢的新兴国际会议目的地城市,规模逐渐壮大。

3. 市场结构

以前,杭州的会议项目以政府主导型居多,如今杭州将引入更多企业主导型的项目,如引进马云的云栖小镇和国际组织合作的云栖大会、世界女性大会、世界公益大会等。企业主导型的项目不仅能够节省政府投入并且效益也更可观。随着会展领域市场化改革的不断深入,杭州会议市场结构更趋多元化,会议的经济效益更加凸显,同时,会议业的快速发展也有力地带动杭州旅游等相关服务行业的进步。

四、后G20时代杭州国际会议目的地面临的机遇和挑战

(一)国际会议目的地面临的机遇

1. 国际影响力大幅提高

我们分析世界知名城市的特点就会发现,多数世界性的知名城市都是会议名城,而会议名城同时也是世界知名城市。① G20峰会召开之前,杭州在国际上的认知度与国内其他大城市相比还存在一定的差距。西安虽然在经济GDP等指标上远不如杭州,但其国际影响力较大。同为古都之一的杭州随着G20峰会的召开,国际地位进一步提高。G20峰会的召开,加快了杭州城市基础的建设,增加了杭州与世界各国的经济交流,同时吸引了国内外大企业的投资,各高端的跨国企业总部相继进入杭州,进一步提高了杭州的国际影响力和知名度。后G20时代,杭州将向国际高端消费城市进军,同时加快形成国际会议目的地城市和旅游国际化建设的步伐。

2. 杭州市政府加大政策支持

近年来,杭州市政府为开展会议业对其加大了政策支持力度,采取各种有效方式扩大对会议业的扶持。② 首先,提出"国际会议目的地""会展之都、赛事之城"的战略目标,同时予以配置杭州会议业发展的近、远期规划布局,出台有杭州特征的地方性制度、法规和会议服务标准规范,推动这一目标的实现。其次,积极推动成立会议行业协会等组织,及时汇总、公布杭州会议信息,理解国内外会议业发展态势,为会议最终决策提供依据。政府还通过会议协会,发展业务指点、培训、征询、协调和项目评估等任务,规范杭州整个会议行业发展。杭州有关职能部门借助G20杭州峰会的契机,完善杭州国际性会议的场馆布局、住宿管理、交通组织、人员培训,创新会议经营理念和运营机制,提升会议服务水平和配套能力,以良好的会议接待向世界呈现杭州城市的国际化。③

3. 具有借上海会议业大发展的机会

上海是一个世界知名的国际大都市,是我国第一大会议城市,近年来上海举行的会议数量以每年20%的速度递增。2010年上海世界博览会给上海这座城市带来无限商机。杭州是上海直线距离最短的省会城市,两地相距的车程只有1个小时,这个优势能吸引参加上海

---

① 张永谊.着力打造国际会议目的地城市[N].杭州日报,2016-08-08.

② 裘海花.杭州市会展业的发展现状及对策[J].当代经济,2010(8).

③ 张永谊.着力打造国际会议目的地城市[N].杭州日报,2016-08-08.

展会的各地厂商来杭州办展、观展。G20 峰会将提升杭州市民的国际化意识，提升世界对杭州会议、杭州旅游的关注度，提升杭州接待国际性会议的意识与经验。

（二）国际会议目的地面临的挑战

1. 城市经济水平相对较低

杭州与国际知名的会议城市如香港、上海等的经济发展程度存在较大差距，这一客观事实必将影响杭州会议产业的提升。一座城市的经济水平影响着城市发展的方方面面，杭州现阶段 GDP 总量、人均 GDP、年度政府财政收入、年度国际进出口总额、年度吸引境外投资、三产比重等重要指标均远远低于上述会议城市，这阐明了杭州的城市经济水平比较低，特别是国际化水平还有待提升。

2. 政府支持力度不足

尽管杭州政府这几年大力推动会议产业发展，对会议产业给予高度重视，但与国内国际其他城市相比还有一定的差距。以国内其他会议城市为例，上海早在 2002 年就成立组织了上海市会展行业协会，制定了会议行业的规范标准，发布了会议行业相关的信息与咨询，同时每年都举办了很多有世界影响力的大会。杭州的会议行业相关部门尽管也做了非常多的工作，取得了亮眼的成绩，但与北上广深，还有青岛、成都等城市相比，在会议产业扶持力度上依旧还有距离。目前而言，杭州已将会展业列入了“十三五”时期大力发展的产业，那么接下来，在会展的设定、发展基金、营销推广、政策优惠，特别是中小型会议公司的税收优惠方面，如何推出更具竞争力的政策，将是体现政府力度更加直接明显的表现。

3. 产业营销力度不够

品牌化和营销短板一直都是杭州会议产业发展的瓶颈之一。与国际其他会议产业发达的城市比较，杭州互联网普及率、开通直达航线的国外城市数量均低于国际其他城市，品牌化水平程度和营销水平程度较低。杭州在 2011 年就设立了会奖旅游行业协会，但针对品牌经营和营销手段上的优惠方案和营销活动仍稍显不足，产业营销力度不足，限制了杭州会议行业的发展。

4. 产业自身发展较弱

香港这座亚洲金融最发达的城市，拥有国际上最优秀的会议公司，上海也有欧洲著名的会议公司设立了办事处。相较于上述的两座城市，杭州则没有会议这方面的专业公司。上海、香港等地拥有大量有实力的大型会议从业人员。上述城市的培训机构和人才引进制度也很完善，杭州在这方面差距十分显著。

5. 缺乏高素质的会议专业人才

杭州会议产业现有的会议从业人员基本上都是“半路出家”。很多上会人员都是旅行社里的兼职导游,他们当中有很多人都没有受过专业的会议培训,缺乏系统的会议理论知识和相应的组织、策划、管理与服务等实践能力。同时杭州在人才培育体制上相对欠缺,无论从会议人员的数量、专业技能、培养体制上与国内外会议名城相比较,都有很大的差距。高素质的会议专业人才直接影响了杭州会议行业的发展。

五、后 G20 时代杭州国际会议目的地的发展策略

(一)形象优化

杭州 G20 峰会提升了市民国际化意识,提升了杭州旅游、会议业界对国际会议的关注度,提升了杭州接待国际会议的意识。G20 峰会之后,杭州有了实战经验,在接待国际会议的能力上有了明显提升。但外界关于杭州 G20 峰会有很多的看法,部分媒体认为杭州 G20 峰会给杭州带来了不菲的价值,而峰会结束后影响并没有体现出来。外界目前对杭州会议目的地还是存在很多不清楚和误解的方面。虽然杭州自从提出打造“国际会议目的地”的城市品牌后,不断整合各类资源,提升形象,强化目的地的吸引力,但今后在城市形象的构建、丰富和推广上应更加不遗余力,精雕细琢,将“会展之都、赛事之城”的城市形象与“创新、生态、休闲”的核心城市形象进一步相融、协调,趋于一体化。杭州目的地形象优化是实现杭州国际会议目的地可持续发展的重要策略。

(二)营销创新

会议企业与旅游企业的全面对接,借助旅游业实现营销创新。目前杭州市部分大型旅游公司如中旅、国旅、中青旅等已经具有操作大型团队旅游活动的丰厚经验,并且与交通、酒店、餐饮、景区等相关部门保持着亲密的协作关系。假定将这些旅游企业的优势引入到会议行业中去,特别是利用旅游企业成熟的营销渠道和促销方式,那么将会使会议业的营销效果更加突出,而营销成本也将明显降低。

另外,在营销手段上,杭州建设先进安全的电子信息技术显得尤为重要,网络营销也成为了会议旅游最为重要的营销手段之一。互联网技术的快速发展影响着会议酒店的预订和宣传。在营销方式上,会议酒店将利用名人营销、公益营销等形式来提高酒店的知名度,并最终实现杭州国际会议目的地可持续发展的策略。

（三）设施完善

一场国际会议的选址会优先考虑那些会议设施设备健全的城市。G20 峰会的成功召开加快了杭州的设施建设步伐。杭州的星级酒店在这几年数量不断增多，这些顶级的品牌酒店都有一个共性，它们都会有不同规模的会议厅。这不止促进了杭州本地企业会议市场的良性发展，也使得越来越多国际性的大会在杭州举办召开。

运用杭州本身的区域、经济、政策支持、基础设施完备的优势，开展多元化的、联合运营的方式来解除外部竞争压力威胁。可以对会议市场进行细分，选择合适的市场加以开发，走多元化的发展路线。此外，杭州还能够与其他长三角区域内的城市合作，联合承办，跨地区举办更高规模的国际大会。

（四）服务优质

增强会议旅游专业人才的培育，会议旅游的发展需要一支高素质的专业管理和服务队伍，各大会议企业及政府相关部门要组织专门培训，为会议业中、高级经理和从业人员开设培训课程，提高会议组织人员的外语水平和经营管理技能。必要的时候，委派一部分从业人员接受国内外会议机构的培训和考查，熟悉国际惯例和规定，保障杭州发展会议旅游的高质量人才需求，以促进国际会议业务的发展和会议水平的提升。争创国际会议目的地，符合杭州的城市气质特征，更合乎杭州产业构造转型升级的趋向和需求。杭州有了举办 G20 峰会这一级别的高规格会议的经验，未来杭州也会有足够的能力，沉着冷静地接待万人以上的国际性大会。

六、总结

21 世纪是“会议经济”高速发展的世纪，“会议旅游”将成为旅游业发展新的经济增长点。杭州的会议旅游已经迈出了坚实的一步，今后要在办好两大品牌——西博会和动漫节的基础上强调它作为国际会议目的地的功能，积极吸引国际著名会议，使杭州发展成为中国的达沃斯——世界会议之城，这恰恰与杭州“国际会议目的地”的定位相吻合，为杭州的会议行业与世界接轨奠定坚实的基础，从而逐渐改变杭州在国际市场上的位置，使杭州真正成为国际会议旅游的首要目的地。

参考文献

[1]　周健华. 会议旅游目的地的选择与建设——以重庆为例[J]. 企业技术开发，2014(21).

[2] 张旖.杭州会议业的现状、问题及对策[J].知识经济,2007(8).

[3] 郑四渭,郑秀娟.国内外会议旅游研究述评[J].重庆工商大学学报:西部论坛,2006(2).

[4] 崔凤军.城市旅游的空间竞争与合作——关于杭州旅游接轨上海的对策研究[J].商业经济与管理,2004(3).

[5] 梁赫.杭州发展会议旅游的对策研究[J].商场现代化,2006(7).

[6] 蒋婷婷.现代服务业理论与会议旅游开发案例研究——以杭州市为例[J].中共杭州市委党校学报,2005(5).

[7] 费康峰.发展杭州会议旅游的思考[J].中国科技信息,2005(12).

[8] 蒋良骏.发展南京会议经济的对策[J].南京航空航天大学学报(社会科学版),2004(4).

[9] 梁留科,曹新向,孙淑英.会展旅游的理论及其案例研究[J].经济地理,2004(1).

[10] 陈才,武传表.中国城市会展旅游发展潜力研究[J].桂林旅游高等专科学校学报,2003(6).

[11] 符文伟.会议业将会是杭州的朝阳产业?[J].杭州科技,2002(4).

[12] 王国平.大力实施杭州旅游国际化战略 全力打造休闲之都品质之城[J].杭州通讯(下半月),2007(10).

[13] 姚寿坤,韩丽峰.杭州科技资源整合的成效及进一步优化的路径思考[J].今日科技,2011(2).

[14] 李思瑶.国际会议目的地特征与培育研究——以成都为例[J].中国经贸导刊,2010(21).

[15] Hanqin Qiu Zhang, Vivien Leung, Hailin Qu. A Refined Model of Factors Affecting Convention Participation Decision-making[J]. Tourism Management,2007(4).

[16] Harry H Hiller. Conventions as Mega-events: A New Model for Convention-host City Relationships[J]. Tourism Management,1995(5).

[17] Martin Oppermann, Kaye Chon. Convention Participation Decision-making Process[J]. Annals of Tourism Research,1997(1).